David M. R. Covey und Stephan M. Mardyks

Trap Tales

David M. R. Covey und Stephan M. Mardyks

Trap Tales

So umgehen Sie die 7 Fallen des Lebens

Aus dem Englischen von Andreas Schieberle

WILEY

WILEY-VCH Verlag GmbH & Co. KGaA

Die englische Originalausgabe erschien 2017 unter dem Titel *Trap Tales. Outsmarting the 7 Hidden Obstacles to Success* bei John Wiley and Sons, Inc., Hoboken, New Jersey.

1. Auflage 2018

MIX
Papier aus verantwortungsvollen Quellen
FSC® C083411

Bibliografische Information der Deutschen Nationalbibliothek

Die Deutsche Nationalbibliothek verzeichnet diese Publikation in der Deutschen Nationalbibliografie; detaillierte bibliografische Daten sind im Internet über <http://dnb.d-nb.de> abrufbar.

Umschlaggestaltung: Torge Stoffers, Leipzig
Innenlayout: pp030 – Produktionsbüro Heik
Praetor, Berlin
Satz: SPi, Chennai
Druck und Bindung: CPI books GmbH, Lec
Gedruckt auf säurefreiem Papier.

Print ISBN: 978-3-527-50940-9
ePub ISBN: 978-3-527-81793-1
mobi ISBN: 978-3-527-81794-8

10 9 8 7 6 5 4 3 2 1

Inhalt

Teil 5 Anhang

Vorwort von Stephen M. R. Covey

Vielleicht sind Sie der Meinung, dass man dem eigenen Bruder automatisch vertraut, ganz einfach, weil man ja miteinander verwandt ist; aber das ist in vielen Familien durchaus nicht der Fall. Bei uns ist es aber glücklicherweise so!

David kenne ich schon sein ganzes Leben, und ich bin dankbar, dass ich dieses Vorwort zu einem großartigen Buch beisteuern darf, das das Potenzial hat, Ihr Denken zu verändern und Ihr ganzes Leben zu beeinflussen. Ich bin mit David nicht nur verwandt, sondern habe auch schon bei einer Reihe von Gelegenheiten mit ihm zusammengearbeitet, und vertraue ihm voll und ganz. Nicht nur wegen der Familienbande. Und auch nicht nur wegen seines grundanständigen Charakters. Charakter ist natürlich entscheidend wichtig, wenn man glaubwürdig sein will, aber ebenso wichtig ist Kompetenz, und David hat *überragende Kompetenz* – seine einzigartigen Erkenntnisse, Fähigkeiten, Ansichten und Fachkenntnisse. Alle, die schon einmal mit ihm zusammen oder für ihn gearbeitet haben, beschreiben ihn routinemäßig als die beste Führungskraft, der sie je begegnet seien. Außerdem macht es einfach Spaß, mit ihm zusammen zu sein! David ist sehr authentisch, interessiert sich aufrichtig für Menschen und lässt einfach alles angenehm erscheinen.

Stephan ist ein Franko-Texaner mit tiefgründiger Seele und einer starken Neigung zu »smartem Vertrauen«. Ich nenne ihn voll Sympathie den »International Man of Mystery«, weil er so viel gereist ist, so viel gesehen hat und auf seine stille Art so viel dafür getan hat, Menschen und Organisationen auf der ganzen Welt zu verbessern. Er ist David in Charakter und Kompetenz ebenbürtig, und er hat einen Instinkt für das Besondere und Erkenntnisreiche, ähnlich wie ihn vielleicht ein Museumsleiter hat. Lassen Sie mich eine kleine Geschichte wiedergeben, die Stephans Glauben an das Machbare und seine starke Fähigkeit zum klugen Vertrauen illustriert. Als wir mit dem Projekt *The Speed of Trust (Schnelligkeit durch Vertrauen)* starteten, traf ich mich mit Stephan, um zu erkunden, ob sein Unternehmen unser Programm international vertreiben könne. Stephan hörte mir aufmerksam zu, stellte ein paar Fragen und reichte mir dann die Hand mit den Worten: »Das wird eine ganz große Sache. Wir machen das. Ich habe volles Vertrauen in dich. Das kriegen wir hin.« Und das war's! Keine langwierigen Verhandlungen, keine endlos hin und her laufenden rechtlichen Vereinbarungen. (Klar haben wir später auch noch die Details der geschäftlichen Entscheidung ausgearbeitet, die auf diesem 30-minütigen Gespräch basierte.) Meine Erfahrungen mit Stephan bekräftigen auf eindrucksvolle Art und Weise die Prinzipien, die auch in meiner Arbeit zum Thema Vertrauen zum Ausdruck kommen.

Zusammen sind David und Stephan ein hervorragendes Team, und das schon seit Jahren. Dieses Buch ist das Ergebnis ihrer sich ergänzenden Stärken. Beide sind Machertypen, die Ideen in die Tat umsetzen. Beide sind konsequent ergebnisorientiert. Beide haben unternehmerisches Talent, herausragenden Geschäftsinstinkt, mitreißende Führungsqualitäten und die natürliche Gabe, Vertrauen zu schenken. Sie glauben an die Menschen und halten Balance zwischen ihrer Neigung zum Vertrauen und zum verständigen Denken und Analysieren, was stets zu klugen Entscheidungen führt. Es überrascht mich nicht, dass sie eine Geschichte geschrieben haben, um Ihnen die Prinzipien zu veranschaulichen, die zum Erfolg in Ihrer Arbeit und Ihrem Leben beitragen – beide schätzen es, wenig Worte zu machen, entschlossen zu handeln und schnell und zukunftsorientiert zu lernen.

Lassen Sie mich jetzt ein paar Worte zu der wunderbaren Leseerfahrung sagen, die Sie hier erwartet.

Wenn man einer Falle ausweichen will, muss man sie erst einmal bemerken. Sie werden hier miterleben, wie der Hauptfigur Alex allmählich bewusst wird – dank dem sachkundigen Rat einer Freundin der Familie namens Victoria –, dass er dummerweise den »Sieben verborgenen Hindernissen auf dem Weg zum Erfolg« in die Falle gegangen ist, wie sie von David und Stephan genannt werden. Die Auswirkungen sind in Alex' Welt nicht nur in seiner Karriere zu spüren, sondern sogar mehr noch in seinem Familien- und Privatleben. Diese sieben Fallen sind verlockend, verführerisch und nicht immer evident. Glücklicherweise wird Alex sich entschließen, sich aus diesen Fallen zu befreien. Ziel der Erzählung ist aber natürlich nicht, dass Sie Alex' Erleichterung infolge seiner Veränderungsmaßnahmen miterleben können, sondern Ihnen vor Augen zu führen, wie diese sieben vielerorts lauernden Fallen jeden von uns versklaven können.

Vielleicht sind Sie noch nicht in alle diese Fallen gegangen, aber Sie – oder aber Personen, an denen Ihnen etwas liegt – können unversehens hineingeraten und darin gefangen, verletzt und in Ihrer Freiheit beschränkt werden. Zumindest werden Sie von dem Weg abgebracht, auf dem Sie erreichen oder werden können, was Ihnen möglich ist. Wie Alex in dieser Geschichte werden Sie dann feststellen, dass es zwar seine Zeit braucht, um aus diesen Fallen wieder herauszukommen, dass es aber durchaus möglich ist.

Für jede der sieben Fallen, die sie erkannt haben, stellen David und Stephan Ihnen eine spezielle »bahnbrechende Idee« vor. Für Freunde der Arbeit unseres Vaters Stephen R. Covey ist das ein anderer Ausdruck für das, was er einen »Paradigmenwechsel« nannte – und ich weiß, dass Paradigmen wechseln können! Diese Erkenntnisse sind nicht nur Momente der Klarheit, sondern sie können auch jeden darauf folgenden Moment transformieren. Unser Vater bezog sich oft auf das Buch *The Structure of Scientific Revolutions (Die Struktur wissenschaftlicher Revolutionen)* von Thomas Kuhn und dessen Aussage, die meisten »Durchbrüche« in der Wissenschaft seien in Wirklichkeit »Brüche mit«, das heißt, mutige Brüche mit traditionellen Denkmustern. Und genau das machen auch David und Stephan hinsichtlich dieser Fallen: Statt sich auf die heutige konventionelle Weisheit zu stützen, bieten sie Lösungsansätze nach dem Motto »Heureka!«, durch die Sie einen zukunftsweisenden neuen Weg erkennen – und einschlagen – können, auf dem Sie sich nicht nur aus den Fallen befreien, sondern sie künftig auch umgehen können.

Vielleicht fragen Sie sich, wie sie auf diese sieben Fallen und die jeweiligen Erkenntnisse gekommen sind. Wie wäre es, wenn Sie Hunderte von Büchern über die Verbesserung der Leistungen von Menschen und Betrieben gelesen hätten? Wie wäre es, wenn Sie ausführlich mit deren Autoren hätten reden können? Wie wäre es, wenn Sie an deren Programmen teilgenommen hätten? Wie wäre es, wenn Sie mit Hunderten von unabhängigen Geschäftsinhabern in Dutzenden von Ländern Interviews über die Herausforderungen geführt hätten, die es bedeutet, für ein Wachstum ihres Betriebs zu sorgen und in ihrem Umfeld und ihrem Land zur Geltung zu kommen? Das ist es, was Stephan und David getan haben. Sie sind Partner in einem Unternehmen, SMCOV, das Autoren und Schulungsunternehmen dabei unterstützt, ihre Ideen und Lösungsansätze (mittels Büchern und Programmen) an ein globales Publikum zu vermitteln und anzupassen. Diese bemerkenswerten Erfahrungen führen in Kombination mit früheren Führungsrollen bei FranklinCovey, DOOR International und Raytheon Learning zu ganz praktischen Lösungsansätzen für die großen Herausforderungen, mit denen so viele von uns heute konfrontiert sind.

Sie sind bei den beiden in guten Händen. Sie wissen, wovon sie reden. Die Fallen sind real und erwischen die Unwissenden und die Dummen. Das Ganze erinnert mich an meine eigene Arbeit zum Thema Vertrauen und daran, wie die Menschen dessen Bedeutung nicht erkennen, bis sie es selber erfahren haben. Ich glaube, Sie werden feststellen, dass diese Geschichte und die geschilderten Fallen spürbaren Einfluss auf Ihr Verhalten und Ihre Lebensfreude haben werden und damit auf Ihre Leistungen in Karriere und Leben.

Vielleicht ist das größte Geschenk, das dieses Buch machen kann, Hoffnung. Wenn Sie, wie der Protagonist dieser Geschichte, in eine oder mehrere Fallen gegangen sind, in die Sie lieber nie hineingeraten wären, ist es wichtig zu erkennen, dass Sie auch wieder hinauskommen *können.* Und dass Sie die Fallen künftig vermeiden können. Und dass Sie auch Menschen, an denen Ihnen etwas liegt, dabei helfen können. Wenn Sie das alles tun, erhalten Sie als Dividende ein größeres Selbstvertrauen, was Sie in die Lage versetzt, anderen ein wirklich großes Geschenk zu werden und zu machen: eine Person, der sie vertrauen können.

Stephen M. R. Covey
Mitgründer und Global Practice Leader von
FranklinCovey's Speed of Trust Practice,
Autor von The Speed of Trust *und ehemaliger CEO*
des Covey Leadership Center

Teil 1
ALEX' GESCHICHTE

Die Geschichte beginnt

Unweigerlich breitete sich ein Lächeln auf Alex' Gesicht aus, als er ganz leicht auf das Gaspedal seines funkelnagelneuen Luxuscabrios tippte. Das glänzend schwarze Fahrzeug beschleunigte geschmeidig von null auf hundert, mit einer Kraft, die ihm fast den Atem nahm.

»Das nenne ich leben«, dachte er bei sich, als er auf die Überholspur der Autobahn zog. »Es geht doch nichts über den Geruch von frischem Leder.«

Die südkalifornische Sonne brannte, und als er mit einem Knopfdruck das Verdeck öffnete, fegte ein Windstoß durch seine Haare. Er sah sich dabei für einen Moment im Rückspiegel und war verblüfft; er sah richtig gut aus. Er hatte sich schon seit Langem nicht mehr so jung gefühlt.

Viel zu schnell war die Heimfahrt vorbei, dachte er, als er schon nach kurzer Zeit seine glänzende Neuerwerbung vor seinem Haus in einem gehobenen Wohnvierteil von Los Angeles parkte. Seiner Frau und seinen Kindern würde bestimmt vor Staunen der Mund offen stehen bleiben angesichts dieses edlen Wagens! Er konnte es kaum erwarten, was sie wohl sagen würden, wenn er ihnen seinen neuesten Coup schilderte – ein Geschäft, bei dem man einfach nicht Nein sagen konnte. Im einen Moment war er noch auf Probefahrt gewesen, im nächsten hatte er schon über eine Anzahlung gesprochen – und ehe er noch so recht wusste, wie ihm geschah, fuhr er auch schon mit seinem neuen Auto vom Händlerparkplatz!

Mit der Energie eines um die Hälfte jüngeren Mannes stürmte Alex die Stufen hoch und durch die Tür hinein.

»Kim, Kinder, kommt mal raus, ich muss euch etwas zeigen!«, rief er.

Seine beiden Teenager, die im Wohnzimmer herumhingen, hoben kaum den Blick, um ihren Vater zur Kenntnis zu nehmen.

Kim, die am Schreibtisch saß und über den Finanzen der Familie brütete, schaute fragend auf.

»Wieso die ganze Aufregung?«, fragte sie.

»Komm, das musst du dir ansehen«, sagte er. Er griff nach ihrer Hand und zog sie geradezu aus der Tür.

Er spürte, wie sie ruckartig stehen blieb, als sie das glänzende neue Gefährt sah, das draußen vor dem Haus parkte. Auf ihrem Gesicht war eine Mischung aus ungläubiger Überraschung und Verzweiflung zu lesen. Das war definitiv nicht die Reaktion, auf die er gehofft hatte.

»Was ist denn?«, fragte er besorgt.

Kim sah aus, als könnte sie jeden Moment zusammenklappen und ließ sich auf den Stufen des Hauses nieder. »Alex, was hast du gemacht? Wo ist denn dein Auto? Und wo kommt dieses Cabrio her?«, stieß sie hervor.

»Kim, das war das beste Geschäft aller Zeiten! Da gab's nichts zu überlegen! Das Geld hatten wir, und mit den 8000 Dollar Anzahlung habe ich mir den niedrigsten Zinssatz gesichert, der zu haben ist.«

»Das kann doch jetzt nicht dein Ernst sein. Das kann doch wohl nicht dein *Ernst* sein!«

»Kim, jetzt aber mal ehrlich, jetzt übertreibst du aber«, entgegnete Alex.

»Übertreiben?«, schrie Kim fassungslos. »Diese 8000 Dollar waren für unsere Reise nach Hawaii gedacht! Das waren die Ersparnisse eines ganzen Jahres! Und da gehst du einfach hin und haust das alles auf einmal raus … für etwas, worauf wir uns überhaupt nicht geeinigt hatten? Einfach so? Ohne darüber zu reden? Das ist doch wohl unglaublich!«

»Chaz hat gesagt, so eine Chance käme nie wieder. Da musste ich mich schnell entscheiden«, verteidigte sich Alex.

»Ich bitte dich! Chaz? Diesen Namen will ich hier nie wieder hören!«, brach es aus Kim heraus.

Alex' Freund und Kollege Chaz bearbeitete Alex immer, er sollte sein Leben doch so führen, wie er seines lebte. Das hieß maßlos und verschwenderisch, jedenfalls in Kims Augen. Sie hatte Alex schon oft genug darauf hingewiesen, dass Chaz als Junggeselle einen Lebensstil pflegte, der mit ihrem überhaupt nichts zu tun hatte. Kim betrachtete Chaz als schlechten Einfluss und schlechten Freund. Die teuren Golftouren an irgendwelche Badeorte an der Küste waren das eine, aber ihre gesamten Ersparnisse von 8000 Dollar als Anzahlung für ein Luxuscabrio zu verpulvern, das ging entschieden zu weit! Was war denn mit der Limousine, die Alex bisher gefahren war? Die war doch noch nicht einmal drei Jahre alt.

»Schatz, jetzt mach dir doch keine Sorgen! Im Ernst. Ich habe doch auch noch eine andere Kreditkarte, mit der wir unsere Reise nach Hawaii bezahlen können – das ist alles bedacht.«

»Ich will aber, verdammt noch mal, keine neuen Kreditkartenschulden zusätzlich zu unseren ganzen schon vorhandenen Schulden! Wir sind doch bereits über beide Ohren verschuldet, Alex!«, schrie ihn Kim mit ärgerlich erhobener Stimme an. »Du bringst dieses Auto morgen wieder zum Händler und holst unser Geld zurück! Du brauchst kein neues Auto, und wir brauchen nicht noch mehr Schulden!«

»Das geht aber nicht. Es ist alles schon bezahlt, und der Händler hat meinen alten Wagen zu einem Wahnsinnspreis in Zahlung genommen. Chaz hat gesagt, so ein Geschäft dürfe man sich einfach nicht entgehen lassen. Der hat früher selber Luxusautos verkauft, Kim. Der versteht was von der Sache. Komm, lass uns eine kleine Spritztour machen. Wenn du erst mal siehst, wie toll der sich fährt, geht's dir wieder besser!«

»Ich rede mir dir überhaupt nicht mehr heute Abend! Entweder du bringst dieses Auto wieder zurück, oder ich fahre nächste Woche nicht mit nach Hawaii!«

»Kim, echt jetzt! Da ist nichts mehr zu machen! Sei doch vernünftig. Und natürlich kommst du mit nach Hawaii!«

»Ich meine es ernst, Alex. Du musst dich hier entscheiden.« Sie stürmte zurück ins Haus und knallte die Tür hinter sich zu.

In dieser Nacht schliefen Alex und Kim in getrennten Zimmern. Am nächsten Morgen fuhr Alex mit dem schwarz glänzenden Cabrio zur Arbeit. Auf dem Parkplatz wartete Chaz bereits auf ihn.

»Schick siehst du aus in dem Renner, mein Freund! Wie wäre es denn, wenn du ihn mir für mein Date dieses Wochenende überlassen würdest?«

Alex lachte. »Und wer ist deine Freundin diese Woche? Immer noch Jasmine?«

»Jasmine?«, äußerte Chaz mit leichter Verachtung. »Von der habe ich mich doch schon vor zwei Wochen getrennt. Ich bin jetzt mit Darci zusammen.« Chaz reichte Alex sein Handy, um ihm ein Selfie zu zeigen, das er von sich und seiner neuen Freundin am Strand aufgenommen hatte.

»Nettes Foto. Aber ich glaube eher nicht, Chaz. Was wäre zum Beispiel, wenn sie einen Drink auf den Ledersitzen verschüttete?«, scherzte Alex.

»Gutes Argument«, lachte Chaz. »Komm, lass uns hochgehen und ein paar Abschlüsse tätigen.«

Alex hatte wenig Zeit, darüber nachzudenken, ob Kim ihre Drohung wohl wahr machen würde. Sein Tag war vollgepackt mit Meetings und Telefonaten, eines reihte sich ans andere. Am Ende des Arbeitstages wollten Chaz und ein paar Kollegen sich noch auf ein paar Drinks treffen und ein Spiel ansehen. Alex wollte nicht ungesellig sein – und außerdem freute er sich wahrlich kein bisschen auf das Wiedersehen mit Kim an diesem Abend. Er beschloss mitzugehen, nur für ein paar Minuten.

Bevor er sich's versah, war es dann schon neun Uhr. Alex konnte gar nicht glauben, wie schnell die Zeit vergangen war. Er verabschiedete sich von der Truppe. Nur ein entgangener Anruf von Kim, zeigte ihm ein Blick aufs Handy. Vielleicht war sie ja doch nicht so wütend. Er fragte sich, was sie ihm wohl zu essen gemacht hätte.

Alex wusste zwar, dass daheim Ärger auf ihn wartete, aber dennoch musste er unwillkürlich lächeln, als er an die Fahrt nach Hause dachte. Er ließ sich hinters Lederlenkrad sinken und steuerte mit festem Griff vom Parkplatz auf die Straße. »Das fühlt sich einfach richtig an. Kim wird sich schon damit abfinden«, sagte er sich. »Alles nur eine Frage der Zeit.«

Schon bald hatte er alles um sich herum vergessen vor lauter Spaß, das schnittige Cabrio zu lenken, das bereitwillig auf die leiseste Berührung reagierte, als wären sie beide füreinander gemacht. Er widerstand aber der Versuchung, die längere Strecke nach Hause zu nehmen – es wäre nicht gut, Kim noch mehr zu verärgern. Als Alex in die Auffahrt steuerte und das Garagentor öffnete, sah er, dass Kims Wagen nicht da war. Da muss sie wohl unterwegs sein, um noch irgendetwas zu erledigen, dachte er.

Alex ging in die Küche, wo Michael, sein Sohn, am Tisch saß und Mathe-Hausaufgaben machte. »Hi, Mikey, wo ist denn Mama hin?«

Michaels Kopf blieb dicht über seine Bücher gebeugt. »Diesmal hast du's wohl echt vergeigt, Papa.« Alex Herz rutschte ihm in die Hose. Wo war sie denn hin? Er stieg die Treppen hinauf ins Schlafzimmer und sah auf dem Bett einen Brief liegen.

Alex riss den Umschlag auf.

Alex, ich kann wirklich nicht glauben, wie selbstsüchtig und rücksichtslos du warst. Ich gehe nach San Francisco. Erinnerst du dich noch an die Stelle, die mir letzten Monat angeboten wurde? Ich will mir das mal ansehen. Die Stelle ist noch nicht besetzt, und sie waren ganz begeistert, als sie hörten, dass ich möglicherweise doch Interesse hätte. Es ist schön, wenn man das Gefühl hat, jemand legt Wert darauf, was ich zu sagen habe. Es ist vielleicht gut, getrennt zu sein, während wir die Dinge klären. Lass uns reden, wenn du von Hawaii wieder zurück bist. Den Kindern habe ich von meinem Plan schon erzählt. Pass bitte gut auf sie auf, solange ich weg bin.

– Kim.

Alex versuchte sofort, sie anzurufen, aber sie ging nicht dran. Er schickte ihr eine Textnachricht, aber sie antwortete nicht. Alex konnte nicht glauben, dass das hier wirklich passierte. Wie konnte sie ihm das antun? Wer sollte sich jetzt um die Kinder kümmern? Ihr Timing war echt unglaublich! Die Ungerechtigkeit der ganzen Situation überwältigte Alex. Er ließ sich aufs Bett fallen und konnte einfach nicht in den Kopf bekommen, was sie getan hatte. Er starrte an die Decke, bis heiße Tränen des Zorns alles vor seinen Augen verschwimmen ließen. Wie hatte das alles nur so schieflaufen können? War das jetzt der Tropfen gewesen, der das Fass zum Überlaufen gebracht hatte?

* * *

Eine Woche später stand Alex allein auf dem Balkon seines Hotelzimmers im 34. Stock mit Blick auf den Pazifischen Ozean. Er starrte ausdruckslos auf das türkisfarbene Wasser, das in seinen Brandungswellen am Strand von Hawaii weiß aufschäumte. Die beiden Kids hatten schon ihre Badesachen an und waren unterwegs an den Strand, wild entschlossen, auch nicht einen Moment ihrer Frühjahrsferien ungenutzt verstreichen zu lassen. Laura war froh, ihre Studienvorbereitungskurse an der Schule los zu sein, und Michael, der eigentlich Spaß am Lernen hatte, sehnte sich danach, endlich die Mittelstufe hinter sich zu lassen. Sie hatten in den Ferien ursprünglich etwas mit ihren Freunden unternehmen wollen, aber wer würde sich schon eine Woche Hawaii entgehen lassen, selbst wenn es zusammen mit dem alten Herrn war?

Alex' letzter Urlaub war über drei Jahre her. Er hatte den Kindern versprochen, dass er mit ihnen nach Hawaii fahren würde, wenn es in seinem Leben einmal etwas gemächlicher liefe. Das Problem war nur, dass das Leben anscheinend nie gemächlicher werden wollte. Im Gegenteil, das Tempo schien immer mehr zuzunehmen.

Am liebsten hätte er die Zeit angehalten, wäre in dieser schönen Gegend geblieben und hätte die Welt vergessen, die er in Kalifornien hinter sich gelassen hatte. Die Zukunft fühlte sich plötzlich ungewiss an, und anstelle seiner gewohnten Zuversicht verspürte er nun Unsicherheit und Einsamkeit. Er war sich unsicher, wie die Sache mit seiner Frau wohl weitergehen würde, und fast wollte er es auch gar nicht wissen.

Alex zuckte mit den Schultern, um die Last dieser Gedanken abzuschütteln. Als er heute Morgen in den Badezimmerspiegel geblickt hatte, war ihm aufgefallen, dass sein dünner werdendes Haar grau zu werden begann. Aber der Anblick der Brandung und ihre rhythmischen Schläge hatten eine beruhigende Wirkung auf ihn. Er begann an einige entscheidende Momente zurückzudenken, die sich in seinem Leben ereignet hatten.

Alex und Kim hatten sich als Erstsemester an der Uni kennengelernt. Sie waren sich auf dem Campusgelände ständig über den Weg gelaufen. Zwei Jahre lang waren sie gute Freunde gewesen, bevor ihre Beziehung romantisch und sie ein Paar wurden. Sie heirateten kurz nach dem Abschluss. Sie hatten damals nicht viel Geld, aber das war ihnen egal. Sie waren ja jung, klug, ehrgeizig und, vor allem, verliebt.

Genau in diesem Hotel waren sie auf ihrer Hochzeitsreise gewesen. Alex erinnerte sich, wie glücklich sie damals gewesen waren, erinnerte sich an das Gefühl, das ganze Leben liege vor ihnen und alles sei möglich. Nichts war von Bedeutung, solange sie das Leben gemeinsam in Angriff nehmen konnten. Wie liebevoll Kim ihn damals angeschaut hatte, und wie viel Spaß sie zusammen hatten! Alex lächelte, als er an die Nacht dachte, in der Kim ihn gefragt hatte, ob er sich traue, nackt im Ozean schwimmen zu gehen, und wie sie dann am Strand seine Badesachen geschnappt und damit hoch ins Hotel gerannt war. Sie hatten Sandburgen zusammen gebaut, waren mit dem Fahrrad durch den Tropenwald gefahren und hatten beim Schnorcheln die buntesten Fische gesehen, denen er je begegnet war. Es war unvergesslich.

Als Alex dann seinen ersten Job bekam, war sein Einkommen beachtlich. Allerdings fand er das so toll, dass er jeden Cent ausgab und im Luxus schwelgte. Er sparte keinen Pfennig.

Alex' Entscheidung, noch seinen Master zu machen, erhöhte ihre Schulden erst einmal weiter. Aber der höhere Abschluss eröffnete Aussichten auf noch besser bezahlte Jobs und größere Chancen. Gerade als Kim in ihrer eigenen Karriere die ersten Fortschritte machte, wurde sie schwanger mit Laura. Drei Jahre später kam Michael. Ein paar Jahre darauf ging Kim zwar wieder als Buchhalterin arbeiten, aber auch mit ihrem Gehalt schien irgendwie nie genug Geld da zu sein. Hauskredit, Autodarlehen, laufende Haushaltsausgaben und Kreditkartenschulden begannen sich von Jahr zu Jahr zu einem immer höheren Berg aufzutürmen.

Trotz allem Bemühen Kims schaffte Alex es nie, Sparen und Anlegen zu einer seiner Gewohnheiten zu machen. Jede Bonuszahlung, jede Beförderung verpuffte irgendwie. Die Ausgaben standen bei Alex und Kim bald in keinem Verhältnis mehr zu den Einnahmen. Er begann jetzt oft und großzügig seine Kreditkarten zu belasten.

Von Anfang an rechtfertigte und verteidigte Alex seine Ausgaben. Aus Luxus wurde Notwendigkeit. Er brauchte die Mitgliedschaft im Country Club, damit er mit seinen Geschäftspartnern Golf spielen konnte, zum Beispiel mit Chaz. Um mit seinen Kollegen mitzuhalten, musste er dieselben teuren Urlaubsreisen und Kreuzfahrten unternehmen. Er liebte teure Uhren und den neuesten technischen Schnickschnack. Alex, der mit diesem Lebensstil großgeworden war, kamen diese Ausgaben gar nicht extravagant vor. Aber nachdem sie 20 Jahre verheiratet waren, hatten Alex und Kim null Ersparnisse, keinerlei Rücklagen fürs Alter und einen Haufen Schulden.

Als Alex' Firma in der Rezession in finanzielle Schwierigkeiten geriet, hatte man ihm ohne Vorwarnung gekündigt. Alex hatte immer zu den Top-Leistungsträgern gehört, daher war er davon ausgegangen, dass ihn eventuelle Rationalisierungen oder Umstrukturierungen nicht betreffen würden. Er hatte sich nie vorgestellt, dass seine Firma scheitern, den Anschluss verlieren, überflüssig werden oder er seinen hochbezahlten Job verlieren könnte.

An diese Zeit erinnerte sich Alex nur allzu gut. Seine Gedanken sprangen sieben Jahre zurück.

Er war an diesem Tag viel früher als sonst nach Hause gekommen. Normalerweise kam er gegen 18 Uhr, 18.30 Uhr von der Arbeit, niemals aber schon um 15.30 Uhr. Kim, die an diesem Tag von zu Hause aus arbeitete, war im Waschraum gerade mit einem riesigen Haufen Wäsche beschäftigt, der aus mehreren Waschmaschinenladungen bestand.

»Hallo Liebling«, hatte Kim lächelnd gesagt. »Warum bist du denn schon so früh zu Hause?«

»Mir ist gerade gekündigt worden«, platzte es in seinem Schockzustand aus ihm heraus.

»Was?« Ihr fiel das Hemd aus den Händen, das sie gerade zusammenlegte. »Du machst einen Witz, ja? Du bist doch einer der Topmanager der Firma. Wieso sollten sie gerade dir kündigen?

»Ja, ja. Es geht gar nicht um mich. Der Firma ist offenbar das Geld ausgegangen, und der ganze Laden hat Pleite gemacht. Wir haben alle unsere Jobs verloren, einfach so«, erklärte Alex völlig perplex.

Kim wirkte gedankenverloren. »Hat das einer kommen sehen?«, fragte sie.

»Ich mit Sicherheit nicht. Der Chef muss es aber gewusst haben«, sagte Alex. »Ich meine, ich wusste zwar, dass die Liquidität knapp war in der Firma, aber dass einem komplett das Geld ausgeht?

Das ist doch lächerlich!«, schäumte Alex. »Wie kann man denn ein Unternehmen führen und keinen Plan haben, um an mehr Cash zu kommen? Das ist doch geradezu unverantwortlich!«

Das Unternehmen, für das Alex arbeitete, bestand schon seit 35 Jahren und hatte in seinen besten Zeiten einen Jahresumsatz von fast 500 Millionen Dollar erzielt. Trotz diesem für ein Privatunternehmen respektablen Einnahmenstrom hatte es seine Kosten immer schlecht gemanagt. Im letzten Jahr hatte das Unternehmen noch einen Umsatz von etwa 350 Millionen Dollar erzielt, aber weder seine Ausgaben noch die Zahl seiner Beschäftigten entsprechend angepasst.

»Und was machen wir jetzt?«, fragte Kim mit einem Anflug von Furcht in der Stimme.

»Ich nehme an, ich fange an, mir einen neuen Job zu suchen«, antwortete Alex niedergeschlagen.

»Da sieht es im Moment aber ziemlich bitter aus. Hast du gesehen, wie viele Jobs wir landesweit in den letzten sechs Monaten verloren haben? Wer weiß, wie lange die Jobsuche da dauern wird? Ich denke, wir könnten ein bisschen weniger häufig essen gehen, und wir könnten diese teure Country-Club-Mitgliedschaft kündigen.«
Kim begann auf und ab zu gehen, während sie im Geist weitere Einsparmöglichkeiten durchging.

»Ach, Kim«, hatte Alex gesagt und nach ihren Händen gegriffen. »Mach dir keine Gedanken. Kein Grund, irgendwelche extremen Maßnahmen zu ergreifen. Wir kriegen das schon hin!«

Er sah es ihrem Gesicht an, dass sie ihm gern glauben wollte. Aber da war auch noch ein Anflug von irgendetwas anderem gewesen.

Alex riss sich aus seiner Tagträumerei. Sie hatten es damals durchaus hingekriegt, aber es hatte viel länger gedauert, als Alex sich das vorgestellt hatte. Acht Monate lang war er beständig auf der Suche nach einem neuen Job gewesen, bis er schließlich bei seinem aktuellen Arbeitgeber gelandet war, vor sechs Jahren. Er seinerseits hätte damals wahrscheinlich noch weitergesucht, ob sich nicht noch etwas Besseres fände, hätte nicht Kim darauf bestanden, dass er seinen Stolz überwinden und das angebotene Vergütungspaket akzeptieren solle. Immerhin war er schließlich sieben Jahre lang ein erfolgreicher Manager im Verkauf gewesen. Warum waren die Firmen nicht bereit, für seine wertvollen Kenntnisse und Fähigkeiten zu bezahlen?

Alex' grenzenlose Zuversicht und sein fröhlicher Optimismus hatten einen schweren Schlag abbekommen, als ihm gekündigt worden war. Was ihn am meisten belastete, nachdem er nun nur noch 60 Prozent seines vorherigen Gehalts verdiente, war der Druck, sich in seinem gewohnten Lebensstil einschränken zu sollen. Er konnte den Gedanken nicht ertragen, dass er seine Mitgliedschaft im Country Club aufgeben oder auf seine Luxusurlaube und die jeweils neuesten technischen Spielereien verzichten sollte. Das war einfach zu viel verlangt. Klar, *zu viele* Schulden waren nicht gut, aber mit *ein paar* Schulden hatte er schon sein ganzes Leben zu jonglieren verstanden.

In letzter Zeit war er durch seine Arbeit so gestresst gewesen – und dann war da ja auch noch der Streit mit Kim –, dass er sich den ganzen Ernst seiner Situation gar nicht klargemacht hatte. Er begann die ganzen Schulden zusammenzurechnen, die er angehäuft hatte. Die Familie hatte Kreditkartenschulden von 50 000 Dollar, einen Immobilienkredit in Höhe von 278 000 Dollar und monatliche Raten für zwei Autos in Höhe von zusammen 900 Dollar. Laura würde in 18 Monaten zur Uni gehen. Wie sollte er das bezahlen? Sie hatte eine Universität in New York ins Auge gefasst, wo auch mehrere ihrer Schulfreundinnen studieren wollten. Aber die Gebühren für ein Studium außerhalb des eigenen Bundesstaats waren astronomisch, und ohne alle Ersparnisse konnten Kim und er sich das ganz eindeutig nicht leisten. Nebenbei gesagt, wusste er noch nicht einmal, wie sie sich die Gebühren für ein Studium innerhalb des eigenen Bundesstaats leisten sollten. Warum hatte er bloß nicht vorausgeplant und etwas Geld für Lauras Ausbildung beiseitegelegt?

Alex konnte es gar nicht glauben, wie unvorbereitet er war. Wie hatte er bloß so dumm und so kurzsichtig sein können? Und wie sollte er seine Schulden jemals zurückzahlen?

Nur einen Moment lang dachte er jetzt sogar daran, Michaels Bankkonto zu plündern. Der hielt zwar immer streng geheim, wie viel er gespart hatte, aber Alex war sich sicher, dass sein Sohn mit seinen 14 Jahren schon mindestens um die 15 000 Dollar auf dem Konto haben musste. Michael war ein Sparertyp und gab kaum einmal etwas aus. Er hatte auch den Bogen raus, wie er Kapital aus der Gelegenheit schlagen konnte, Geld zu verdienen. Schon seit er zehn war, hatte Michael sich immer Geld dazuverdient. Er mähte für die Nachbarn den Rasen oder verkaufte Geräte, die von der Familie nicht mehr gebraucht wurden.

Alex schob diesen verzweifelten Gedanken beiseite. Meine Güte, er war hier im Urlaub, und er wollte sich jetzt nicht länger mit seinen finanziellen Nöten herumschlagen. Das war schließlich die Zeit, in der er sich von all der anstrengenden Arbeit und den Schwierigkeiten der letzten Jahre erholen wollte, wieder aufladen, neue Energie tanken. Er packte seine Badesachen zusammen und machte sich auf den Weg zum Strand, um die salzige Luft zu genießen und ein wenig mit den Kindern herumzualbern.

Zwei Stunden später ging die Sonne unter, und nach dem ganzen Spielen waren alle hungrig. Alex wollte mit den Kindern in eines seiner Lieblingslokale auf Oahu gehen: Roy's Restaurant. Nass, sandig und barfuß, wie sie waren, kehrten die drei ins Hotel zurück, um sich fürs Essen umzuziehen.

Als Alex in sein Zimmer kam, sah er auf dem Nachttisch einen Umschlag mit zwei Pralinen liegen. Er öffnete den Umschlag und fand darin eine schön gestaltete Karte mit dem Ablaufplan für die Zeremonie zur Erneuerung des Eheversprechens, die Kim und er geplant hatten, als sie zusammen die Reise vorbereiteten.

Genau in dem Moment vibrierte sein Handy. Es war eine Textnachricht von Kim. Sie hatte die Stelle in San Francisco angenommen.

Was? Konnte das wahr sein? Alex konnte nicht glauben, dass sie sich entschieden haben sollte, wegzuziehen und ihre Kinder zu verlassen. Er war immer davon ausgegangen, die Kinder würden sie schon an Los Angeles binden. Wie konnte sie ihm das antun? Wie hatte es dazu kommen können? Tränen der Frustration stiegen ihm in die Augen.

Er hatte nicht viel Zeit, sich damit aufzuhalten, denn genau in dem Augenblick hämmerte Laura gegen seine Tür.

»Papa, was brauchst du denn so lange? Ich bin am Verhungern!«

»Einen Moment noch, ich bin gleich so weit«, rief Alex schwach zurück. Er spritzte sich etwas Wasser ins Gesicht und versuchte sich zusammenzureißen, bevor er den Kids gegenübertrat.

* * *

Essen und Service bei Roy waren sogar noch besser, als er es in Erinnerung hatte – selbst die Kinder waren beeindruckt. Als sie gerade mit den Vorspeisen fertig waren, summte Alex' Handy – eine E-Mail von Chaz. Anscheinend drohte der Abschluss, mit dem sie die letzten sechs Monate beschäftigt waren, abzustürzen. Alex seufzte und begann eine Antwort zu tippen.

Seine Aufmerksamkeit wurde von einer vertrauten Stimme abgelenkt. »Alex? Alex, bist du das?«

Alex schaute von seinem Handy auf und sah eine alte Bekannte auf ihren Tisch zusteuern.

»Alex, das ist ja schon Ewigkeiten her! Das ist ja witzig, dass ich dir hier nach so langer Zeit über den Weg laufe! Wie geht's dir denn?«

»Victoria? Das ist ja ein Zufall! Ich mache hier Urlaub. Das sind meine beiden Kinder, Laura und Michael.« Er wies in ihre Richtung und machte alle miteinander bekannt. »Erinnert ihr euch noch an die Geschichten von meinem besten Freund Bobby, mit dem ich zusammen aufgewachsen bin? Das ist seine Mutter, Victoria. Sie ist für mich praktisch auch so etwas wie eine Mutter.«

Michael beugte sich zu Laura hinüber und flüsterte: »Ist Bobby der mit dem …« Laura nickte wissend.

Victoria zwinkerte ihnen beiden zu. »Aber trotzdem soll jetzt bitte keiner anfangen, mich Oma zu nennen! Schön, euch beide mal kennen zu lernen! Und wo ist Kim?«, fragte sie und schaute sich um. »Höchste Zeit, dass ich sie auch mal kennenlerne.«

Alex wand sich. Er hatte sich noch gar keine Gedanken gemacht, was er in einer solchen Situation sagen sollte.

»Wir, also, wir haben im Moment so ein paar Probleme …«

»Oh, das tut mir leid, da wollte ich mich nicht einmischen«, sagte Victoria, etwas peinlich berührt.

»Schon in Ordnung, mach dir keine Gedanken«, stammelte Alex. Er wurde von der Kellnerin erlöst, die gerade mit den Dessertkarten kam und erwartungsvoll am Tisch stehen blieb.

»Na, da will ich mal nicht länger stören«, sagte Victoria. »Aber ich würde mich freuen, wenn wir uns noch mal treffen könnten hier in meinem Paradies auf Erden, um die neuesten Neuigkeiten auszutauschen. Ich geb dir mal meine Karte, Alex. Ruf mich doch an, wenn du Zeit hast.« Sie beugte sich zu den Kindern hinüber. »Fragt euren Papa auf jeden Fall mal nach dem großen Eier-Fiasko! Hat er euch die Geschichte schon erzählt?«

»Nö-hö!«, riefen sie unisono und blickten erwartungsvoll grinsend zu Alex hinüber. Der wurde ganz rot und rief ihr nach: »Das finde ich jetzt aber nicht witzig, Victoria!« Sie drehte sich noch einmal um, zwinkerte erneut und winkte zum Abschied.

Nach dem Dessert gingen Alex und die Kinder zum Auto. Er konnte es kaum glauben, dass er hier nach so langer Zeit Victoria wiederbegegnet war. Sie hatten sich zwar über die Jahre hinweg immer Geburtstagskarten geschickt, aber persönlich gesehen hatten sie sich seit der Beerdigung nicht mehr. Daran wollte Alex jetzt aber nicht denken.

Victoria hatte eine Art, die bewirkte, dass die Menschen gern mit ihr zusammen waren. Ihre Gegenwart zog einen leicht in ihren Bann, angesichts ihres allgegenwärtigen Lächelns und der Ruhe und Zufriedenheit, die von ihr ausgingen. Sie wirkte immer herzlich und aufbauend und nur ganz selten einmal schlecht gelaunt. Nichts schien sie je aus der Fassung zu bringen. Alex seinerseits fühlte sich inzwischen, als würde er die Dinge bald nicht mehr auf die Reihe bekommen. Er beschloss, er würde sie am nächsten Tag einmal anrufen. Vielleicht würde ja ein wenig von ihrem Optimismus auf ihn abfärben.

Fallenkunde

Nachdem er die Nacht gut geschlafen hatte, fühlte sich Alex so frisch und erholt wie lange nicht. Klar, sein Leben und seine Finanzen waren ein einziges Durcheinander, aber offenbar lag irgendetwas in der warmen Luft Hawaiis, was seine Bereitschaft erhöhte, sich heute mit seinen Problemen auseinanderzusetzen. Er holte Victorias Karte hervor und rief sie an, während die Kinder am Pool waren.

Victoria lud ihn zum Essen in ihr Strandhaus ein, das in etwa 20 Minuten Jogging-Entfernung von seinem Hotel lag. Alex lief am Wasser entlang, und nach kurzer Zeit sah er sie schon am Strand winken. Sie gingen hinauf zu ihrem Haus, wo sie sich auf ihren Vorschlag auf einer Terrasse mit Blick aufs Meer niederließen, um zu essen. Das rhythmische Geräusch der sich brechenden Wellen war beruhigend. Er schloss die Augen, um das Geräusch wirken zu lassen, während Victoria drinnen etwas zu trinken holte.

Das Zusammentreffen mit Victoria rief bei ihm eine Flut von Kindheitserinnerungen hervor. Die Familien hatten in Los Angeles im gleichen Stadtviertel gewohnt, und Alex und Bobby, das einzige Kind von Victoria und Rob, waren beste Freunde gewesen. Die beiden waren unzertrennlich. Im Herbst spielten sie Fußball, im Winter badeten sie im Hot Tub, im Frühling sprinteten sie um die Wette, und im Sommer gingen sie surfen. Sie waren das beste Beachvolleyball-Team, das die Welt je gesehen hatte (jedenfalls ihrer Meinung nach). Die Leute dachten oft, sie wären Geschwister, weil man sie immer zusammen sah.

Wie die meisten männlichen Teenager redeten sie viel über Mädchen und Sport. Aber ihre Freundschaft reichte tiefer. Sie teilten auch ihre Lebensziele, Hoffnungen und Ambitionen miteinander, ebenso ihre Sorgen, Ängste und Zweifel im Hinblick auf die Zukunft. Sie kosteten alles bis zur Neige aus, was das Leben zwei

Teenagern zu bieten hatte. Ihre Welt war voll endloser Möglichkeiten in einer glänzenden Zukunft.

Und dann änderte sich alles von einem Moment zum anderen. Mit 17 Jahren wurde bei Bobby Krebs im Endstadium diagnostiziert. Ihm wurden noch sechs Monate zu leben gegeben. Es war unmöglich, das zu glauben. Alex war geschockt und weigerte sich, die Diagnose zu akzeptieren. Rob und Victoria probierten es mit jeder erreichbaren medizinischen Behandlungsmöglichkeit, um das Leben ihres Sohns zu verlängern. Aber ihre Bemühungen verlängerten lediglich Bobbys Leiden. Er siechte langsam vor sich hin.

Alex erinnerte sich noch an das letzte Mal, als er Bobby vor seinem Tod gesehen hatte. Sie waren an ihren Lieblingsstrand gefahren, an den sie so viele gemeinsame Erinnerungen hatten, aber diesmal war alles anders. Kein Volleyball, kein Frisbee oder Fußball, kein Eintauchen in die Brandung. Bobbys Körper war gebrechlich und schwach. Er hatte kaum die Kraft, einen Moment neben dem Auto zu stehen, obwohl Alex ihn stützte. Es zerriss Alex innerlich zu sehen, wie viel Schmerzen Bobby jede kleine Bewegung bereitete. Ein paar Tage später hatte Victoria ihn dann angerufen – Bobby war gestorben.

Der Tod seines besten Freunds veränderte Alex zutiefst. Er versprach, sein Leben jetzt für beide zu leben. Alle Erlebnisse, die sich Bobby gewünscht hatte, würde Alex jetzt für ihn erleben. Er schwor, dass er das Leben nie als Selbstverständlichkeit betrachten würde. Er hatte erkannt, dass einem in einem einzigen Moment alles genommen werden konnte. Alex' grenzenlose Aktivität, seine endlose Energie, sein Drang, immer alles gleich jetzt, jetzt, jetzt zu machen, hatten Kim oft genervt. Aber sie hatte nicht verstanden, dass Alex sein Leben für zwei lebte.

Victorias Schritte holten ihn in die Gegenwart zurück. »Also Alex,« sagte sie, als sie sich in ihrem Stuhl niederließ, »was ist mir denn alles so entgangen? Ich kann gar nicht glauben, dass deine Kinder schon so groß sind! Da kommt man sich richtig alt vor.«

Da war etwas im Geräusch der Wellen und in der Herzlichkeit ihrer Stimme, was Alex das Gefühl vermittelte, er könne hier alle Vorsicht fallen lassen und mit ihr über seine ganzen Probleme sprechen. Er wusste, Victoria würde ihm vorurteilsfrei zuhören. Er begann zu erzählen, und die Worte kamen nur so aus ihm herausgestürzt, in ihrem Drang, gehört und verstanden zu werden. Er breitete alles vor ihr aus – die Sache mit dem Auto, den Bruch mit Kim, die Schulden, das nervende Gefühl der Desillusionierung, das er nicht abschütteln konnte.

Victoria war eine gute Zuhörerin. Sie redete nicht dazwischen und versuchte nicht, selbst etwas beizutragen. Sie unterbrach höchstens einmal, um eine Verständnisfrage zu stellen. Sonst hörte sie einfach nur aufmerksam zu, was er zu sagen hatte.

»Ganz ehrlich, Victoria, ich begreife das alles nicht. Ich verstehe einfach nicht, wie ich in diese Situation hineingeraten bin. Ich dachte, ich wäre auf einem guten Weg. Ich dachte, ich hätte die perfekte Familie. Und nun sehe ich, wie rings um mich alles zusammenbricht.« Alex hatte zu Ende erzählt und starrte auf den von der Sonne ausgebleichten Holztisch.

Victoria nickte nachdenklich und schaute ihm ins Gesicht, als ob sie dort etwas feststellen wollte. Alex sah auf und begegnete ihrem Blick, in seinen Augen lagen dumpfer Schmerz und latente Verzweiflung.

Plötzlich erhob sich Victoria und forderte Alex auf: »Komm mit, ich will dir etwas zeigen.« Sie wandte sich um und ging ins Haus, mit erstaunlich schnellen Schritten für eine Frau ihres Alters. Alex kämpfte sich aus seinem Stuhl hoch und bemühte sich, hinterherzukommen.

In Victorias Haus roch es stark nach Lavendel und Weihrauch – ein bisschen zu intensiv für Alex' Geschmack. Irgendwo im Hintergrund war der sanfte Klang einer Sitar zu hören. Als Alex sich umschaute, sah er, dass der Weihrauch in einem selbst gemachten Keramiktopf in der Ecke neben ihrer Yogamatte brannte. An einem Ende der Küchenarbeitsplatte lag ein großer Haufen frisches Obst und Gemüse, daneben standen etliche

Töpfe mit frischen Kräutern. Ein Buch mit dem Titel *The Green Smoothie Bible* lag geöffnet neben dem Mixer. Seit wann war Victoria denn zum Hippie geworden?

»Hier drüben!«, rief Victoria. Alex erkannte, dass ihre Stimme hinter einer Türöffnung herkam, die mit Perlenschnüren verhängt war, geschmückt mit kleinen Elefanten und Glöckchen. Die Glöckchen klimperten leise, als er den Vorhang zur Seite schob, um ihrer Stimme zu folgen. Victoria stand vor einem schönen, in Rot und Schwarz gehaltenen Schachbrett aus Marmor, das majestätisch auf einem Bistrotisch aus Bambus thronte. Alex wirkte erst einen Moment verwirrt, dann breitete sich ein Leuchten der Erkenntnis auf seinem Gesicht aus.

»Sag mir nicht, dass du das nicht wiedererkennst«, zog ihn Victoria auf. Angeregt durch seine Mutter hatte Bobby als kleiner Junge das Schachspielen erlernt. Alex hatte sich durch Bobby für das Spiel begeistern lassen, obwohl er nie ein so guter Spieler wurde wie sein bester Freund. Manchmal hatte Victoria dabeigesessen und ihnen ein paar gute Züge gezeigt, die sie ausprobieren konnten. Es tat ihm im Herzen weh, dieses Schachbrett wiederzusehen. Andererseits hatte es aber auch etwas Beruhigendes, wie eine Brücke in die Vergangenheit oder das Gefühl, nach langer Zeit wieder nach Hause zu kommen.

»Wie könnte ich das vergessen?«, gab Alex zurück. »Und weißt du auch noch, wer hier als Letzter gewonnen hat?«

»Ha! Soweit ich weiß, war das aber auch das einzige Mal, und das auch nur, weil ich Mitleid mit dir hatte! Selektive Erinnerung, ich verstehe.«

»Wow, das ist echt lange her. Das ist noch dasselbe Brett, ja? Ich glaube, ich habe seitdem kein einziges Mal mehr Schach gespielt.«

»Aha, dann muss ich es mit dir also sachte angehen lassen, ja?«, stichelte Victoria.

»Dann spielst du wohl immer noch ganz gut, Victoria, was?«, entgegnete Alex.

Grinsend erwiderte Victoria: »Ganz gut? Also hör mal, du weißt ja wohl so gut wie ich, dass ich ein bisschen mehr bin als ganz gut! Also los, Alex.«

Victoria setzte sich an den Tisch und bedeutete Alex, ihr gegenüber Platz zu nehmen. Ihr Ton wurde ein wenig ernster: »Die Wahrheit ist, dass ich mit der Zeit immer besser geworden bin, aber früher habe ich auch oft verloren, bis ich gelernt hatte, das Ganze aus der richtigen Perspektive zu sehen.

Viele meiner Niederlagen im Schach waren nämlich auf Fallen zurückzuführen; Fallen, die ich nicht erkannt hatte, weil ich nicht wusste, wonach ich suchen sollte. Der Ausdruck *Falle* bedeutet im Schach einen Zug, der deinen Gegner verleiten soll, einen ungünstigen Zug zu tun, der ihn in die Klemme bringt. Wenn du die Fallen im Voraus erkennst, sind sie kein Problem. Wenn nicht, wirst du das Spiel höchstwahrscheinlich verlieren.

Fallen sind per definitionem nicht leicht zu erkennen, ganz besonders nicht in der Anfangsphase des Spiels. Du kannst mit solchen Fallen auf die harte Tour Bekanntschaft machen, durch Versuch und Irrtum. Aber es ist besser, wenn du sie dir schon vorab durch jemanden erklären lässt, der weiß, wie man sie erkennt und ihnen entgeht. Das Erlernen einiger ganz einfacher Taktiken kann einen Spieler vor der Katastrophe bewahren.«

Alex hörte aufmerksam zu und nickte.

Victoria fuhr fort: »Große Schachspieler sind Meister im Fallenstellen und Experten darin, ihnen zu entgehen. Einige Fallen im Schach sind so fatal, dass sie eigene Namen bekommen haben. Hast du schon einmal von der Monticelli-Falle gehört oder vom Blackburne-Shilling-Gambit? Dachte ich mir. Solche Fallen sind raffinierte kleine Teufel, bis du anfängst, dich damit zu beschäftigen, wie man sie kommen sieht.«

»Gibt es auch eine Victoria-Falle?«, scherzte Alex.

»Noch nicht, aber vielleicht wird es sie ja eines Tages geben! Ich denke aber lieber darüber nach, wie man gar nicht erst auf Fallen hereinfällt, als dass ich mir selber Fallen ausdenke. Der Punkt ist: Wenn du weißt, wie man Fallen erkennt, umgeht und aus ihnen herauskommt, erlangst du einen taktischen Vorteil, nicht nur im Schach, sondern auch im wirklichen Leben«, sagte Victoria lächelnd. »Alex, ich möchte dir eine neue Perspektive aufs Leben vermitteln. Du hast deine Herausforderungen bisher nur als *Probleme* betrachtet. Ich möchte, dass du ab sofort deine Herausforderungen als Fallen betrachtest.«

»Fallen?«, fragte Alex.

»Ja, Fallen«, bestätigte Victoria. »Wie wäre es denn, wenn wir lernen könnten, die Fallen, die uns in unserem Leben begegnen, genauso zu entdecken, wie ich gelernt habe, die Fallen im Schach zu entdecken? Und wie wäre es, wenn wir auch die Schritte erlernen könnten, mit denen wir uns aus einer Falle wieder befreien können, in der wir schon drinstecken? Ich bin von dieser Idee geradezu besessen. Rob zieht mich immer damit auf und nennt das Ganze *Fallenkunde*. Ich bin ja keine Lehrerin, aber der Name gefällt mir schon irgendwie.«

»Dann bist du also eine Fallenkundlerin?«

»Könnte man sagen. Und ich kann auch dich gern zum Fallenkundler ausbilden, wenn du möchtest!«

»Aber nur, wenn wir dabei auch so coole Hüte tragen wie Indiana Jones«, witzelte Alex.

Auch wenn er hier seine Späßchen machte, war er doch irgendwie neugierig geworden. Er war sich zwar nicht sicher, ob das, was Victoria ihm erzählen wollte, ihm irgendwie weiterhelfen konnte – womöglich war es ja nur irgendwelches Hippie-Gedöns –, aber er war jetzt guter Stimmung und wollte sich gern bis zu Ende anhören, was sie zu sagen hatte.

»Erst, wenn du auch so weit fortgeschritten bist wie ich, Alex. Geduld, mein junger Hüpfer!«, entgegnete Victoria mit schelmischem Lächeln. »Echte Fallenkundler verstehen Fallen – wie sie zu entdecken sind; wie man sie vermeiden kann; und auch wie man sich wieder aus ihnen befreien kann, wenn man es einmal nicht vermeiden konnte hineinzugeraten. Genau wie erfahrene Schachmeister lernen Fallenkundler, viele Züge vorauszudenken.«

Alex schaute auf sein Handy. Es hatte vor einigen Augenblicken gesummt und er hatte es instinktiv herausgeholt. Es war ein Update zum heutigen Basketballspiel. Die Lakers hatten drei Punkte gemacht – schön!

Er spürte, wie Victoria ihn anschaute. Verlegen blickte er auf und steckte sein Handy wieder weg.

»Wie ich schon gesagt habe … Fallen sind Fallen, weil sie dich überraschen. Sie erwischen dich, wenn du gerade nicht aufpasst, und bevor du noch begriffen hast, was dir passiert, steckst du auch schon in Schwierigkeiten. Hast du schon einmal Treibsand gesehen?«, fragte Victoria.

»Noch nicht persönlich, aber schon mal in Filmen wie *Die Braut des Prinzen*«, antwortete Alex. Das war ein Lieblingsfilm von Kim und ihm gewesen, und der Gedanke daran versetzte ihn zurück in glücklichere Zeiten.

»Okay, gut, dann weißt du aber, wovon ich rede«, erwiderte Victoria und holte Alex in die Gegenwart zurück. »Genau wie beim Treibsand ist es bei Fallen leicht hineinzugeraten, aber schwer wieder herauszukommen. Je mehr du kämpfst und um dich schlägst, desto tiefer zieht es dich hinein. Wenn du aber weißt, was zu tun ist, und die richtigen Schritte unternimmst, dann ist es ohne Weiteres möglich, aus Treibsand wieder zu entkommen. Es ist sogar einfacher, als du vielleicht denkst. Und wenn du lernst, wie man die Anzeichen dafür erkennt, dann ist es vor allem möglich, Treibsand zu entdecken und erst gar nicht hineinzugeraten.«

Victoria fuhr fort: »Ich habe einmal einen Vortrag des bekannten General-Electric-Chefs Jack Welch gehört, in dem er genau diese ›Fähigkeit, um die Ecke zu sehen‹, als eines der wichtigsten Merkmale bedeutender Führungskräfte bezeichnete.

Wenn wir nun die Fallen, mit denen es die die meisten von uns irgendwann im Leben zu tun bekommen, identifizieren und die richtige Strategie und Taktik lernen könnten, wie sie zu vermeiden sind, wäre das nicht ungeheuer wertvoll? Kannst du dir vorstellen, wie das wäre, wenn wir die Fallen vorher sehen könnten, bevor sie uns vom Kurs abbringen?«

Alex war etwas skeptisch: »Klar, das wäre toll. Aber es kann doch niemand in die Zukunft schauen!«

»Natürlich, da hast du völlig recht. Aber wir können sehr wohl die Vergangenheit zu Rate ziehen. Und wenn wir eines über die Vergangenheit wissen, dann, dass die Geschichte dazu neigt, sich zu wiederholen. Ich sage also nicht, dass du die Kristallkugel hervorholen sollst, sondern man sollte einfach etwas besser auf die Welt um einen herum achtgeben.«

»Da muss ich übrigens sagen, dass ich schon halbwegs damit gerechnet hatte, dass du eine Kristallkugel hättest! Die würde eigentlich ganz gut zu deiner Einrichtung passen«, scherzte Alex.

Victoria verengte ihre Augen zu Schlitzen. »Pass bloß auf, dass ich nicht deinen vorlauten Kopf in meine Sammlung aufnehme!«, lachte sie.

»Okay, okay!« Alex warf seine Hände in die Luft. »Hätte ich nicht sagen sollen … heikles Thema.«

»Aber ganz im Ernst, Alex, das ist wichtig! Viele Leute sagen ja, Erfahrung sei im Leben der beste Lehrmeister. Aber leider ist sie auch der strengste Lehrmeister – und der langsamste. Viel zu oft müssen wir die harte Realität und die Fußangeln des Lebens aus erster Hand kennenlernen – und das macht keine Freude. Siehst du, im Leben ist es wie im Schach ganz leicht, in eine Falle hineinzugeraten, aber schwer, wieder herauszukommen.

Wie wäre es denn, wenn wir von der Erfahrung anderer lernen könnten, statt die Erfahrungen selber machen zu müssen? Wie wäre es, wenn wir die Hinweise auf dem Weg zu Problemen erkennen könnten?«

Victoria machte eine Pause. Alex schaute sie erwartungsvoll an.

»Hast du schon mal mitbekommen, wie Eltern eine Sportlerkarriere mit durchlaufen, die sie selbst nie hatten, indem sie an den sportlichen Erfolgen ihrer Tochter oder ihres Sohns teilhaben? Sie erleben dann alles indirekt durch die Aktivitäten ihrer Kinder. Das ist, als wären sie selbst auf diesem Fußball- oder Basketballfeld.«

Alex nickte wissend. Gerade in dem Moment summte wieder sein Handy – das Spiel! Aber Victorias Blick hielt ihn davon ab, sein Handy nochmals hervorzuholen.

»Was ich vorschlage, ist das Folgende: Wenn wir beobachtet haben, wie Leute um uns herum in eine Falle geraten sind, dann sollten wir studieren, was für Kräfte da am Werk waren. Wir können ihre Erfahrungen dann indirekt nacherleben und versuchen zu verstehen, wie sie da hineingeraten sind und warum sie nicht wieder herauskonnten beziehungsweise, wenn doch, wie sie es geschafft haben. Wenn wir das richtig anstellen, dann können wir diese Fußangeln vermeiden – den Schmerz und das Elend, die daher rühren, dass wir dieselben Fehler erneut machen. Die meisten Menschen würden ihren rechten Arm dafür geben, noch einmal eine neue Chance zu bekommen.«

»Ich weiß zwar nicht, ob ich meinen rechten Arm dafür hergeben würde, aber vielleicht meinen linken kleinen Finger!«, ging Alex dazwischen.

Victoria lachte. »Lassen wir mal deinen kleinen Finger in Frieden. Zumindest bis zur nächsten Bemerkung über meine Inneneinrichtung!«

Alex lehnte sich in seinem Stuhl zurück und lächelte. »Ist in Ordnung, Victoria, du hast mich gepackt. Ich bin dabei! Ich möchte auch Fallenkundler werden. Aber nur, wenn wir dann auch diese Hüte tragen!«

»Ich denke darüber nach«, entgegnete Victoria lächelnd.

Es entstand ein Moment des Schweigens, in dem sie dem Klang der Sitar lauschten – jetzt begleitet von einer beruhigenden Singstimme –, der vor dem Hintergrundgeräusch der auf den Sand treffenden Brandung ertönte.

»Weißt du,« sagte Victoria dann, wobei sie zu Boden schaute, »es war so schwer, als wir Bobby verloren haben. Ich denke jeden Tag an ihn.«

Alex fühlte einen Kloß im Hals. Er wusste nicht, was er sagen sollte.

»Ich hatte gedacht, wir könnten gegen den Krebs ankämpfen und ihn besiegen. Wir haben für die besten Ärzte und die beste medizinische Behandlung gesorgt, die überhaupt zu bekommen waren …« Sie verstummte. »Sie haben getan, was sie konnten. Und ich weiß bis heute nicht, was man sonst noch hätte tun sollen. Ich trage keinen Groll im Herzen. Aber als das ganze medizinische System meinen Sohn nicht retten konnte, kamen mir so einige Gedanken – hätte man vielleicht etwas anderes machen können? Hätte es vielleicht ganz andere Möglichkeiten gegeben?« Victoria schaute im Raum umher und machte eine Handbewegung. »Damals hat das wahrscheinlich angefangen mit all dem hier. Mir war klargeworden, dass die konventionelle Art, wie man etwas tut, also der Weg, zu dem mir alle geraten haben, nicht immer zu den richtigen Antworten führt.«

Ihre Blicke trafen sich, und Alex nickte ernst.

»Ich denke, es ist weise, über den Tellerrand hinaus zu schauen, selbstständig denken zu lernen und das Leben nicht einfach so hinzunehmen, wie es gerade kommt, eine Krisenwelle nach der anderen, mit vorübergehenden Ruhepausen dazwischen. Sondern wir müssen lernen, intelligent zu navigieren, damit wir nicht in der nächsten unruhigen See hilflos scheitern, die das

Leben mit sich bringt. Wir müssen unsere Geschichte selber schreiben, Autor unseres eigenen Schicksals werden.

Lass dich nicht zum Opfer der Umstände machen, Alex. Du befindest dich gerade in rauer See. Ich hätte damals auch zulassen können, dass Bobbys Krebs mich ebenfalls besiegt. Stattdessen hat mir das alles eine Welt neuer Möglichkeiten eröffnet, in der jeder Tag die Möglichkeit birgt, sich zu entwickeln und zu lernen. Ich kann das Spiel des Lebens mit Klugheit und Mitgefühl spielen. Und wenn ich anderen wie zum Beispiel dir dabei helfen kann, einen besseren Weg zu finden, dann verwandelt das meinen eigenen Verlust in gewisser Weise in einen Sieg.«

Sie fuhr fort: »Was denkst du wohl, warum gehen so viele Menschen immer wieder in dieselben Fallen? Wie kann es sein, dass sie sehen, wie ihre Freunde, ihre Familie in diese Fallen geraten, und dass sie dann trotzdem einfach so weitermachen? Wie kommt es, dass sie merken, dass sie in die Falle gegangen sind, und sich anscheinend nicht daraus befreien können?«

Alex zuckte mit den Schultern.

»Das liegt daran, dass sie einer konventionellen Vorgehensweise folgen, die zwar ein Körnchen Wahrheit enthalten mag, aber einfach nicht hinreichend ist. Wir können nicht immer wieder dasselbe machen und dann erwarten, dass etwas anderes dabei herauskommt. Zu neuen Ergebnissen führt uns nur neues Denken. Um nicht in die Fallen zu tappen, die uns das Leben manchmal stellt, müssen wir nach dem Unkonventionellen suchen, das mitunter auch der Intuition widersprechen kann. Ich rede hier von Durchbrüchen, nicht von schrittweisen Verbesserungen. Einen Durchbruch erreicht keiner ohne einen Bruch mit der standardmäßigen Herangehensweise.«

»Macht Sinn«, meinte Alex nickend.

»Viele Fallen, in die wir heute geraten, sind gar nicht neu, sondern so alt wie die Zeit selbst«, fuhr Victoria fort. »Du kannst darüber schon in diversen heiligen Schriften lesen, in den ältesten Texten der Welt. Neu ist nur das Ausmaß, das diese Fallen in den modernen Zeiten angenommen haben – sie sind heute anziehender, verlockender und schwieriger als je zuvor.«

Sie zeigte auf das Schachbrett. »Es ist, als ob wir statt gegen Kindergartenkinder auf einmal gegen Garri Kasparow spielen müssten.« Alex konnte mit diesem Namen zwar nicht wirklich etwas anfangen, nickte aber, als wüsste er Bescheid.

»Wir müssen viel aufmerksamer sein, wenn wir die Fallen im heutigen Leben erkennen wollen, und viel kreativer bei den Methoden, mit denen wir sie umgehen wollen, weit mehr als in der Vergangenheit.

Alex, ich möchte dir jetzt von etwas erzählen, womit ich mich schon lange beschäftige – es ist ein Grundmuster, das uns ermöglicht, die Fallen des Lebens zu beschreiben, und das uns hilft, sie intellektuell zu erfassen und in unserem Alltag zu erkennen.«

»Okay, ich bin gespannt.«

»Ich habe darüber noch nicht mit vielen Menschen gesprochen«, räumte Victoria ein. »Ich hoffe also, du hast nichts dagegen, dass du hier sozusagen mein Versuchskaninchen bist. Ich denke, ein solches Grundmuster zu haben ist hilfreich, wenn wir unseren gegenwärtigen Zustand auf systematische Weise erfassen wollen. Denn es ist ja unmöglich, zu unserem *gewünschten* Zustand zu gelangen, also dorthin, wo wir hinwollen, wenn uns unser *gegenwärtiger* Zustand nicht bewusst ist. Klingt das sinnvoll?«

»Das klingt sinnvoll«, bestätigte Alex.

»Die Kernbotschaft des Fallen-Grundmusters lautet *Hoffnung* – der Glaube daran, dass die Menschen den Verlauf ihres Lebens durch kluge Entscheidungen und Kurskorrekturen verändern können. Diese Hoffnung ist essenziell.«

Alex spürte, wie etwas in ihm berührt wurde. Noch gestern hatte er ja das Gefühl gehabt, dass es nichts gab, was er tun könnte, um das Chaos, in dem er sich befand, wieder zu beheben.

Als ob sie seine Gedanken gelesen hätte, fuhr Victoria fort: »Ich will ehrlich zu dir sein, Alex: Du bist in einer ziemlich verzwickten Lage. Soweit ich das sehe, bist du gleich in eine ganze Reihe von Fallen geraten. Das weißt du selbst am besten. Aber du bist auch nicht der Erste, der in all diese Fallen gegangen ist, und du wirst auch nicht der Letzte sein. Wer wüsste das besser als ich!«, lachte sie und rieb sich die Schulter. »Es gibt einen Ausweg. Du darfst diesen Hoffnungsschimmer in dir nicht verlöschen lassen.«

Ihre Blicke trafen sich, und Alex nickte nachdenklich. Trotz allen Scherzen nahm Victorias Botschaft für ihn allmählich reale Züge an.

Victoria fuhr fort: »Bei jeder Falle, die wir zusammen betrachten, möchte ich dir helfen, von dem Leid, das du im Moment spürst, zu einem Zustand zu gelangen, in dem du wieder aufblühst, weil du die Falle hinter dir gelassen hast. Dieser Weg ist in vier Etappen zurückzulegen, was ich eine Befreiung in vier Schritten nenne: Es beginnt mit dem *Leid* – dem schrecklichen Gefühl, in eine Falle gegangen zu sein; es folgt die *Erkenntnis:* das allmähliche Bewusstwerden, dass du in der Falle sitzt; sobald du dann beginnst, deine Strategie zum *Entkommen* aus der Falle umzusetzen und zu verfolgen, erlebst du *Erfolge;* und wenn du die Falle dann hinter dir gelassen hast, genießt du die Freiheit fortzufahren, zu gedeihen und *aufzuleben.*«

Sie machte eine Pause, um Alex einen Moment lang genau zu beobachten. Sein Ausdruck war konzentriert: die Stirn gerunzelt, die Lippen fest zusammengepresst. Er sprach langsam. »Aber … wie soll ich denn nun durch diesen Prozess hindurchkommen? Woher weiß ich, was eine Falle ist und was nicht?«

»Ich freue mich, dass du das fragst«, antwortete Victoria freundlich. »Ich habe festgestellt, dass die meisten Fallen ein paar typische Charakteristika haben. Wie ich gesagt habe, sind Fallen wie Treibsand. Sobald wir einmal in diesen Treibsand geraten sind, ist es schwer wieder herauszukommen. Wir geraten in diesen Treibsand beziehungsweise in diese Falle, weil wir unwissentlich, durch die Aussicht auf eine schnelle Lösung oder ein zeitweiliges Vergnügen, hineingelockt werden. Die meisten Fallen setzen auf kurzfristiges Denken, also auf die Vorstellung, dass das Vergnügen, dass wir jetzt haben, das Leid schon wieder aufwiegen wird, das wir später erleben könnten.«

»Klingt seltsam vertraut«, bemerkte Alex mit gezwungenem Lächeln.

»He, quäl dich nicht selbst. Denk daran, dass du nicht der Erste bist, der in Treibsand geraten ist. Fallen haben – du ahnst es – den Zweck, dass wir hineinfallen! Sie lauern am Pfad des Lebens, als ob sie mit Blättern und Moos getarnt wären. Sie sehen völlig unschuldig aus, weil wir nicht mit den Instrumenten ausgestattet sind, die sie als das entlarven könnten, was sie wirklich sind – verlockend, trügerisch, schwer entrinnbar und freiheitsberaubend. Einige konventionelle Lösungsvorschläge mögen kurzfristig ein paar positive Effekte erzielen, aber die Fallen, mit denen wir hier konfrontiert sind, erfordern unkonventionelle Lösungen, wenn wir uns aus ihnen endgültig befreien wollen. Wenn wir schwer verletzt sind, brauchen wir keine Heftpflaster, sondern dann brauchen wir ein Heilmittel. Ich nenne das hier eine *bahnbrechende Idee.*«

Bei diesem Ausdruck zog Alex die Brauen hoch.

»Ja, ich weiß, das klingt erst einmal ein bisschen komisch. Aber erinnerst du dich noch, wie ich gesagt habe, dass Fallenkundler über das konventionelle Denken hinausgelangen müssen, um auf unkonventionelle Erkenntnisse zu stoßen? Die unkonventionelle Erkenntnis ist die Erkenntnis, die zu einem bahnbrechenden Verhalten führt. Deshalb *bahnbrechende Idee.*«

»Okay, ich kann damit leben«, sagte Alex nickend.

»Das ist gut, denn du hast ohnehin keine Wahl«, scherzte Victoria. »Ich habe hier übrigens etwas für dich.«

Sie zog ein dünnes rotes Büchlein aus der Tasche.

»Als offizieller Fallenkundler – oder sagen wir besser als Fallenkundler in Ausbildung – wird es eine Menge geben, woran du dich erinnern musst. Ich gebe dir dieses Büchlein, damit du auf dem Weg alle Notizen oder Erkenntnisse festhalten kannst.«

»Ja, schön, danke Victoria«, sagte Alex und nahm das Büchlein in die Hand.

Da klingelte ein Wecker direkt hinter seinem Kopf. Erschrocken sprang er auf.

»Immer mit der Ruhe, Alex«, lachte Victoria. »Das soll mich nur an meinen Yogakurs erinnern. Der geht gleich los.« Sie stand auf und reckte ihre Arme gen Himmel. »Es tut mir leid, dass ich unser Gespräch hier abbrechen muss; denn ich sehe, dass du wirklich interessiert bist.« Sie machte eine Pause und schaute ihn noch einmal aufmerksam an.

Er präsentierte ihr zwei hochgehaltene Daumen und ein Zahnpastalächeln.

»Gut«, lachte sie in sich hinein. »Gut. Dann komm doch morgen wieder! Ich würde dir gern noch von einer Beobachtung erzählen, die ich gemacht habe – und von einer Falle, von der ich gesehen habe, dass du in sie hineingeraten bist.«

»Was!«, rief Alex, halb im Scherz, halb besorgt. »Ich bin schon in eine Falle gegangen? Aber du hast mich doch gerade zum Fallenkundler erklärt. Da darf ich doch nicht in eine Falle gehen!«

»Zum künftigen Fallenkundler«, korrigierte Victoria. »Bevor du lernen kannst, wie du die Fallen erkennst, die auf deinem Weg liegen, musst du erst einmal aus den Fallen entkommen, in die du bereits gegangen bist.«

»Fallen, *im Plural?* Also mehr als eine?« Alex schritt die verwitterten Stufen hinunter, zurück zum Strand.

Victoria war schon wieder auf dem Weg ins Haus. »Bis morgen zum Frühstück!«

Teil 2
DIE ERSTE, ZWEITE UND DRITTE FALLE

1. Die Beziehungsfalle

Am nächsten Morgen ließ Alex seine beiden Teenager schlafen und machte sich auf den Weg zu Victoria, gespannt, was sie ihm wohl zu erzählen hätte. Wollte sie ihm womöglich die gleichen Ratschläge geben wie diese Eheberaterin, die Kim und er letztes Jahr auf Kims Drängen hin aufgesucht hatten? Er hoffte jedenfalls, sie würde eine frische Perspektive bieten.

Ein frisches Frühstück konnte sie ihm auf jeden Fall bieten. Alex verschlang das Veggie-Omelette, das sie ihm vorsetzte. Bei dem hellgrünen Smoothie, den sie dazu servierte, war er sich allerdings nicht ganz so sicher. Ihren eigenen hatte Victoria schon fast ausgetrunken, und Alex fragte sich, ob er seinen wohl einfach stehen lassen konnte, ohne dass sie es merkte.

»Ich freue mich richtig, mal wieder mit dir zusammen zu sein, Alex. Das erinnert mich so an die guten Zeiten, die wir zusammen erlebt haben.« Ihre Stimme klang fröhlich, aber Alex sah doch auch die Trauer, die ihren Gesichtsausdruck Lügen strafte. »Was ich dir heute Morgen mitteilen wollte, soll dir eine neue Perspektive aufzeigen, eine neue Art und Weise, über deine Probleme zu denken.«

»Okay, ich bin ganz Ohr«, sagte Alex.

Victoria verputzte den Rest ihres Smoothies. »Habe ich jetzt einen grünen Schnurrbart?«

»Ja, hast du«, antwortete Alex.

»Gut! Dann nenn mich Yoda!«

Alex lachte. »Dann bin ich also wahrscheinlich der junge Skywalker? Das kann ich gut! Vorausgesetzt, ich muss dich nicht im Rucksack mit mir herumtragen!«

»Ich kann nichts versprechen!«, gab Victoria zurück. »Aber jetzt mal im Ernst, Alex: Ich habe über die Herausforderungen nachgedacht, mit der ihr es in eurer Ehe zu tun habt, und ich wollte mit dir gern über etwas sprechen, was ich die Beziehungsfalle nenne. Ich habe da ein Muster erkannt, das sowohl dich als auch Kim in die Falle lockt. Und dieses Muster habe ich schon bei ganz vielen Paaren beobachtet. Diese Beziehungsfalle lauert auf jeden, der in einer Beziehung lebt, ganz gleich ob verheiratet, als Partner oder in anderer Form. Und es spielt auch keine Rolle, ob man Kinder hat oder nicht.«

Alex schluckte und sagte nichts. Das war jetzt eigentlich nichts, womit er sich näher befassen wollte – das fühlte sich nun doch ein wenig heikel an. Für einen Moment bedauerte er fast, Victoria überhaupt von seiner Ehe erzählt zu haben. Alex befürchtete wieder, Victoria würde ihn nun in ähnlicher Weise belehren wollen wie die Eheberaterin, bei der Kim und er letztes Jahr gewesen waren. Reserviert fragte er: »Und was ist das für ein Muster?«

»Ja, also das ist ein Muster, nach dem zwei Menschen zwar verheiratet sind, aber trotzdem so weiterleben, als wären sie noch Singles«, erläuterte Victoria. »Sie werden dann sozusagen zu verheirateten Singles.«

»Verheiratete Singles?«, fragte Alex. Diese Antwort überraschte ihn nun doch – das war neu.

»Verheiratete Singles bedeutet, dass ihr zwar zusammenlebt, aber eure Leben nicht integriert habt«, erklärte sie. »Ihr agiert, als ob ihr allein lebtet. Wenn zwei Menschen heiraten, dann bringen sie zwei ganze unterschiedliche Wertesysteme mit sich, zwei ganz unterschiedliche Vorstellungen davon, wie die Dinge sein sollten. Sieh dir zum Beispiel Kim und dich an, was die Finanzen betrifft. Du bist in einer wohlhabenden Familie aufgewachsen, während Kim eher aus der Mittelschicht stammt, oder?«

»Ja, stimmt, aber das ist doch nichts Ungewöhnliches«, gab Alex zurück.

»Da hast du recht«, gab Victoria zu. »Aber die meisten Paare machen sich die beträchtlichen Unterschiede nicht klar, die nun mal zwischen Menschen bestehen, und entwerfen daher auch keine Pläne, wie sie in ihrer Ehe leben wollen. Und damit etablieren sie dann unwissentlich ein Muster, das zu Uneinigkeit und Streit führt. Du hast zum Beispiel erwähnt, dass Kim und du seit Beginn eurer Ehe bis heute über die Finanzen streitet.«

»Stimmt, Kim ist ein totaler Geizkragen«, murmelte Alex.

Victoria hob die Brauen. »Und was meinst du, woran das liegt?«

Alex murmelte: »Na ja, vermutlich ist sie so erzogen worden.«

»Und was heißt dieses ›so‹?«

»Na ja, die Familie ihrer Mutter hatte zwar nicht viel Geld, aber die Familie ihres Vaters war eigentlich ganz wohlhabend – bis der Großvater das ganze Vermögen durchgebracht hat«, sagte Alex.

»Also mussten Kims Eltern vermutlich schwere Zeiten durchmachen, bevor sie sich davon wieder erholt haben, oder?«

»Ja, die waren schwer schockiert. Ich nehme an, das wäre ich auch gewesen, wenn das meinen Eltern passiert wäre«, räumte Alex ein.

»Und deine Familie ist das genaue Gegenteil, meinst du nicht?«

Zum ersten Mal überlegte Alex nun, wie ihre jeweilige Herkunft wohl auf ihre Ehe abgefärbt haben könnte. Es war natürlich nicht so, dass ihm die Unterschiede nicht bewusst waren, aber er hatte noch nie darüber nachgedacht, welche Auswirkungen sie haben könnten. Kims Familie hatte zwar genug zum Leben, zeigte sich aber extrem konservativ, wenn es um ihre Ausgaben ging. Mit der Geschichte vom Anlageabenteuer ihres Großvaters wurde Kim und ihren Geschwistern immer wieder vorgehalten, dass Geld schwer verdient, aber leicht wieder verloren war. In Alex' Jugend war Geld dagegen immer vorhanden gewesen.

»Ja, ich denke schon. Wir hatten immer Geld und mussten uns deswegen nie Sorgen machen. Na ja, bis jetzt.« Alex schaute peinlich berührt zu Boden.

»Ich glaube, wenn Paare wie verheiratete Singles zusammenleben, dann tun sie das aus drei Gründen. Willst du sie hören?«, fragte sie munter, im Bestreben, die Stimmung zu lockern.

Alex nickte.

Das überlegene Elternhaus

»Also gut, der erste Grund ist, dass jeder glaubt, die Art, wie er oder sie aufgewachsen ist, wäre besser als die des Partners. Jeder denkt, so wie bei ihm oder ihr zu Hause die Dinge damals in der Kindheit gehandhabt wurden, sei es richtig gewesen. Alles, was den eigenen Erfahrungen zuwiderläuft, wird als anders und seltsam oder sogar als schlicht falsch empfunden. Das gilt für große wie für kleine Dinge.

Zu den großen Dingen gehört die Art, wie wir unsere Kinder erziehen, die Finanzen managen oder uns die Haushaltspflichten teilen«, erläuterte Victoria. »Zu den kleinen kann alles gehören, was uns nervt – von der Art, wie wir die Zahnpastatube ausquetschen, über die Gewohnheiten beim Kochen bis hin zum Arrangement der Möbel. Verstehst du? Wir beurteilen das alles unbewusst und sind genervt von dem, was unser Partner anders macht.« Victoria räusperte sich. »Ich nehme an, das sagt dir etwas?«

Alex schaute beschämt zu Boden. »Die Unterschiede zwischen Kim und mir sind da leider ziemlich beträchtlich.«

Sie schwiegen. Alex geriet ins Nachdenken. Wo war da etwas schiefgelaufen? Wie hatten Kim und er in so vielen Bereichen ihrer Beziehung den Draht zueinander verloren? Von den Finanzen bis zur Kindererziehung, sie schienen nie auf einen Nenner zu kommen. In der letzten Zeit waren ihre unterschiedlichen Vorstellungen davon, wie die Kinder erzogen werden sollten, zur beständigen Quelle des Streits geworden.

Alex' Vorstellungen spiegelten wider, wie er selbst großgeworden war – mit vielen Freiheiten und sehr wenig Disziplin und Struktur. Er und seine Geschwister mussten nie irgendwelche Haus- oder Gartenarbeiten übernehmen. Sämtliche Haushaltspflichten hatten bei seiner Mutter gelegen. Kochen, Waschen, Putzen, Müll, Fahrdienste, Einkaufen – alles (und noch viel mehr) war ihre Aufgabe gewesen.

Kims Erfahrungen waren da drastisch anders. Beide Eltern arbeiteten, und Haushaltspflichten waren auf sie und ihren jüngeren Bruder übertragen worden. Ihr Vater war in Kindererziehung und Hausarbeit stark eingebunden. Es gab strikte Aufsteh- und Bettzeiten, und wenn sie oder ihr Bruder bei den Hausarbeiten herumzickten oder schlampten, wurden ihnen Vergünstigungen gestrichen.

Als die Kinder kamen, hatten sich die Probleme zwischen Alex und Kim vermehrt. Alex' Erziehung und Kindheitsgewohnheiten manifestierten sich in Laura. Wenn Kim sich beschwerte, dass sie am Abend wieder einmal ohne jede Hilfe Essen kochen musste, gingen Alex und Laura einfach in ein nahe gelegenes Restaurant. Michael, sensibler für die Empfindungen seiner Mutter, bereitete derweil ein einfaches Essen für Kim und sich zu.

Auch in der Schule spiegelte sich in den Kindern die Einstellung ihrer Eltern wider. Laura versäumte häufig Stunden, immer mit der Rechtfertigung, dass sie den Stoff schon beherrsche und die Klassenarbeiten auch so hervorragend hinbekomme. Laura war intelligent und bekam trotz ihrer lückenhaften Anwesenheit immer gute Zeugnisse. Michael dagegen schlug nach Kim. Er war fleißig, zuverlässig und detailorientiert. Er machte immer seine Hausaufgaben, sparte das Geld, das er verdiente, und verpasste nie eine Stunde seines Fußballtrainings, egal wie er drauf war.

Victoria riss Alex aus seinen Gedanken. »Habt ihr beide, Kim und du, euch jemals die Zeit genommen, eure Differenzen zu bereinigen?«, fragte sie.

»Ehrlich gesagt, nicht wirklich. Als wir heirateten, nahm ich wohl einfach an, das Leben würde bei uns jetzt so laufen, wie ich es als Kind gekannt hatte. Das klingt für dich jetzt wahrscheinlich ziemlich dumm, aber ich ging wohl einfach davon aus, Kim würde schon alles machen und gleichzeitig auch berufstätig sein. Meine Familie war in diesen Dingen sehr traditionell. Ich meine, ich sehe auch nichts Verkehrtes an diesem Lebensstil. Ich schlug Kim vor, dass sie doch einmal die Woche eine Putzfrau engagieren könnte, aber sie fand, die Kosten seien nicht zu rechtfertigen.«

»Was meinst du denn, wie Kim das alles empfindet?«

»Weiß ich nicht. Es war ganz schön schwer, als die Kinder kamen, auch schon bevor Kim wieder arbeiten ging. Sie wurde wütend auf mich, weil ich ihr zu wenig half. Ich war kaum zur Tür herein, nachdem ich den ganzen Tag gearbeitet hatte, da hetzte sie mich auch schon zum Geschirrspülen. Ich fand das einfach nicht fair, aber vermutlich hat sie das Gleiche auch von mir gedacht, nachdem sie den ganzen Tag mit den Kindern verbracht hatte.« Alex verspürte einen Anflug von Reue. Er dachte daran, wie selbstsüchtig und wenig hilfreich er in ihrer Ehe gewesen war.

Der Wechsel zum »Wir« im Denken

Victoria dachte einen Moment nach. »Du und Bobby, ihr habt doch in der Schulzeit zusammen Fußball gespielt, oder?«

»Stimmt, und außerdem haben wir auch Leichtathletik gemacht.«

»Okay. Jetzt mal abgesehen von den Staffelläufen in der Leichtathletik, worin unterscheiden sich denn diese beiden Sportarten grundsätzlich?«

»Na ja, Fußball ist ein Teamsport, Leichtathletik ist eine Individualsportart«, schlug Alex vorsichtig vor.

»Genau«, bestätigte Victoria. »Und heutzutage sind viel zu viele Paare als Einzelkämpfer unterwegs, statt Fußball zu spielen. Sie haben in ihrer Ehe nicht den Übergang vom Individualsport zum Teamsport geschafft, um es mal so auszudrücken. Und diese Sport-Analogie kannst du nicht nur in der Ehe sehen, sondern auch in Unternehmen, in Regierungen, ja in der Bevölkerung ganzer Länder.«

»Ich liebe Sportanalogien«, meinte Alex. »Kim hasst sie allerdings. Sie verdreht jedes Mal die Augen, wenn ich so etwas bringe.«

»Ist notiert. Ich werde also keine Sportanalogien mehr verwenden, wenn es um Kim geht. Aber das bringt uns auch zu der nach meiner Meinung zweiten Ursache, warum Paare sich wie Singles verhalten. Sie schalten in ihrem Denken nie vom *Ich* aufs *Wir* um«, erläuterte Victoria. »Wenn wir in unserem Denken, statt nur uns selbst im Blick zu haben, dazu übergehen, auch den Partner mit einzubeziehen, dann setzen wir unser individuelles Trainieren fürs Wohl des ganzen Teams ein. Die meisten Paare verwenden nicht genug Zeit darauf, in ihrer Ehe wie ein Team zu denken.«

Alex stimmte zu. »Zumindest in meinem Fall hast du damit absolut recht.«

Du veränderst dich als Erster

»Und der dritte Grund, warum Paare in diese Selbstsüchtigkeitsfalle gehen und so schwer wieder daraus herauskommen, ist, dass sie darauf warten, dass ihr Partner sich als Erster ändert. Das Problem hast du aber nicht, Alex, oder?«, meinte sie augenzwinkernd.

Alex grinste verlegen.

»Unsere Verhaltensmuster zu ändern ist auch sehr schwierig. Manche Menschen würden lieber sterben, als sich zu verändern.

Im Sektor Gesundheit sieht man das ständig: Die größten Gesundheitsprobleme kommen heute daher, dass die Menschen zu viel essen, zu viel Alkohol trinken, sich zu wenig bewegen, zu viel Stress haben und rauchen – alles Dinge, an denen wir selber durchaus etwas ändern könnten. Die meisten Menschen machen aber lieber mit ihrem gewohnten Lebensstil weiter, als der Gesundheit zuliebe etwas drastisch zu ändern. Ich habe zum Beispiel erst kürzlich von einer Studie gehört, der zufolge 90 Prozent der Patienten mit schweren Herzkrankheiten, die eine Bypass-Operation hinter sich hatten, nur zwei Jahre nach der OP schon wieder zu ihrem alten Lebensstil zurückgekehrt waren.[1]

Wenn wir wollen, dass unser Partner sich als Erster ändert, dann können wir darauf meist lange warten. Wenn der eine Partner sich nicht bewegt, fühlt der andere sich berechtigt, sich ebenfalls nicht zu verändern. Wenn aber unser Partner versucht, sich zu ändern, dann treibt uns unser Gewissen dazu, auch selbst etwas zu tun.

Die beste Möglichkeit, Verhaltensänderungen beim Partner zu bewirken, besteht also darin, selbst den ersten Schritt zu tun. Hast du das in deinem Leben auch schon einmal erlebt?«, fragte Victoria.

»Um ehrlich zu sein: Nein, Victoria. Ich lebe schon mein ganzes Leben nach der Devise *Ich ändere mich erst, wenn du dich als Erster änderst.* Ich kann also nicht behaupten, dass ich den Erfolg dieser Vorgehensweise schon mal erlebt hätte. Ich bin aber bereit, es auszuprobieren.«

»Das höre ich gern.«

Das konventionelle Vorgehen

»Alex, das konventionelle Vorgehen bei ehelichen Differenzen ist doch das Folgende: Man einigt sich darauf, dass man sich nicht einigen kann, und sucht sich dann lieber andere Gebiete, auf denen man besser harmoniert. Bei diesem Vorgehen findet man sich damit ab, dass man den anderen eh nicht ändern könne, und geht davon aus, dass wir, da wir halt alle unseren eigenen Hintergrund und unsere eigene Perspektive haben, die Unterschiede einfach akzeptieren müssten. Wenn wir aber bei wichtigen Themen keine gemeinsame Perspektive einnehmen können, dann werden wir wohl bestenfalls eine ganz oberflächliche Ehe führen. Und wenn dann Schwierigkeiten und Stürme über uns hereinbrechen, wie sie es unweigerlich tun, dann hält eine solche Beziehung nicht stand, wie du selber erlebt hast.«

Die bahnbrechende Idee

»Wenn ich danach gehe, was du mir erzählt hast,« sagte Victoria, »dann glaube ich, dass eure unterschiedliche Philosophie in puncto Geld und eure mangelnde Einigkeit, wie damit umzugehen ist, zum großen Teil zu eurer Trennung beigetragen haben.«

»Ja«, stimmte Alex zu. »Ich nehme an, es war einfacher, Kim die Schuld zu geben, als in Betracht zu ziehen, das Ganze könnte auch an mir gelegen haben.«

»Du musst bedenken, dass keiner von euch Unrecht hat mit der jeweiligen Einstellung zum Thema Finanzen, die euch beigebracht wurde. Ihr seid halt nur auf drastisch unterschiedliche Weise erzogen worden.«

»Tja …«, Alex massierte sich mit der Hand den Nacken. »Zu so etwas gehören wohl immer zwei.«

»Der Fehler, den ihr gemacht habt und den die meisten Paare machen, ist, dass ihr euch nicht auf einen Stand gebracht und einen Plan dafür aufgestellt habt, wie ihr als Familie agieren wollt. Es gibt drei Hauptthemen, bei denen sich jedes verheiratete Paar einig werden muss: Erstens, wie werden die Finanzen gemanagt? Zweitens, wenn Kinder da sind, wie sollen die Kinder erzogen werden? Und drittens, wie sollen die Haushaltspflichten aufgeteilt und gemanagt werden? Wollen zum Beispiel beide gleichermaßen berufstätig sein oder wird sich einer von beiden Partnern in erster Linie um die Betreuung der Kinder kümmern?

In diese Falle gehen die meisten Paare, wenn sie über ihre Differenzen nicht diskutieren, um zu einer Lösung zu gelangen. Sie nehmen sich nicht die Zeit, ihre eigenen Vorstellungen von Familie zu entwickeln und umzusetzen, im übertragenen Sinne könnte man sagen, ihre eigene Familiengeschichte zu schreiben. Es ist ja auch viel einfacher, ein bekanntes Modell zu kopieren. Als Ergebnis hast du dann zwei Leute, die in ihrer Ehe nach verschiedenen Denkmustern agieren – also wie zwei Singles. Hattet ihr beide euch über all diese Themen in eurer Ehe mal unterhalten?«

»Na ja, Unterhaltung würde ich es vielleicht nicht gerade nennen. Aber gestritten haben Kim und ich uns oft darüber.« Alex verzog das Gesicht. »Ich habe jetzt im Lauf des Gesprächs begonnen zu verstehen, warum es so viele Kommunikationslücken zwischen uns gegeben hat«, fuhr er fort. »Gegensätzlicher konnten wir wohl nicht sein. Wir haben einfach keine gemeinsame Grundlage gefunden, auf der wir aufbauen konnten.« Alex sprach leise und blickte auf seine Hände.

»Ach weißt du, Alex, wie ein Single zu agieren ist eine der meistverbreiteten Fallen im Eheleben, die ich kenne. Da bist du nicht der Einzige. Ich bin sogar der Meinung, diese Art von Rat sollte jedem jungen Paar verpflichtend gegeben werden, bevor sie heiraten«, sagte Victoria tröstend.

»Ja, das wäre sehr hilfreich gewesen vor vielen Jahren.«

»Es ist auch jetzt nicht zu spät, dieses Gespräch zu führen. Ist das etwas, worüber du mit Kim gern reden würdest? Es ist nicht zu spät, eine neue Geschichte für eure Familie zu schreiben«, ermunterte ihn Victoria behutsam.

»Ich denke, ja«, antwortete Alex. »Es gibt aber vieles, worüber ich erst nachdenken muss. Ich habe in unserer Ehe nicht viele

Zugeständnisse gemacht, und ich muss mir erst darüber klarwerden, welche Kompromisse ich bereit bin einzugehen und dann auch durchzuhalten.«

»Das ist klasse, Alex! Aber es geht gar nicht so sehr um Kompromisse, sondern mehr um eine gemeinsame Vision, eine gemeinsame Geschichte: eure Geschichte als Paar. Worauf ihr hinarbeitet? Was für tolle Sachen ihr erleben wollt? Welche gemeinsamen Erinnerungen ihr euch aufbauen wollt? Das ist der angenehme Teil. Und dafür bietet uns die moderne Welt mehr Möglichkeiten als je zuvor.

Sobald ihr diese Fragen beantwortet habt, besteht der nächste Schritt dann darin, gemeinsam zu diskutieren, wie ihr diese neue Familiengeschichte im Alltag leben wollt? Was jeder von euch dafür tun muss? Wie ihr euch die Lasten teilen wollt?

Das Kernproblem ist, dass Personen, die als Singles agieren, keinen Grund haben, sich zu verändern. Das Leben nach den eigenen Standards und Erwartungen zu führen ist leicht und bequem. Da muss man sich nicht integrieren, nicht anpassen, keine Kompromisse finden. Obwohl theoretisch zusammen, kann dann jeder seine eigene Single-Geschichte leben, wie es ihm am besten gefällt«, erklärte Victoria.

Alex wurde allmählich bewusst, dass Kim und er jeder seine eigene Geschichte lebten. Für Alex hatte Bobbys Tod seine Geschichte stark beeinflusst. Seine Reaktion darauf war, das Leben bis zum Äußersten auszukosten. Kim dagegen hatte erlebt, wie ihre Eltern alles verloren hatten. Ihre Reaktion darauf war, vorsichtig und mit Bedacht zu leben.

Weil bei ihnen beiden jeder seine Story nach dem eigenen Drehbuch aufführte, fügte sich ihr Stück nicht stimmig zusammen. Was verband sie? Was brachte sie zusammen? Diese Fragen gingen Alex nicht aus dem Kopf. Ihm wurde klar, dass der Schlüssel zur Transformation ihrer Beziehung darin bestand, eine eigene, gemeinsame Story zu entwickeln. Sie mussten sich entscheiden, welche Ziele, Träume und Hoffnungen sie in puncto Beziehung und Familie verfolgen wollten, und sich dann auf einen Weg einigen, wie sie gemeinsam dorthin gelangen konnten. Er hoffte nur, es war noch nicht zu spät dafür.

Victoria erläuterte ihre Theorie weiter: »Der hauptsächliche Grund, warum wir in die Beziehungsfalle gehen, besteht in unserer Neigung, im Denken beim *Ich*-Paradigma zu bleiben, statt zum *Wir*-Paradigma überzugehen. Erst wenn wir beginnen, unsere Beziehung als Team statt als Einzelindividuen zu betrachten, können wir versuchen, die Probleme zu lösen, die uns in diese schwierige Falle tappen lassen. Mit einer individuellen Ich-Denkweise können wir die Probleme nicht aus der Welt schaffen, die diese Beziehungsfalle für uns bereithält. Diese Probleme können wir nur mit einer Wir- oder Team-Denkweise lösen. Der entscheidende erste Schritt hin zu einer Veränderung ist also eine bessere *Denkweise.* Alle Folgeentscheidungen gehen aus diesem ersten Schritt hervor; ohne diesen kommen wir nicht weiter. Verstehst du das?«, erkundigte sich Victoria.

»Ich hab's verstanden«, antwortete Alex.

Alex schaute auf seine Notizen.

1. Falle: Die Beziehungsfalle

Warum?

1. *Wir glauben, unser Elternhaus sei dem unseres Partners überlegen.*
2. *Wir verlagern unsere Denkweise nicht vom Ich zum Wir.*
3. *Wir sind nicht bereit uns zu ändern, oder höchstens wenn sich zuerst unser Partner ändert.*

Konventionelles Vorgehen

Auf Dinge konzentrieren, bei denen sich beide Partner einig sind; Differenzen herunterspielen oder ganz ignorieren.

Die bahnbrechende Idee

Eine gemeinsame Vision für die Beziehung/Ehe entwerfen und sich auf einen Weg einigen, wie man gemeinsam dorthin gelangen will.

Victoria schaute auf ihre Uhr. Es ging auf Mittag zu. Fast drei Stunden waren vergangen, seit Alex an die Tür geklopft hatte.

»Alex, in 15 Minuten fängt mein Yogakurs an. Können wir uns vielleicht übermorgen wieder treffen?«, fragte Victoria, während sie sich die Sandalen überstreifte und zur Tür ging.

»Ja, gerne!«, rief Alex. »Ich weiß nur nicht, ob ich dir nicht zu viel von deiner Zeit stehle. Ist dir das Ganze auch bestimmt nicht lästig?«

»Überhaupt nicht«, antwortete Victoria. »Ich freue mich über unsere Treffen. Es ist doch schön, etwas Gesellschaft zu haben, solange Rob unterwegs ist. Und ich freue mich, dass wir uns nach so langer Zeit wiederbegegnet sind!«

* * *

Als Alex kurz darauf im Hotel eintraf, erwartete ihn ein wohlvertrauter Anblick: Beide Kinder saßen im Hotelzimmer und starrten stumm auf ihre Smartphones. Sie schauten kaum auf, als er hereinkam.

»Laura! Michael!« Er stellte sich direkt vor sie, aber sie reagierten immer noch nicht. »Aloha! Leute, wir sind hier auf *Hawaii!* Was hängt ihr denn hier mit euren Handys rum? Lasst uns doch lieber rausgehen, an den Strand, etwas unternehmen!«

Laura wedelte abwehrend mit der Hand, ohne aufzublicken. »Noch eine Sekunde, Papa, ich muss das hier gerade noch zu Ende lesen.«

Michael hörte sich genauso an. »Ich bin schon fast auf Level neun. Nur noch eine Minute!«

Alex verdrehte die Augen. Das hatte er schon tausend Mal gehört.

Nachdem Laura sich schließlich auf den neuesten Stand bei den sozialen Medien gebracht hatte, wandte sie sich ihrem Vater zu. »Und was ist mir dir, Papa? Warum bist *du* nicht am Strand? Du hast doch auch nur den ganzen Vormittag mit dieser Victoria verbracht. Erpresst sie dich mit dieser Geschichte vom großen Eier-Fiasko?«

Alex konnte es nicht fassen, dass Victoria vor den Kindern diese dumme Sache erwähnt hatte, wenn auch nur beiläufig – diese Story hätte schon lange vergessen sein sollen. Bobby und er hatten so manche Jugendsünde begangen, aber er hatte nicht vor, Laura darüber zu berichten.

»Victoria ist eine klasse Frau; ich habe eine Menge von ihr gelernt«, sagte Alex. Er überlegte einen Moment. »Wisst ihr, meine Eltern haben mir nie etwas aus ihrem Leben erzählt. Sie versuchten immer, uns gegen alles abzuschirmen, und fanden, es gebe Sachen, über die man einfach nicht spricht. Ich frage mich heute, ob das wirklich so eine gute Idee war. Vielleicht hätte ich ja meine Fehler vermeiden können, wenn sie mir gegenüber offener gewesen wären.«

Michael hatte soeben sein Level acht geschafft und schaute ihn nun mit eigentümlichem Gesichtsausdruck an.

»Es ist echt hart für mich, dass eure Mama auf dieser Reise nicht dabei ist. Wir waren schließlich auf unserer Hochzeitsreise hier und wollten hier auch unseren Hochzeitstag feiern.«

»Das ist ätzend, Papa, das brauchen wir jetzt echt nicht«, stöhnte Laura.

»Ja, ja, ich wollte ja nur sagen, dass ich traurig bin, weil sie nicht hier ist«, lenkte Alex ein.

Da wurde Michaels Gesicht auf einmal ganz rot. Er rief dazwischen: »Das ist doch deine eigene Schuld, dass sie nicht hier ist, Papa! Ganz allein deine Schuld! Du machst immer solche Sachen! Wenn du nicht das ganze Hawaii-Geld für dieses blöde Auto ausgegeben hättest, dann *wäre* sie hier.« Michael wandte sich ab, damit keiner sah, wie sich seine Augen mit Tränen füllten.

»He, he … Michael.« Alex ging hinüber zu Michaels Bett, um ihn zu umarmen, aber Michael wandte sich ab. Alex setzte sich hin und überlegte, was er sagen sollte.

»Schau mal, Michael, vielleicht hast du ja recht. Aber wer nun auch immer schuld ist, eines steht fest: Deine Mama und ich waren uns nicht einig, in diesem Punkt nicht und auch bei einer ganzen Menge anderer Sachen nicht.« Alex atmete tief durch und fuhr dann fort. »Darüber habe ich übrigens auch gerade mit Victoria geredet. Sie meinte, wenn sich zwei Leute zusammentun und heiraten, dann schaffen sie in ihrer Ehe oft nicht den Übergang vom *Ich* zum *Wir*.«

»Was meinst du denn damit?«, fragte Michael und wischte sich schniefend die Augen.

»Na, das ist ein bisschen ähnlich wie in einer Fußballmannschaft.« Alex sah, dass er jetzt die Aufmerksamkeit seines Sohnes hatte. »Hast du schon mal in einem Team gespielt, in dem jeder nur sein eigenes Ding gemacht hat? In dem jeder nur auf seine eigenen Tore und seinen eigenen Ruhm aus war? Und dann gibt's natürlich auch das Gegenteil: Vielleicht hast du ja auch schon mal Teams erlebt, die so einig und aufeinander abgestimmt waren, dass es schien, als könnte einer die Gedanken des anderen lesen?«

»Kann sein«, meinte Michael.

»Guck, und so ähnlich ist das auch in einer Ehe. Wenn sich zwei zusammentun und heiraten, sich aber nicht absprechen, wie sie als Team zusammenarbeiten wollen, dann ist das so, als ob sie verheiratete Singles blieben.«

»Wenn du meinst«, kommentierte Michael achselzuckend.

»Ich gebe dir mal noch ein anderes Beispiel, aus meinem Job. Ich habe neulich einen meiner besten Verkäufer zum Manager befördert, James heißt er. Der war wirklich gut im Verkauf, und ich dachte, wenn der jetzt den anderen beibringt, wie er dabei vorgeht, dann wird sein ganzes Team so erfolgreich. Das Problem war aber, dass James den Übergang vom individuellen Verkäufer zum Teamleiter nicht geschafft hat. Er wollte immer nur selbst im Rampenlicht stehen. Er hatte nicht begriffen, dass es bei ihm als Teamleiter jetzt nicht mehr um ihn selber ging, sondern um den Erfolg des Teams als Ganzes. Der hat also auch den Übergang vom *Ich* zum *Wir* nicht geschafft. Im Endeffekt musste ich ihn leider sogar wieder in seine Rolle als Verkäufer zurückversetzen.

»Tja, und wer von euch beiden ist in dieser Situation nun James?«, fragte Laura leicht sarkastisch.

Alex hörte über ihren Tonfall hinweg. »Auf gewisse Weise wir alle beide, würde ich sagen. Mama und ich konnten uns eigentlich nie auf etwas einigen. Wir sind sozusagen diametrale Gegensätze. Ich bin zum Beispiel eher locker und unbesorgt beim Geldausgeben, Mama ist da total vorsichtig und diszipliniert. Mein Erziehungsstil ist eher entspannt und Laisser-faire, Mama setzt mehr auf Strenge und Disziplin.«

»Ja, Mama und du, ihr seid die totalen Gegensätze«, sagte Michael. Alex hatte das Gefühl, dass dieser Kommentar ihn nicht ins beste Licht setzte.

»Genau wie wir beide, fieser Hund«, ergänzte Laura und zielte mit ihrem Haargummi nach Michael, das nur um Haaresbreite sein Gesicht verfehlte. Als Antwort darauf warf Michael mit einem Kissen nach ihr.

»Es gibt aber auch Gründe, warum wir so sind«, fuhr Alex fort. »Ich verhalte mich halt so, wie ich aufgewachsen bin. Meine Eltern und Geschwister haben sich auch nie Gedanken ums Geldausgeben gemacht.«

»Warum auch, wenn man nicht haushalten und aufs Geld achten muss?«, bemerkte Laura.

»Genau! Das war auch lange meine Einstellung. Aber jetzt bin ich in einer Situation, in der ich zusehen muss, wie ich mit meinem Geld zurechtkomme. Da werde ich meine Philosophie überdenken und womöglich auch ändern müssen.

Genauso unterschiedlich sehen Mama und ich auch unsere Rollen zu Hause. Sagt mal ehrlich, Kinder, bin ich wirklich so schlecht bei der Mitarbeit im Haushalt, wie Mama immer sagt?«

Die Kinder schauten sich an, als läge die Antwort auf der Hand. »Papa«, sagte Laura, »du bist noch schlechter. Ich habe dich in all den Jahren noch nie auch nur einen einzigen Teller abwaschen sehen.«

»Na, immerhin kümmere ich mich um den Müll. Oder hat einer von euch schon jemals darauf geachtet, dass der rechtzeitig vor der Tür steht?«, gab Alex zurück. »Also. Es ist ja nicht so, dass ich gar nichts täte. Als ich Kind war, hat meine Mutter *alles* im Haushalt gemacht, einschließlich Müll.«

»Oma war eine Sklavin«, sagte Laura.

»Das ist genau das, was eure Mutter auch immer sagt. Jeden Tag, wenn ich nach Hause kam, hat sie mich daran erinnert, dass sie nicht meine Sklavin sei.«

»Na ja, Papa«, sagte Michael zögernd. »Das stimmt ja auch.«

»Mir ist klargeworden, dass meine Mutter und eure in völlig unterschiedlichen Verhältnissen gelebt haben. Meine Mama ist nicht arbeiten gegangen, sie war Fulltime-Mutter und -Hausfrau. Eure Mutter dagegen hat immer fulltime gearbeitet, abgesehen von den wenigen Jahren, als sie zu Hause blieb, weil ihr noch ganz klein wart«, sagte Alex.

»Ich bin also wohl ein wenig unsensibel für ihre Situation gewesen«, fuhr er fort. »Ich bin wohl auch ein wenig zu unbedacht mit meinen Geldausgaben gewesen. Besonders seit ihr zwei kleinen Rotznasen auf der Welt seid.« Laura schürzte verächtlich die Lippen angesichts seiner Wortwahl, aber er beachtete sie nicht.

»Ach, da bist du doch nicht der Einzige, Papa«, warf Michael ein. »Ich kenne noch jemanden, der unbedingt alles kaufen muss, was ihm in die Hände fällt«, meinte er abfällig grinsend mit einem Blick in Richtung Laura.

»Ach was«, gab Laura zurück. »Und du bist perfekt, ja?«

»Na, na«, versuchte Alex die Wogen zu glätten. »Sagen wir einfach, du bist meinem Vorbild getreu gefolgt.«

»Ha, dann bin ich also doch das Musterkind, ja?«, sagte Michael.

»Oh Mann, hör auf, mir wird schlecht«, sagte Laura und verdrehte die Augen.

»He ihr zwei, seid mal nett zueinander. Ich brauche jetzt schließlich eure Hilfe. Diese Trennung von Mama hat mir zu einem klareren Blick auf unsere Beziehung verholfen und darauf, wie wir so als Familie interagieren. Ich möchte gern, dass ihr zwei zu einem Teil der Lösung werdet. Wir können uns doch entscheiden, wie unser Familienleben aussehen soll, wie wir miteinander umgehen, wie viel Spaß wir haben wollen. Bloß weil wir das in der Vergangenheit nicht geschafft haben, heißt das doch noch nicht, dass wir es nicht künftig schaffen könnten. Unsere Vergangenheit kann doch unsere Zukunft nur dann diktieren, wenn wir es zulassen. Wir können doch eine neue Familiengeschichte schreiben.«

Laura blickte skeptisch in Richtung Michael. Michael zuckte mit den Schultern.

»Was erwartest du denn da jetzt von uns, Papa? Ich bin schließlich kein Drehbuchautor!«, fragte Laura reserviert.

»Ich wünsche mir eigentlich nur, dass ihr da mal drüber nachdenkt. Dass ihr euch vorstellt, was für eine Art von Familienleben ihr idealerweise gern hättet? Welche Aktivitäten? Auf was für gemeinsame Erinnerungen ihr später gern mal zurückblicken würdet? Und wie wir mit unseren Gewohnheiten beim Geldausgeben mehr auf eine Linie kommen können, damit wir alle als Familie in einer Richtung unterwegs sind statt auf getrennten Wegen? Denkt einfach nur mal darüber nach, solange wir hier im Urlaub sind. Zu Hause können wir dann noch mal darüber reden.«

»Jetzt haben wir aber genug geredet! Ich will jetzt schwimmen gehen!«, erklärte Laura, ließ sich von der Couch rollen und ging sich umziehen.

Alex lachte. Das war das erste Mal für ihn gewesen, dass es eine solche Interaktion mit seinen Kindern gegeben hatte, und er war von ihrem reifen Verhalten beeindruckt. Er sah, wenn er ein paar eigene Fehler und Schwächen zugab, machten seine Kinder dasselbe. Er verspürte neue Hoffnung – dass sie gemeinsam das Schiff schon schaukeln könnten. Er hätte sich nur gewünscht, dass Kim dabei gewesen wäre, um das mitzuerleben.

2. Die Geldfalle

Den Dienstag verbrachte Alex zum größten Teil mit seinen Kindern am Strand. Er staunte, wie heilsam der Ozean für seine Psyche war. Er war jetzt so lange im stressigen Hamsterrad-Modus seiner Arbeit eingespannt gewesen, dass es einfach nur guttat, mal einen ganzen Tag lang absolut gar nichts zu machen und sich nur zu entspannen.

Am nächsten Morgen wachte Alex gut erholt auf, nachdem er so tief geschlafen hatte wie lange nicht. Er machte sich auf und ging am Strand laufen. Er staunte, wie viel Energie in ihm steckte, und fühlte sich für alles gewappnet, was Victoria ihm heute zu sagen haben mochte.

Alex klopfte an die Tür ihres Strandhauses.

»He, du siehst fünf Jahre jünger aus als neulich abends im Restaurant«, rief Victoria aus.

»Ich fühle mich auch wie neu. Mir war gar nicht bewusst, wie ausgebrannt ich war«, stimmte Alex zu. »Ich habe mich schon auf unser heutiges Gespräch gefreut.«

»Na, das Warten ist ja jetzt vorbei. Lass uns nach draußen gehen. Frühstück steht auf der Terrasse.«

Das Laufen hatte Alex hungrig gemacht, und er hatte sein Omelette binnen Minuten verschlungen. Er gab auch vor, an seinem Smoothie zu nippen – der wies heute eine übelkeitserregende grünlichbraune Färbung auf –, aber als Victoria kurz hineinging, um Servietten zu holen, kippte er den Inhalt kurz entschlossen ins Gebüsch.

Victoria schaute beim Zurückkommen ein wenig argwöhnisch, da Alex gar keinen Smoothie-Schnurrbart aufwies, beschloss aber, nicht weiter darauf einzugehen.

»Und, Alex, hast du auch dein Fallenjournal dabei?«

»Schon parat!«, rief Alex und hielt das rote Notizbuch hoch.

»Super. Dann lass uns heute mal über deine Schulden reden.«

Alex lehnte sich nach vorn. Das hatte er kommen sehen, und hier war er auch für alle hilfreichen Ideen aufgeschlossen, die Victoria haben mochte – er selber hatte definitiv keine.

»Schulden sind eine der bösesten Fallen, in die man hineingeraten kann. Die Leute merken gar nicht, dass es sich um eine Falle handelt, und ergreifen daher auch nicht die nötigen Vorsichtsmaßnahmen. Sie sind einfach nicht darin geschult, die Warnsignale zu erkennen.«

»Was für Warnsignale denn?«, fragte Alex.

»Fallen haben grundlegende Merkmale; wir hatten neulich schon darüber gesprochen, erinnerst du dich? Sie sind verlockend, trügerisch, freiheitsberaubend – und es ist unglaublich schwer, wieder herauszukommen. Schuldenmachen ist ein klassisches Beispiel, bei dem alle vier Merkmale erfüllt sind.«

Alex nickte, er war bereit, zur Sache zu kommen.

»Also nach meiner Erfahrung gibt es drei Hauptgründe, warum die Leute in die Schuldenfalle geraten. Victoria atmete tief durch. »Erstens leiden sie unter einem Zustand, den ich gern ›Kurzsichtigkeit in puncto Geld‹ nenne. Sie leben nur im Augenblick, ohne Gedanken an die Zukunft, und ihnen fehlt die Selbst- und Familiendisziplin, auf unnötige Ausgaben zu verzichten, die Schulden nach sich ziehen. Zweitens sind sie in einem Teufelskreis des Konsumwettstreits gefangen, also in dem Bestreben, ›mit den Meyers mithalten‹ zu wollen. Und drittens verschließen sie sich der Realität: Sie glauben, der schlimmste Fall könne immer nur den anderen zustoßen, nie aber ihnen selber.«

»Na, jetzt wird's aber persönlich!«, beschwerte sich Alex und tat beleidigt.

Kurzsichtigkeit in puncto Geld: Leben im Augenblick

Victoria antwortete mit einem Lächeln. »Die Leute scheinen zu fast allem bereit zu sein, um an mehr Geld zu kommen – außer zum Wichtigsten, und das ist Zurückhaltung und Selbstdisziplin im persönlichen Ausgabeverhalten. Ich spreche hier von Selbstdisziplin, weil Kinder bei den Gewohnheiten und Verhaltensweisen dem Modell ihrer Eltern folgen. Wenn die Eltern ihnen eine sorglose Einstellung vorleben und in den Tag hinein leben, werden die Kinder höchstwahrscheinlich dasselbe tun.«

»Das kann ich bestätigen«, sagte Alex. »Meine Tochter ist genau wie ich.«

»Das habe ich gespürt, als ich sie an dem Abend kennengelernt habe. Du verwöhnst sie wahrscheinlich ohne Ende. Sie ist Papas kleine Prinzessin, oder?«

Alex lachte. »Du klingst, als hättest du mit meiner Frau gesprochen.«

»Habe ich nicht. Aber ich habe ein gewisses Talent, Menschen solche Dinge anzusehen. Na, wie auch immer«, fuhr sie fort. »Wenn wir keinen Plan haben, wie wir mit unserem Geld wirtschaften wollen, dann lassen wir uns einfach treiben, was dazu führt, dass alles, was angenehm ist und Spaß macht im Leben, jede mögliche strategische Ausrichtung unserer Finanzplanung über den Haufen wirft. Es erfordert Disziplin und Entschlossenheit, im Rahmen der eigenen finanziellen Möglichkeiten leben zu lernen, nachdem man sich bewusst ein Budget für Sparen, Kapitalanlage, Ausbildung und Altersvorsorge aufgestellt hat. Wenn wir nur in den Tag hinein leben, werden wir nie die Selbstbeherrschung und Entschlossenheit aufbringen, die dafür nötig ist.

Was es noch zu einer besonderen Herausforderung macht, dem zu entgehen, ist, wie leicht es geworden ist, alles zu bekommen, was wir wollen, indem wir uns verschulden. Es ist ja so verlockend geworden, Geld auszugeben. Wir bekommen per Post Kreditkartenanträge, die schon im Voraus genehmigt sind.

Der Antrag preist die Vorteile, die wir durch die Kreditkarte erlangen, die Vergünstigungen, die wir erhalten können, die Freiheit, die sie uns einräumt. Klar, Kreditkarten bringen schon ein paar Vorteile, aber die wiegen mit Sicherheit nicht die ganzen verheerenden Nachteile auf, zu denen es kommt, wenn man erst einmal erdrückende Kreditkartenschulden angehäuft hat. Die Kreditkartengesellschaften wollen, dass du dich verschuldest und in Abhängigkeit gerätst. Sie wollen gar nicht, dass du deinen Saldo ausgleichst. Sie wollen, dass du nur den Minimalbetrag zurückzahlst, damit sie hohe Zinsen für deine Ausgaben und deine Limitüberschreitungen kassieren können. Kommt dir das irgendwie bekannt vor?«

»Peinlich bekannt«, sagte Alex. »Was ist denn mit den anderen beiden Gründen?«

Konsumwettstreit

»Ja, der zweite Grund, warum wir in diese tödliche Schuldenfalle gehen, besteht darin, dass wir mit den Leuten um uns herum mithalten wollen, die immer glücklicher und wohlhabender zu sein scheinen als wir selber. Wir verzetteln uns, kaufen immer mehr Sachen. Diese Denkart durchdringt die Welt, in der wir leben. Wir fangen an zu glauben, Geld sei allein dazu da, um es auszugeben, und so häufen wir jede Menge unnötiger Dinge an. Wir kaufen, kaufen, kaufen! Als ich jünger war, habe ich den Großteil meiner Zeit mit dem Versuch verbracht, mit anderen mitzuhalten. Das ist ein schwer zu durchbrechender Kreislauf. Aber in den letzten Jahren habe ich erkannt, wie hohl das alles ist«, erklärte Victoria.

»Das Problem, wenn wir viel haben, ist ja«, fuhr Victoria fort, »dass diese Dinge so viel von unserer Aufmerksamkeit beanspruchen. Wir müssen unseren Besitz beschützen, wir müssen unsere Dinge reparieren, wenn sie kaputtgehen, und wir müssen neue kaufen, wenn die alten Geräte nicht mehr funktionieren oder aus der Mode kommen. Weißt du, was der Ausdruck *Entropie* bedeutet?«

»Ja, ich glaube schon. Das habe ich damals in der Schule in Naturwissenschaften gelernt«, sagte Alex. »Physik, glaube ich? So wird die Idee genannt, dass im Universum letztlich alles von einem Zustand der Ordnung hin zu Chaos bzw. Unordnung strebt. Stimmt das?«

»Genau – der allmähliche Übergang zur Unordnung. Denk an die Zimmer deiner Kinder.«

Der Vergleich brachte Alex zum Grinsen. »Dort findet dieser Übergang aber wirklich besonders *rasch* statt. Mit einem allmählichen Übergang zur Unordnung könnte ich weit besser leben!«

»Na ja, du hast den Punkt jedenfalls erfasst. Und das liegt an all den Sachen, die wir kaufen – vom Eigenheim über das Auto, die Geräte und die Spielsachen bis hin zu unseren Kleidern. Sobald wir in unser neues Haus einziehen oder das neue Auto vom Hof des Autohändlers fahren – von Anfang an beginnt sich der ursprüngliche Zustand zu verschlechtern. Aber Alex, das größere Problem ist: Wenn wir diese Dinge mittels Immobilienkredit oder Kreditkarte bezahlt haben, dann stecken wir im Treibsand der Schulden fest. Und lass uns nicht drum herumreden: Es ist Treibsand, also eine Falle.«

»Ach, das kann ich alles nur zu gut bestätigen.« Alex rutschte auf seinem Stuhl hin und her und schaute auf seine Hände. »So habe ich es zwar noch nie betrachtet, aber die Analogie ist definitiv zutreffend.« Er dachte daran, wie er durch seinen Lebensstil davon abhängig geworden war, dass er im Job genug verdiente.

»Und was ist der dritte Grund?«, fragte Alex.

Realitätsverweigerung: Das Schlimmste passiert nur anderen

»Der dritte Grund, weshalb wir in die Schuldenfalle gehen, ist unser Glaube an den Status quo«, fuhr Victoria fort. »In den meisten Fällen ist der Status quo für uns ja günstig. Wir haben unser Haus zu einem bestimmten Preis gekauft, und in ein paar Jahren wird es dann 20 oder 30 Prozent mehr wert sein. Warum? Na ja, weil das eben das ist, was Häuser normalerweise tun – sie steigen im Wert. Tja, es sei denn, es kommt eine Immobilienblase, wie wir sie gerade erlebt haben, und sie verlieren an Wert, und dann steht uns das Wasser auf einmal bis zum Hals. Dann stellen wir fest, dass unsere Schulden für das Haus höher sind als sein Wert.«

»Woher wusstest du das von mir?«, fragte Alex erstaunt.

»Ich habe es nur geraten. Du bist vermutlich davon ausgegangen, dass es für dich schon immer ein Sicherheitsnetz geben werde«, fuhr sie fort. »Du hast fleißig gearbeitet, dich für die Firma engagiert, hast vermutlich angenommen, dass vor dir eine endlose Strecke von Beförderungen, Gehaltserhöhungen und Bonuszahlungen liegt, stimmt's?«

»Na hör mal, niemand erwartet doch, dass ihm gekündigt wird!«, verteidigte sich Alex.

»Alex, das ist genau der Grund, weshalb wir in die Schuldenfalle geraten. Weil wir nicht mit Unerwartetem rechnen oder aber so tun, als konnten wir es nicht kommen sehen. Plötzlich ist eine neue Führungskraft da, und wir fallen in Ungnade. Unser Unternehmen wird aufgekauft oder es hat versäumt, sich rechtzeitig an eine neue Technologie anzupassen, die die ganze Branche revolutioniert, und unser Unternehmen hat's erwischt – und uns mit ihm!«, entgegnete Victoria.

»Genau das ist mir passiert«, klagte Alex.

»Wenn wir glauben, dass die Sonne immer scheinen wird, unsere Aussichten immer glänzend bleiben und unsere Finanzkraft endlos reicht, genau dann sind wir reif für den schlimmsten Fall, der unser ganzes Leben durcheinanderbringt. Wir müssen uns regelmäßig ernsthaft fragen: Wie lange wird meine gegenwärtige finanzielle Situation anhalten? Was wäre, wenn mein

Einkommen sich halbierte oder ganz wegfiele? Hätte ich die Mittel, meinen Schuldendienst und die laufenden Kosten zu tragen? Hast du über so etwas schon mal nachgedacht, Alex?«

»Na ja, ich versuch's«, erwiderte Alex lahm und merkte im gleichen Moment, wie dumm das klang.

Victoria wollte ihn erst noch einmal ermahnen, merkte aber, dass er ohnehin schon überwältigt war von all dem, was er verändern musste.

* * *

»Behalte einfach eins in Erinnerung: Schulden sind dein Todfeind; Schulden sind Treibsand. Und eines der größten Probleme, wenn sich die Schulden auftürmen, sind die Zinsen.

Ich zeige dir mal ein Zitat zum Thema Zinsen, das mir so gut gefallen hat, dass ich es gleich abgetippt, eingerahmt und aufgehängt habe. Komm mal mit«, sagte Victoria, stand auf und bedeutete Alex, ihr zu folgen.

Im Aufstehen checkte Alex, ob sein Smartphone neue Mitteilungen anzeigte. Da war wieder eine E-Mail von Chaz, mit der Betreffzeile »****DRINGEND****BITTE SCHNELLSTMÖGLICH ANTWORTEN****:« Er konnte nicht anders, als auf Öffnen zu klicken, aber er sah, dass Victoria mit ganz eigentümlichem Gesichtsausdruck auf ihn wartete. Er steckte das Handy wieder weg. Das dumme Teil würde die Mail hier sowieso nicht laden.

»Hier, da ist es«, sagte Victoria und zeigte auf ein Zitat in einem goldenen Bilderrahmen.

Alex las:

> Zinsen schlafen, erkranken und sterben nicht; sie müssen nie ins Krankenhaus; sie arbeiten auch sonn- und feiertags; sie machen nie Urlaub … Ihnen wird nie gekündigt, sie werden nicht entlassen und arbeiten nie Teilzeit … Sie kennen keine Liebe, kein Mitleid, sind hart und kalt wie Granit. Sobald du Schulden hast, werden die

> Zinsen dein täglicher Begleiter; sie sind jede Minute des Tages und der Nacht bei dir; du kannst ihnen nicht aus dem Weg gehen und dich auch nicht vor ihnen davonstehlen; du kannst sie nicht wegschicken; weder auf Bitten noch Aufforderungen noch Befehle geben sie nach; und wenn du ihnen in den Weg und in die Quere kommst oder ihren Forderungen nicht nachgibst, vernichten sie dich.[2]

Nachdem er das Zitat gelesen hatte, saß Alex eine Minute schweigend da. So hatte er Zinsen noch nie betrachtet, aber es beschrieb seine Situation perfekt. Wieso kannte Victoria ihn so gut?

Victoria unterbrach die Stille. »Und, kannst du das bestätigen?«

»Jeden Tag meines Lebens erlebe ich das. Erschreckend, aber leider nur zu wahr«, stimmte Alex zu. »Aber wieso hast du dir das an die Wand gehängt?«

»Weil ich in meinem Leben auch schon das Opfer von Schulden und Zinsen war. Du denkst jetzt wahrscheinlich, du bist arm dran. Aber du hast keine Ahnung, mit was für einer Belastung ich fertig werden musste! Wenn ich jetzt auch nur die leiseste Versuchung verspüre, mein Konto zu überziehen oder groß einkaufen zu gehen, lese ich dieses Zitat und lasse es bleiben.«

Alex war beeindruckt von Victorias Offenheit, war nun aber deprimiert von seiner eigenen Situation.

Victoria sah seine Niedergeschlagenheit. »Komm, Alex, Kopf hoch! Die Vergangenheit kannst du nicht mehr ändern. Was passiert ist, ist passiert. Aber deinen zukünftigen Kurs, den kannst du korrigieren. Ich sehe, dass du jetzt in der richtigen Stimmung bist, um die Strategien und Taktiken zu lernen, die dir helfen können, aus der Schuldenfalle wieder herauszukommen und aus dem Treibsand, in den du ungewollt hineingeraten bist«, sagte Victoria und lächelte ihn aufmunternd an.

Das konventionelle Vorgehen

»Mein Problem mit den meisten Büchern zum Thema Schulden – und ich kann dir sagen, dass ich fast alles gelesen habe, was auf dem Markt ist – ist, dass die dort vorgeschlagenen Strategien meist nicht funktionieren. Für gewöhnlich schlagen sie vor, man solle ein Haushaltsbuch führen«, erklärte Victoria.

»Um nicht missverstanden zu werden, Alex: Ich will damit nicht sagen, dass du nicht versuchen solltest, dich an einen Haushaltsplan zu halten. Das kann ein ganz wichtiges Element deiner Finanzplanung sein. Nur reicht das Führen eines Haushaltsbuchs allein nach meiner Erfahrung leider nicht aus, um jemandem wieder aus der Schuldenfalle zu helfen. Das liegt einfach daran, dass eine solche Haushaltsplanung Willensstärke erfordert, und zwar in großem Maße. Kurzfristig bekommen viele das mit den Einschränkungen zwar hin, aber langfristig führt es halt meist doch nicht zum Erfolg. Ähnlich wie bei dem Neujahrsvorsatz, zehn Kilo abzunehmen, indem man sich an den neuesten Diätplan hält, ist es auch hier so, dass zu Beginn die Willensstärke mit großem Tamtam beschworen wird, später dann aber schnell immer mehr abnimmt. Deshalb tappen auch so viele Leute immer wieder in die Schuldenfalle. Und was das Schlimmste ist: Je häufiger sie hineinfallen, desto mehr wächst ihre Überzeugung, dass sie da nie wieder herauskommen.«

Die bahnbrechende Idee

Alex sah nicht gerade danach aus, als hätte er jetzt ein besseres Gefühl, was seine Situation anging.

Aber Victoria hatte beruhigende Worte für ihn. »Aber, Alex, die Sache ist die: Du *kannst* da wieder herauskommen. Manche kommen da heraus. Ich bin der lebende Beweis dafür. Es ist noch gar nicht so furchtbar lange her, da saßen Rob und ich auch ganz tief drin in der Schuldenfalle. Wir hatten uns Designerklamotten gekauft, Urlaub an den exotischsten Orten verbracht, waren in teuren Restaurants essen und hatten uns überflüssigen und extravaganten Luxus auf Kreditkarte geleistet. Und wir hatten bei unseren ganzen Ausgaben nicht einmal ein schlechtes Gefühl, weil wir ja die ganzen Punkte für Flüge und Hotels bekamen – und uns schon freuten, wie viel Geld wir bei unseren nächsten Reisen mit diesen Punkten sparen würden. Hast du beim Geldausgeben auch schon einmal so gedacht?«

»Uns war klar, dass wir etwas ändern mussten«, fuhr Victoria fort. »Aber wir wussten nicht, wo wir anfangen sollten. Mehrere Monate lang haben wir versucht, ein Haushaltsbuch zu führen, aber wir sind kläglich gescheitert. Wir haben zwar gelegentlich ein paar Fortschritte gemacht, aber dann hatte einer wieder einen Rückfall, und wir standen ganz am Anfang.

Was wir brauchten, war ein unkonventioneller neuer Ansatz. Rob arbeitete damals ehrenamtlich in unserem Freizeitzentrum und trainierte ein Basketballteam von Jugendlichen. Bei Testspielen war ihm aufgefallen, dass sich die Jungs weit mehr ins Zeug legten, wenn er die Anzeigetafel der Sporthalle einschaltete und den aktuellen Spielstand angeben ließ. Wenn sie dagegen nur so spielten, ohne dass mitgezählt wurde, hörten sie bald auf, nach jedem Rebound zu jagen oder Abwehr zu spielen, und fingen an, Weitwürfe zu probieren. Rob hatte bald raus, dass er nur die Anzeigetafel anschalten musste, wenn er wollte, dass sich seine Leute konzentrierten.

Als wir dann eines Tages mal wieder über unsere Finanzen diskutierten, brachte Rob eine neue Idee ins Spiel: ›Wie wäre es denn, wenn wir dieses Anzeigetafel-Prinzip auch auf unsere Schulden übertragen könnten? Dann könnten wir unsere Fortschritte verfolgen und auf einer eigenen Anzeigetafel veranschaulichen.‹ Da es sich bei unseren Schulden ja nun nicht um einen Wettbewerb handelte, konnten wir schlecht eine Basketball-Anzeigetafel nehmen. Aber mir fiel etwas anderes ein. Wir waren damals gerade von einer Reise an den Amazonas zurück. Dort hatten wir ganz viele Schlangen gesehen, Riesenschlangen, Monsterschlangen – Tiere, vor denen Rob eine tief sitzende, anhaltende Furcht hatte. Das fiel mir wieder ein, als es um die Frage ging, wie wir unsere Schulden nachverfolgen könnten, und ich schlug vor: ›Wie wäre es denn, wenn wir eine Schlange nähmen?‹ Rob verzog erst das Gesicht, meinte dann aber, solange wir uns keine echten Schlangen ins Haus holten, wäre das vielleicht gar keine so schlechte Idee.

Wir kauften uns also eine Rolle Butterbrotpapier und zeichneten die Form einer Schlange darauf, die wir dann ausschnitten. Sie hatte einen großen Kopf und einen ganz langen Körper, der von der Küche bis ins Wohnzimmer reichte. Und diese Papierschlange unterteilten wir mit Linien in Abschnitte, von denen jeder 1000 Dollar Schulden repräsentierte. Wir hatten damals fast 90.000 Dollar Kreditkartenschulden. Diese Papierschlange war länger als die Pythons, die wir am Amazonas gesehen hatten. Unser Plan war, sämtliche Kreditkartenschulden so schnell wie möglich abzubauen. Und bei jedem Fortschritt wollten wir einen entsprechenden Abschnitt der Schlange abschneiden.

Und wir waren erstaunt, wie sehr uns die Schlange motivierte und wie schnell wir unsere Kreditkartenschulden abgebaut hatten – doppelt so schnell, wie wir angenommen hatten. Anschließend haben wir dann auch unsere zwei Autokredite in Angriff genommen und zum Schluss den Immobilienkredit. Und wir haben alles in weniger als fünf Jahren geschafft!

Angeregt durch den Erfolg mit unserer selbst gemachten Schuldenanzeigetafel, haben wir danach angefangen, uns auch für unsere ›3 großen strategischen Finanzziele‹, wie wir sie nannten, eine sichtbare Anzeige zu schaffen. Die Ziele waren im Einzelnen:

1. Schaffung einer Barreserve
2. Kapitalanlage
3. Altersvorsorge.

Nachdem wir unsere Schulden jetzt ja zurückgezahlt hatten, konnten wir die Einnahmen, die wir zuvor dafür verwendet hatten, nun dazu einsetzen, uns ein Vermögen aufzubauen. Damit wollten wir unsere langfristigen Ziele und Pläne erreichen. Wir wollten uns dabei den Zinseszinseffekt zunutze machen, den Albert Einstein einmal als das achte Weltwunder bezeichnet hat. Zuvor hatten die Zinsen ja gegen uns gearbeitet und immer mehr Schulden entstehen lassen. Jetzt wollten wir sie für uns arbeiten lassen.

Dafür haben wir uns einen üppigen grünen Papierbaum erschaffen, mit drei Hauptästen, von denen jeder einen der drei Bereiche unseres Finanzplans repräsentierte. Diesen Anzeiger haben wir dann nicht mehr zerschnitten, zerknüllt und verbrannt, sondern hier haben wir für alle 1000 Dollar mehr jeweils ein neues Blatt an den jeweiligen Ast gehängt. So konnten wir unsere Ersparnisse wachsen sehen, je grüner der Baum wurde.

Da wir daran gewöhnt waren, dieses Geld für unsere Schulden zu verwenden, fiel es uns nun nicht schwer, die Beträge auf diese drei Ziele umzulenken. So steckten wir jeden Monat 1000 Dollar ins Sparen, 1000 Dollar ins Anlegen und 1000 Dollar in die Altersvorsorge. Und mit der Zeit sind dann alle Äste ganz schwer von grünen Blättern geworden.

Wir haben dann angefangen, diese ganzen Beiträge – 3000 Dollar pro Monat für die drei Äste – automatisch am Tag der Gehaltszahlung abzuführen, für uns war das jeweils der erste Freitag im Monat. Das kam uns zu Beginn ziemlich hart an, aber wir haben gelernt, mit dem Rest unseres Gehalts für den Monat auszukommen. Die meisten Menschen machen den Fehler, diese strategischen Investitionen ans Ende statt an den Anfang zu setzen. Das Problem bei diesem Vorgehen ist nur, dass am Ende des Monats womöglich nicht mehr genug Geld auf dem Konto ist. Dann kannst du trotz bester Absichten deine Ziele nicht mehr umsetzen. Finanzielle Stärke und Sicherheit hängen davon ab, dass man gute Angewohnheiten proaktiv einführt.

Alex, diese positiven Verhaltensmuster haben den Verlauf unseres Lebens auf finanziellem Gebiet auf eine Weise verändert, die wir uns zuvor nie hätten träumen lassen. Wir hätten uns gewünscht, wir hätten das von Anfang an so gemacht.«

Alex nickte anerkennend.

»Was ist hier also nun die bahnbrechende Idee in puncto Schulden? Das traditionelle Vorgehen besagt, du sollst größere Disziplin an den Tag legen, ein Budget aufstellen und dich daran halten und, wenn es hart auf hart geht, Verzicht üben. Und obwohl das alles richtig ist, funktioniert es bei den meisten Menschen halt meist doch nicht – jedenfalls nicht für sich allein genommen. Die unkonventionelle Lösung lautet, dass du dir eine Art Anzeigetafel schaffst und ein Spiel daraus machst, deine Schulden zurückzuzahlen und einen florierenden Sparplan aufzustellen.«

Victoria, die jetzt geendet hatte, schaute, wie Alex reagieren würde.

»Wow, das ist ja erstaunlich. Das kann ich ja kaum glauben, dass du so hoch verschuldest warst!«, sagte Alex. »Ich dachte, ich wäre derjenige, der hier so viel Geld ausgibt.«

»Was hast du denn gedacht, wie ich an die ganze hochwertige Innenausstattung hier gekommen bin?«, witzelte Victoria zurück.

In dem Moment ging wieder der Wecker. Es war Mittag. Drei Stunden waren wie im Flug vergangen. An Alex' Schulden hatte sich zwar nichts geändert, aber Victorias Ideen, seine Schulden begrifflich als eine Falle zu sehen und mittels Schlange und Baum aus Papier seine Finanzen wieder in Ordnung zu bringen, hatten ihm einen enormen Energieschub versetzt. Er fragte sich sogar, ob diese Strategien womöglich auch im Büro funktionieren würden.

Victoria unterbrach seine Gedanken. »Der Hauptpunkt, den ich dir vermitteln möchte, Alex, ist folgender: Geld kann für dich Werkzeug oder Beherrscher sein. Wenn Menschen hoch verschuldet sind, dann wird das Geld zum Herrscher über sie; ihre Wahlmöglichkeiten sind begrenzt, ihre Optionen reduziert, sie haben das Gefühl, in Sklaverei zu leben. Wenn Menschen ihr Geld aber per Zinseszinseffekt für sich arbeiten lassen, wird ihr Geld vermehrt und entfesselt. Es verleiht ihnen Hebelkraft.

Wenn wir uns im alles umfassenden, erstickenden, schmerzhaften Griff der Schulden befinden, können wir mit anderen reden, die ebenfalls verschuldet sind, um aus dem zu lernen, was sie erkannt haben und was sie bereuen. Wenn wir ein Spiel daraus machen, unsere Schulden abzubauen, dann können wir das Interesse und die Herzen der Mitglieder unserer Familie gewinnen, sodass auch sie ihr Verhalten ändern, damit alle Beteiligten ihre Kräfte bündeln, um auf dasselbe Ziel hinzuarbeiten.

Die Fortschritte bei unseren strategischen Finanzzielen müssen uns motivieren und begeistern, also zum Beispiel die Erträge unserer Kapitalanlagen, das Wachstum des Ausbildungsfonds für unsere Kinder, die Erhöhung unserer Altersvorsorge, das Entstehen einer Notfallrücklage aus Ersparnissen für ausfallendes Einkommen oder andere Katastrophen. Klingt das für dich plausibel, Alex?«

»Ja. Ich will nur sichergehen, dass ich auch alle Punkte erfasst habe, die du genannt hast.« Alex schaute auf seine Notizen.

2. Die Geldfalle

Warum?

1. *Wir leiden unter Kurzsichtigkeit in puncto Geld, die uns verleitet, im Augenblick zu leben.*
2. *Wir treten in einen Konsumwettstreit ein und wollen ›mit den Meyers mithalten‹.*
3. *Wir verschließen uns der Realität und glauben, der schlimmste Fall könne immer nur den anderen zustoßen.*

Konventionelles Vorgehen

Budget aufstellen; diszipliniert sein.
Verzicht üben.

Die bahnbrechende Idee

Den Abbau von Schulden in ein Spiel verwandeln und spaßbetont, interessant und motivierend gestalten. Zusammen mit den Familienmitgliedern ein Anzeigeinstrument entwickeln, das daheim sichtbar aufgehängt werden kann.

»Weißt du,« sagte Alex, »dieses Gespräch hat mir wirklich weitergeholfen. Danke, Victoria, das war genau, was mir gefehlt hat.«

Victoria lächelte zurück. »Freut mich, wenn ich Ihnen behilflich sein konnte, mein junger Herr Fallenkundler. Ich kann es kaum erwarten zu hören, was ihr damit anfangen werdet. Und mit *ihr* meine ich auch Michael und Laura«, fügte Victoria noch hinzu.

»Schon verstanden, Victoria! Ich denke, die Idee wird ihnen gefallen«, erwiderte Alex.

Victoria fiel auf, dass Alex schon viel weniger gestresst und belastet wirkte. Da war neuer Glanz in seinen Augen. »Ich weiß ja, dass ihr schon in ein paar Tagen zurückfahrt, aber es fühlt sich irgendwie noch zu früh an, sich jetzt schon zu verabschieden. Hättest du Lust, vor eurer Abreise noch einmal vorbeizukommen?«

»Na klar! Ich habe jetzt zwar eine Menge zum Nachdenken bekommen mit all diesen Fallen, aber ich bin froh, dass wir nun alles besprochen haben«, antwortete Alex mit einem Seufzer der Erleichterung.

»Na, das würde ich vielleicht noch nicht sagen«, entgegnete Victoria mit einem Augenzwinkern, während sie die Tür schloss.

Über Victorias letzte Bemerkung war Alex ein wenig beunruhigt, aber alles in allem war er nach dem Gespräch in gehobener Stimmung. Er konnte gar nicht glauben, dass er die Kraft dieser Prinzipien nicht schon früher erkannt hatte. Er wusste zwar, wie effektiv eine Erfolgsübersicht für die Motivation seines Verkäuferteams bei der Arbeit war, aber er hatte nie die Verbindung gezogen und versucht, das Prinzip auch zu Hause anzuwenden. Er konnte es gar nicht abwarten, seinen Kindern das Gelernte mitzuteilen und seinen Plan zu enthüllen. Er wusste, Michael würde meinen, sein Vater hätte den Verstand verloren, und alles Kim weitererzählen. Aber Alex hatte gar nichts dagegen. Im Gegenteil, er hoffte sogar, Michael würde das tun.

* * *

Auf dem Rückweg hatte Alex schließlich auch die Möglichkeit, Chaz' Nachricht zu lesen. *Was mag da wohl so wichtig sein?*, fragte sich Alex. Es stellte sich heraus, dass es sich um ein schlichtes »Um Antwort wird gebeten« für den Firmenlunch im nächsten Monat handelte. Oh Mann!

Als Alex ins Hotelzimmer kam, stritten sich die Kinder gerade über den Preis ihres Frühstücks. Laura hatte darauf bestanden, das Buffet mit seiner großen Auswahl aufzusuchen, aber Michael fand den Preis von 29,95 Dollar übertrieben. Er selbst hatte sich für einen Bagel und Orangensaft für zusammen 8,50 Dollar entschieden. Alex sah die Meinungsverschiedenheit jetzt mit ganz neuen Augen an und erkannte sich und seine Frau in den Kindern wieder. Es war eigentümlich, sie in diesem Licht zu sehen.

Laura forderte Alex auf, etwas zu ihrem Frühstücksstreit zu sagen. Seine Tochter war ganz schockiert, als Alex daraufhin meinte: »Liebes, 29,95 Dollar ist wirklich ganz schön viel nur für ein Frühstück.«

»Siehst du, Laura, hab ich doch gesagt«, kommentierte Michael selbstgefällig. Bisher war Alex noch nie seiner Meinung gewesen, wenn es um den Preis einer Sache ging.

»Was ist eigentlich los mit dir?«, fragte Laura mit forschendem Blick. »Seit du diese Victoria getroffen hast, bist du irgendwie anders.«

»Änderungen müssen ja nichts Schlechtes sein«, entgegnete Alex.

»Das fängt aber an mir auf den Geist zu gehen, Papa«, schnauzte Laura ihn an. »Ich weiß echt nicht, ob ich das gut finden soll, was diese Frau mit dir macht.«

Alex legte den Kopf nachdenklich auf die Seite, während er Lauras Blick begegnete. »Sie hilft mir, Dinge zu erkennen, die ich bisher noch nie bedacht hatte, und das ist schon gut. Besser gesagt ist das sogar ganz klasse!«

»Ja, worüber habt ihr denn da heute geredet?«, erkundigte sich Michael, als sich Alex auf die Couch neben ihn setzte.

»Tja, also sie hat mir geholfen, meine Probleme und Herausforderungen als *Fallen* zu betrachten.«

»Fallen?«, fragten die Kids unisono zurück.

»Ja, Fallen«, bestätigte Alex.

»Tja, und in was für einer Art Falle bist du gelandet, Papa?«, fragte Laura mit unterdrücktem Grinsen. »Eine Bärenfalle?«

»Das würdest du dir wohl wünschen, was?«, lachte Alex. »Nein, bisher hat Victoria zwei Fallen entdeckt: zum einen die Beziehungsfalle, von der ich euch gestern erzählt habe, und zum anderen die Geldfalle, über die wir heute gesprochen haben. Es scheint allerdings so, als ob das noch nicht alle waren«, seufzte Alex in Erinnerung an ihre Worte beim Abschied.

»Warte mal – und du machst auch keinen Spaß?«, fragte Laura. »Das muss ich hören.«

»Ja, ich habe wohl die schlimmsten Fehler gemacht, was Schulden angeht, insbesondere bei den Kreditkartenschulden«, gab Alex zu. »Ich meine, selbst dieser Urlaub hier ist mit einer neuen Kreditkarte bezahlt.«

»Na und? Was ist daran verkehrt?«, drängte Laura.

»Ich gebe zu, dass ich daran früher auch nichts Verkehrtes gesehen habe«, antwortete Alex gelassen. »Aber jetzt habe ich so viele Schulden, dass ich kaum die Mittel habe, sie in nächster Zeit zurückzuzahlen. Und außerdem habe ich Monat für Monat eine gewaltige Menge Zinsen zu zahlen. Das ist schon eine heftige Belastung.«

»Und was willst du da jetzt ändern? Wirst du jetzt genauso langweilig wie Michael und gönnst die nie mehr irgendwelchen Spaß?«, stöhnte Laura.

»Nein, Laura. Die schönste Zeit meines Lebens habe ich doch immer mit euch, also mit dir, Michael und Mama. Aber im Moment verbringe ich die meiste Zeit mit Zinsenzahlen. Wenn die Schulden alle zurückgezahlt wären, könnten wir dieses Geld für gemeinsame Reisen und Unternehmungen ausgeben. Das ist doch, was uns zusammen immer am meisten Spaß macht«, antwortete Alex.

»Und wie wirst du nun deine Schulden los, Papa?« fragte Michael interessiert.

»Das ist der spannendste Teil, Michael. Victoria hat vorgeschlagen, wir sollten uns eine Art Anzeigetafel für unsere Schulden fabrizieren. Wir würden die 50.000 Dollar Kreditkartenschulden, die wir angehäuft haben, durch eine Papierschlange darstellen, die wir zu Hause aufhängen können und von der wir immer ein Stück abschneiden, wenn wir Schulden zurückgezahlt haben.«

»Du hast 50.000 Dollar Kreditkartenschulden?!«, fragte Michael ungläubig. »Wie ist das denn überhaupt möglich?«

»Ach, das geht schon«, antwortete Alex. »Am Ende dieser Reise werden es sogar 55.000 Dollar sein.«

»Wow, das ist aber ein *Haufen* Geld«, überlegte Michael laut.

»Ja, ist es«, gab Alex zu. »Aber so schlimm ist es nun auch wieder nicht! Ich denke, wenn wir mit dieser Anzeigeschlange arbeiten, können wir die Schulden in 12 bis 18 Monaten zurückgezahlt haben.«

Laura verdrehte die Augen. »Genau! Wer's glaubt ...«, moserte sie.

Alex ignorierte die negative Bemerkung seiner Tochter. »Schau mal,« meinte er, an Michael gewandt, »wenn wir jeden Monat

3000 Dollar zur Schuldenrückzahlung verwenden und keine weiteren Schulden mehr ansammeln, können wir das schaffen.«

Lauter und noch frecher platzte Laura dazwischen: »Und alles durch die Zauberkraft einer Papierschlange? Und wenn sie nicht gestorben sind, dann leben sie noch heute!«

»He, ich war ja auch erst etwas skeptisch«, sagte Alex. »Aber …«

»Mir gefällt die Idee, Papa«, unterbrach Michael. »Ich kann es kaum erwarten, diese Schlange zu basteln.«

Alex freute sich. »Darauf hatte ich gehofft, Michael. Ich denke, wir machen die Schlange am besten schön lang. Was meinst du? Wir könnten alle zwei Zentimeter einen Abschnitt machen, der 1000 Dollar darstellt, und mit 55 Abschnitten haben wir dann unsere 55.000 Dollar Kreditkartenschulden beisammen.«

»Ich will gleich damit anfangen!«, rief Michael und sprang vom Bett. Er packte Laura am Ellbogen. »Laura, komm mit, ja?« Sie stöhnte und Michael zog sie zur Tür. »Wir sind gleich wieder da, Papa«, rief Michael begeistert.

20 Minuten später kehrten sie zurück, mit einer Rolle Butterbrotpapier aus der Hotelküche sowie drei Linealen und ein paar Textmarkern von der Rezeption. Michael übernahm die Berechnung, wie lang das Ganze werden müsste.

»Wie wäre es, wenn wir jedes 1000-Dollar-Stück gleich fünf Zentimeter lang machten? Dann könnten wir richtig sehen, wie die Schlange immer kürzer wird«, meinte Michael.

»Je schneller, desto besser«, kommentierte Laura mit grimmigem Kopfschütteln.

»Schauen wir mal, dann würde die Schlange 2,75 Meter lang, den Kopf nicht mitgerechnet«, murmelte Michael, während er die Zahlen auf ein Stück Butterbrotpapier kritzelte.

»Wenn wir den Kopf dann 25 Zentimeter lang machen, reden wir immerhin von einer 3-Meter-Schlange!«, warf Laura ein.

Michael nickte zustimmend, während er die Ausmaße der Schlange auf dem langen Papierstreifen markierte. Dann übernahm Laura und verlieh der Schlange Form und Gestalt. Am Kopf arbeiteten sie alle beide und ließen ihn mit seinen weit geöffneten Kiefern aussehen, als wollte er sie gleich alle verschlingen. Michael fertigte zwei scharfe Fangzähne und die lange Zunge an. Laura zeichnete zwei kleine Knopfaugen, die sie rot anmalte und mit heruntergezogenen Brauen finster aussehen ließ. Das Ganze wurde ein wahrhaft furchterregendes, boshaft blickendes Wesen!

Alex genoss es, sich zurückzulehnen und den beiden zuzusehen, wie sie sich des Projekts annahmen. Alex hatte das Konzept kaum vorgestellt, und schon war die Schlange fertig und bereit, zu Hause an die Wand gehängt zu werden! Er schüttelte staunend den Kopf.

Zuvor hatten Alex und Kim immer wieder einmal den Familienrat einberufen, um zu versuchen, über ihre finanzielle Situation zu diskutieren und ein Budget aufzustellen. Aber es hatte nie funktioniert – nicht zuletzt wohl, weil er selbst nicht hinter der Sache gestanden hatte. Als er nun sah, wie seine Kinder sich von dem Schuldentilgungsplan einnehmen ließen, fühlte er sich inspiriert. Michael war von Anfang an dafür gewesen, und Laura schien sich für die Sache allmählich zu erwärmen, während sie an der Papierschlange mitbastelte.

»Warum hängen wir sie nicht schon hier im Hotelzimmer auf, solange wir da sind?«, schlug Laura vor und schaute zu Alex hinüber. Der lächelte zustimmend. Sie wandte sich an Michael: »Komm, wir bringen die Lineale und Textmarker zur Rezeption zurück und besorgen uns dort Klebeband.« Alex konnte kaum glauben, was er hier miterlebte.

Nachdem Laura und Michael ihr Werk an der Wand befestigt hatten, fragte Michael: »Papa, gibt es denn vielleicht eine Möglichkeit, dass wir mit dieser Reise nicht 5000 Dollar neue Schulden machen?«

»Tja, ich fürchte nicht«, sagte Alex. »Eure Flüge haben je 600 Dollar gekostet. Ich selber konnte durch meine Bonuspunkte umsonst fliegen. Das Hotelzimmer kostet knapp 400 Dollar pro Nacht, für fünf Nächte – zwei Nächte sind frei, aufgrund einer Werbeaktion.«

»Das wären bis jetzt 3200 Dollar, Papa«, errechnete Michael schnell.

»Stimmt. Ich habe dann noch so rund 1800 Dollar gerechnet für Essen, Fahrten und Unternehmungen.«

Michael war neugierig. »Wie viel haben wir denn bisher für solche Zusatzkosten ausgegeben?«

»Tja, wir sind am Samstag angekommen, und heute haben wir Mittwoch«, sagte Alex und blätterte die Quittungen auf dem Schreibtisch durch.

»Hier, Michael, du kannst das besser; rechne einfach die Quittungen hier zusammen.«

»Mache ich«, erklärte Michael. Er griff nach seinem Smartphone und öffnete den Taschenrechner.

Nach kurzer Zeit verkündete er das Ergebnis: »543,96 Dollar bisher!«

»Wow! Das ist aber eine Menge!«, meinte Laura.

»Wir haben 151,12 Dollar bei Roy's ausgegeben, 175,89 Dollar bei Tommy Bahamas und 124,50 Dollar in diesem Fischrestaurant, und das Sushi-Restaurant, wo wir gestern Abend waren, hat 92,45 Dollar gekostet«, zählte Michael auf, während er durch die Quittungen blätterte.

»Oha«, sagte Alex. »Und wie viel ist bisher im Hotel an Extrakosten angefallen?«

»Ich denke, wir können eine Übersicht unserer Hotelkosten über den Fernseher abrufen«, meinte Michael. »Moment, ich versuche mal, ob ich das finden kann.«

Nach ein paar Minuten hatte Michael den Betrag: insgesamt 325,55 Dollar. Er sah, dass sieben alkoholfreie Piña Colada auf ihrer Rechnung standen, für zusammen 75 Dollar, und wandte sich an seine Schwester: »Laura, hast du echt jeden Tag eine Piña Colada getrunken?«

»Na ja«, erwiderte sie. »Eine am Samstag, zwei am Sonntag, zwei am Dienstag … soweit ich mich erinnern kann.«

»Drei am Sonntag!«, rief Michael. »Du musst die mitzählen, die du im Tommy's getrunken hast.«

»Wieso bin ich denn dann auf Hawaii, wenn ich keine Piña Colada bei Tommy's bestellen kann?«, verteidigte sich Laura.

»Einschließlich diesem Luxus wären wir also bei … 869,51 Dollar«, stellte Michael fest.

»Nicht schlecht, dann bleiben uns ja noch über 900 Dollar, die wir an den restlichen drei Tagen ausgeben können«, ermittelte Alex und fiel dabei in seine alte Rolle zurück.

»Und wenn wir an diesen drei Tagen nur 430 Dollar ausgeben würden statt 900? Dann hättest du am Ende nur 54.500 Dollar statt 55.000 Dollar Schulden«, schlug Michael vor.

»Dann könnten wir 500 Dollar von der Papierschlange abschneiden – glatte zweieinhalb Zentimeter«, bemerkte Alex.

»Jeder Zentimeter zählt«, kommentierte Laura.

»Tja, warum nicht. Ihr zwei seid echt klasse! Vielen Dank für eure Unterstützung!«

»Na ja, war ja nicht so schwer«, schien Laura das Lob abzuwehren. Aber dann fügte sie grinsend hinzu: »Von jetzt an weniger auszugeben, das wird schwer!«

»He, was hieltet ihr denn davon, noch mal an den Strand zu gehen, solange die Sonne noch scheint?«

Alex und die Kinder zogen sich rasch um und machten sich auf den Weg zum Strand vorm Hotel. Es war wie eine neue Art von Kameradschaft, mit der sie sich da gegenseitig im Aufzug anrempelten und dann in der Brandung herumtobten. Die Sonne schien, das Wasser war warm, und die Wellen waren genau richtig, um sich hineinzustürzen. Alex konnte sich nicht erinnern, dass es schon jemals schöner gewesen wäre mit den Kids. Gleichzeitig überkam ihn ein plötzliches Gefühl von Traurigkeit und Bedauern. Kim fehlte ihm wirklich. Ohne sie war die Familie einfach nicht vollständig.

Als die Sonne unterging, erstrahlte der Himmel über dem Horizont in tausend Farben. Laura machte ihren Vater und ihren Bruder darauf aufmerksam, als sie auf ihren Handtüchern am Strand lagen. Alex dachte darüber nach, wie viel Verwandlung dieser Tag mit sich gebracht hatte. Er konnte es kaum abwarten zu erleben, was der morgige Tag wohl auf Lager hatte. Und wieder kam bei ihm der Wunsch auf, Kim wäre hier und würde das alles mitbekommen. Er fragte sich, wie sie sich im Augenblick fühlte und was sie wohl gerade erlebte. Michaels Frage brachte ihn wieder zurück ins Hier und Jetzt:

»He Papa, was essen wir denn heute Abend? Ich bin am Verhungern!«

Nach mehreren Stunden Schwimmen und Herumtoben im Meer waren sie alle ziemlich erledigt und es war definitiv Zeit, etwas zu essen. Es fühlte sich gut an, das Badezeug loszuwerden und trockene Sachen anzuziehen.

»Wie wäre es, wenn wir heute Abend mal zu den Food Trucks essen gingen? Die haben da richtig gute Sachen, zum Teil echte Gourmet-Qualität. Und dabei ist es viel billiger als die Restaurants. Es gibt Mexikanisch, Chinesisch, Thailändisch und die besten Hawaiier Shrimps, die ihr je gegessen habt. Das Beste ist, dass wir uns jeder etwas anderes holen und uns dann an den Picknicktischen in der Mitte treffen können.«

Laura ging zum Thailänder, Michael zum Mexikaner, und Alex holte sich einen übervollen Teller mit klebrigem Reis und Shrimps in Knoblauchbutter. Es war köstlich! Beim Essen unterhielten sie sich vergnügt über ihre Pläne und zogen sich gegenseitig damit auf, wer sich wohl das beste Essen geholt hätte. Spaßeshalber ließ sich Michael nach dem Essen von allen die Quittungen geben und zählte zusammen, was sie ausgegeben hatten. Begeistert stellten sie fest, dass sie nur einen Bruchteil dessen bezahlt hatten, was die teuren Restaurants sie gekostet hätten, dabei hatten sie es hier viel mehr genossen. Vielleicht würde die neue Methode ja tatsächlich funktionieren.

3. Die Aufmerksamkeitsfalle

Am letzten Morgen auf Hawaii machte sich Alex noch einmal auf, zu einem langen Lauf den Strand entlang, um Victoria zu besuchen.

»Hallo Alex! Schön, dich noch einmal zu sehen! Du hast eine Menge Sonne abbekommen, während du hier warst! Schon mal was von Sonnencreme gehört?«, witzelte sie.

»Ja, ich weiß. Meine Kinder ziehen mich auch immer damit auf. Sie sagen, bei mir gäbe es nur entweder Weiß oder Rot. Also freue ich mich eben über das Rot, solange es vorhält.«

»Ich werde dir mal ein bisschen reine Aloe vera geben, frisch von der Pflanze. Das dürfte deinen Sonnenbrand im Gesicht ein wenig lindern.«

»Danke, dass ich noch einmal vorbeikommen durfte, Victoria. Es ist wirklich nett von dir, dass du deine Zeit und deine Erkenntnisse mit mir teilst. Schade, dass Rob während unseres Aufenthalts nicht hier war; es wäre nett gewesen, ihn auch mal wiederzusehen. Aber es war wirklich schön, Zeit mit dir zu verbringen!«

»Na, dass du mal nicht von mir abhängig wirst!«, meinte Victoria augenzwinkernd – und reichte ihm wieder einen Smoothie. Der hatte diesmal eine ganz seltsame Farbe und eine höchst unerfreuliche Konsistenz, wie Alex mit Abscheu feststellte.

»Oh, bitte nicht schon wieder, Victoria, es tut mir leid. Es ist ja total nett von dir, dass du mir diese Drinks mixt, aber ich mag einfach nicht mehr. Bitte nimm es mir nicht übel, wenn ich das nicht trinke!«

»Freundchen, bei all dem Zeug, das du sonst so in dich hineinschüttest, ist es geradezu ein Wunder, dass du nicht längst tot bist! Trink das mal, es wird dir guttun.«

Alex blickte sie an, dann den Smoothie, und schaute flehend auf.

Aber er fand keine Gnade. »Trink!«, beharrte Victoria.

Alex verzog das Gesicht und nahm einen großen Schluck. Und stellte zu seiner großen Verblüffung fest, dass es gar nicht so abscheulich schmeckte, wie es aussah. Er zog die Augenbrauen hoch. »Nicht … giftig …«, gab er zu und zuckte mit den Schultern. Victoria blickte ihn weiter fest an, bis er auch den Rest hinuntergekippt hatte.

»Undankbarer kleiner …«, murmelte Victoria und schüttelte den Kopf, während sie ins Haus gingen.

»Na, du magst ja den Geschmack eines Fünfjährigen haben, Alex, aber ich freue mich trotzdem, dass wir uns noch einmal treffen konnten, bevor ihr das Paradies wieder verlasst«, sagte Victoria.

»Ich wünschte, wir könnten noch länger bleiben …« Alex verstummte. »Aber die Pflicht ruft.«

»Mag sein«, entgegnete Victoria. »Aber ich möchte, dass du heute einen neuen und ganz anderen Blick auf dein Leben im Büro und daheim gewinnst. Ich hoffe, dass dir das gelingt, wenn wir uns jetzt die nächste Falle ansehen.«

»Gut, ich höre«, sagte er und beugte sich vor.

»Die dritte Falle ist die Aufmerksamkeitsfalle; Hauptgefahr: *Du verfängst dich im Dickicht der dünnen Dinge*«, sagte sie.

»Na, das ist ja mal ein schönes Wortspiel«, meinte Alex: »*Im Dickicht der dünnen Dinge.*«

»Ich muss zugeben, ich habe diese Formulierung von einem klugen Religionsführer, der ein gewisses Faible für Alliterationen hat.«

»Und was soll das heißen?«, wollte Alex wissen.

»Die »dünnen« Dinge sind die Nebensächlichkeiten des Lebens«, erklärte Victoria. »Sie beanspruchen unsere Aufmerksamkeit, tragen aber nichts zu unseren eigentlichen Zielen bei. Und wenn man sich *im Dickicht der dünnen Dinge* verheddert, dann lässt man sich – wie die meisten Menschen – von den unerheblichen, banalen Dingen des Lebens völlig vereinnahmen«, fuhr Victoria fort.

»Weißt du, Alex, die meisten Menschen sind geradezu besessen von der Idee, dass sie alles erledigt bekommen möchten, ihre To-do-Liste abarbeiten, in der Aktivitätsschleife sein wollen. Sie sind wie gefangen in der Tretmühle des Lebens, stehen ständig unter Strom und versäumen dabei, zwischen Wichtigem und Unwichtigem zu unterscheiden. Sie haben sich nie die Frage gestellt, was am Entscheidendsten ist und was eigentlich ihre obersten Prioritäten im Leben sind.« Victoria machte eine Pause, um Alex' Gesichtsausdruck zu prüfen.

»Wenn du dir nicht einmal ganz ernsthaft überlegt hast, worauf du den meisten Wert legst«, warnte Victoria, »dann wird alles, Wichtiges wie Banales, in einen Topf geworfen. Und im wirklichen Leben, Alex, schenken wir dann tatsächlich den banalen Dingen die meiste Aufmerksamkeit, weil die wirklich wichtigen Dinge erfordern, dass wir die Initiative ergreifen. Die wesentlichen Dinge verlangen oft, dass wir ins Handeln kommen, die normale Routine verlassen, uns Freiraum im Terminplan schaffen, damit wir uns konzentrieren können. Ansonsten lassen wir uns von den kleinen nebensächlichen Dingen des Alltags und den Terminplänen anderer vereinnahmen«, fuhr Victoria fort.

»Alex, du hast begonnen, ein paar ziemlich tief greifende Veränderungen in deinem Leben vorzunehmen. Du hattest Gelegenheit nachzudenken, was für dich das Wichtigste im Leben ist, das Wesentliche. Kannst du mir mitteilen, was für dich die bedeutendsten Dinge im Leben sind?«, fragte Victoria.

»Klar, aber da müsste ich erst einen Moment nachdenken«, antwortete Alex.

»Ist doch klar. Wie wäre es, wenn du dir fünf Minuten Zeit nimmst, um einmal aufzuschreiben, was für dich das Wertvollste im Leben ist? Bewerte die Liste nicht, schreib einfach alle Gedanken und Empfindungen auf, die dir in den Sinn kommen.

Kürzen und ergänzen kannst du die Liste später immer noch«, schlug Victoria vor.

Nach fünf Minuten der Stille und des Nachdenkens hatte Alex' Liste Gestalt angenommen:

- Kim, Laura und Michael
- ein eigenes Unternehmen gründen
- Sport treiben
- acht Stunden Schlaf
- Urlaub
- Verwandte und Freunde
- Spiritualität
- gute Bücher lesen
- nachdenken und meditieren
- Golf spielen mit Chaz.

Victoria unterbrach die Stille. »So, die fünf Minuten sind um!«

»Das war aber kurz«, seufzte Alex.

»Und, steht irgendetwas auf deiner Liste, was dich selbst überrascht?«, fragte Victoria.

»Ja, der zweite Punkt auf meiner Liste: ›ein eigenes Unternehmen gründen‹. Mir war gar nicht bewusst, dass das für mich eine solche Bedeutung hat«, sagte Alex.

»Erzähl mir mehr darüber«, insistierte Victoria.

»Tja, solange ich denken kann, habe ich schon immer ein eigenes Unternehmen gründen wollen. Ich habe allerdings nie etwas dafür getan. Inzwischen bin ich über 40, und ich fürchte, wenn ich da nicht bald etwas unternehme, wird da nichts mehr draus«, teilte Alex mit.

»Was hat dich davon abgehalten?«, erkundigte sich Victoria.

»Tja, auf eigenartige Weise bin ich vielleicht irgendwie dem Erfolg in meiner Arbeit auf den Leim gegangen. Jedes Mal, wenn ich denke, jetzt könntest du den Schnitt machen, bekomme ich zum Beispiel eine Beförderung angeboten, die einfach zu verlockend ist, um sie abzulehnen, und schon bin ich noch mehr in meine Karriere eingebunden. Ich halte zwar weiterhin Ausschau nach dem richtigen Zeitpunkt für meinen Schritt, aber irgendwie scheint der nie zu kommen. Ich weiß nicht, ob jemals der ›perfekte Zeitpunkt‹ kommen wird, um mein Unternehmen zu gründen. Ich weiß nur, je länger ich warte, desto schwerer wird es, da herauszukommen«, klagte Alex.

»Ich kann dir aber sagen, wenn du deinem Instinkt vertraust, dann wird der dir schon sagen, wann der richtige Zeitpunkt fürs Aufhören ist«, ermutigte ihn Victoria.

»Das hoffe ich.«

Victoria kam noch einmal auf Alex' Liste zu sprechen. »Jetzt sag mir nur eines: Steht irgendetwas darüber auf deiner Liste, dass du ständig über die neuesten Sportergebnisse auf dem Laufenden sein müsstest?«

Alex schüttelte verlegen den Kopf. Er erinnerte sich, wie Victoria ihn angeschaut hatte, als er mitten im ersten Gespräch sein Handy hervorgeholt hatte. Hätte ich mir denken können, dass sie darauf noch mal zu sprechen kommt, dachte sich Alex.

»Oder irgendetwas darüber, dass du immer der Erste sein müsstest, der auf eine E-Mail antwortet?«

In diesem Punkt war Alex aber nicht einer Meinung mit Victoria. »Ja, Moment mal, ich muss doch bei meiner Arbeit auf dem Laufenden bleiben, Victoria. Wie soll ich denn meinen Job machen, wenn ich meine E-Mails nicht checke?«

»Ach Alex«, gab Victoria zurück. »Darauf komme ich gleich noch mal zu sprechen. Jetzt würde ich dir gern erst einmal die drei Gründe vorstellen, warum wir uns meiner Meinung nach letztlich im Dickicht der dünnen Dinge verfangen.«

Wir filtern nicht, was auf uns einstürmt

»Auf uns stürmen so viele Informationen ein, dass wir unmöglich alles aufnehmen können. Viele Menschen versuchen, alles zu verarbeiten, aber ganz gleich, wie angestrengt sie auch dabei sind, am Ende müssen sie daran doch frustriert scheitern. Es ist einfach zu viel! Wir sind jederzeit und ständig mit dem Internet und der elektronischen Welt verbunden – einer Welt, die übervoll mit sehr dünnen Dingen ist – und wir schalten auf Automatik, lassen unsere Aufmerksamkeit von allem anziehen, was gerade am lautesten oder grellsten ist oder den schnellsten Ertrag verspricht. Da gibt es keinen Filter, der die Dinge, die wirklich unsere Aufmerksamkeit verdienen, von denen unterscheiden würde, die uns nur ablenken.

Wir haben auch zu wenig Geduld. Wir sind die Fast-Food-Generation, der kein *fast* je schnell genug wäre. Wir erwarten, dass die Dinge in unserem gewünschten Zeitrahmen geschehen, ohne über den natürlichen Verlauf der Dinge groß nachzudenken. Wir erkennen nicht, dass das Beste im Leben Zeit braucht und nicht sofort verfügbar ist.

Unsere Welt hat sich in den letzten 20 Jahren dramatisch verändert. Internet, E-Mail und soziale Medien haben begonnen, unser Leben zu dominieren. Als ich großgeworden bin, Alex, hatten die Leute, wenn sie dich erreichen wollten, nur drei Möglichkeiten: ein persönliches Treffen, ein Gespräch über die Telefonleitung oder einen Brief. Heute gibt es unzählige Möglichkeiten, miteinander in Verbindung zu treten, und viele davon in Echtzeit. Wenn dich früher ein Geschäftspartner kontaktieren wollte, dann versuchte er das an Arbeitstagen zwischen 9 und 17 Uhr. Heute hat sich das auf 24 Stunden am Tag an 365 Tagen im Jahr ausgeweitet. Es gibt keine Zeiten, zu denen wir nicht per E-Mail oder Textnachricht zu erreichen wären, und die Erwartung und der Impuls, sofort zu antworten, sind völlig außer Kontrolle geraten«, erklärte Victoria.

»Die traditionellen Grenzen zwischen unserer Arbeitswelt und unserem Privatleben sind völlig verschwunden. Und was noch schlimmer ist: Wir filtern nicht, was in diesem Zusammenhang auf uns einstürmt. Unsere typische Reaktion auf die heranströmende Flut ist nicht der Versuch, sie zu bändigen oder aufzuhalten, sondern mit ihr zu leben. Und die Informationsflut und die Ansprüche an unsere Zeit werden immer drängender und überwältigender. Am Ende fühlen wir uns überfordert, und wichtige Dinge fallen durchs Raster. Wir brauchen einen Neuansatz. Was wir im Moment machen, lässt sich nicht durchhalten. Wir können nicht in diesem Wahnsinnstempo weiterleben, sonst wird das irgendwann ganz böse enden.«

Unsere digitale Welt ist voller »dünner« Dinge

»Wir leben heute in einer digitalen Welt, die völlig besessen ist von irrelevanten Informationen und Aktivitäten. Und wir beginnen gerade erst abzuschätzen, welche negativen Folgen es mit sich bringen könnte, ständig mit dieser virtuellen Welt verbunden zu sein.« Victoria sprach aus tiefster Überzeugung, und Alex hörte aufmerksam zu.

»Ich habe gerade erst eine Studie gelesen, der zufolge die US-Amerikaner 17 Mal am Tag ihre Konten bei den sozialen Medien checken.[3] Alex, das ist jeden Tag im Schnitt einmal pro Stunde, solange wir wach sind, wenn nicht noch mehr. Findest du das nicht auch beunruhigend? Denk doch mal daran, wie viel Zeit und Aufmerksamkeit damit verschwendet wird!«

Alex sah in Gedanken seine beiden Kinder vor sich, wie sie wieder einmal gebannt auf den Bildschirm ihrer Smartphones starrten, statt die Zeit zu nutzen, um sich draußen in der Natur zu bewegen, Bücher zu lesen oder sich mit Freunden zu treffen.

Victoria kamen die Sportbenachrichtigungen in den Sinn, die Alex minütlich live aufs Handy bekam.

»He, es ist durchaus nicht so, dass ich jeden Tag meinen Facebook-Account auf den neuesten Stand brächte. So schlimm bin ich gar nicht«, verkündete Alex stolz.

»Ist schon okay, Alex. Aber die sozialen Medien sind auch nicht das Einzige, was sich schädlich auswirken kann. Wenn wir mit unseren Geräten ständig online sind – sei es bei den sozialen Medien, im Internet oder sonstwo –, konditioniert uns das darauf, überall unmittelbare Verfügbarkeit zu erwarten. Wie schon gesagt, wir leben im Zeitalter des *Jetzt,* in dem wir erwarten, dass alles direkt verfügbar sein muss – in dem Moment, in dem wir es wünschen. Sei es die Antwort auf eine Frage, sei es das Essen, auf das wir Appetit haben, sei es die Liebe, nach der wir uns sehnen – wir sind aufs *Jetzt* konditioniert.«

Alex nickte zustimmend. »Ich kann mich auch nicht erinnern, wann ich das letzte Mal eine Frage gehabt hätte, die ich nicht praktisch sofort beantwortet bekam – das heißt, bis ich dich wiedergetroffen habe! Du hast mich Tage darauf warten lassen, von allen diesen Fallen zu erfahren.«

Victoria lächelte. »Ich wollte dir ja nur helfen, dir darüber bewusst zu werden, wie du konditioniert worden bist. Weil wir aus dem Internet die Informationen so schnell erhalten, erwarten wir von den Leuten um uns herum inzwischen dasselbe. Warum haben sie denn noch nicht geantwortet? Wann bekommen wir endlich Antwort? Aber allein die Tatsache, dass wir erreichbar sind, heißt ja noch nicht, dass wir das auch sein müssten.

Es sind viel zu viele Kanäle für Onlineverbindungen und Unterhaltung verfügbar – jeder davon mit seinen eigenen Pflichten und Verhaltensregeln. Diese Ablenkungen füllen unsere kostbare Zeit mit den *dünnen* Dingen – Zeitverschwendungen –, und die wirklich *gehaltvollen, bedeutsamen* Dinge werden dadurch aufgeschoben oder sogar ganz vergessen. Das heißt, wir geben langfristige Belohnung bereitwillig her für unmittelbaren Genuss. Lass das mal einen Moment sacken.«

Alex rieb sich das Kinn, während er darüber nachdachte. »Weißt du, es ist schon verrückt, wenn ich an früher denke, wie sehr sich das Leben unserer Kinder heute davon unterscheidet.

Früher spielten die Kinder mit ihren Freunden, lasen Bücher, gebrauchten ihre Fantasie, tobten draußen herum – zumindest, wenn ich an Bobby und mich denke«, fuhr Alex fort. »Aber selbst hier auf Hawaii lassen sich Laura und Michael ihre Zeit vom Handy-Bildschirm stehlen. Wo ist das gute alte Spielen hin?«, fragte Alex.

»Das ist beunruhigend, nicht wahr?«, stimmte Victoria zu. »Unsere Wirklichkeit hat sich verändert. Ich habe gerade einen Bericht gelesen, in dem ein Arzt sagt, er ›finde es leichter, Heroin- oder Crystal-Meth-Abhängige zu behandeln als Computerspieler, die nicht mehr von ihrem Spiel loskommen, oder Facebook-Süchtige, die von den sozialen Medien abhängig sind.‹[4] Würdest du die Smartphones deiner Kinder da nicht am liebsten ins Meer werfen? Und dein eigenes gleich hinterher?«

»Schon wahr«, stimmte Alex zu. »Aber das ist halt einfach unrealistisch.«

»Aber warum?«, fragte Victoria zurück. »Alex, du kannst dir doch deine eigene Wirklichkeit erschaffen. Dieses ständige Onlinesein, dieses dünne Auf-den-Bildschirm-Starren ist doch unproduktiv und schädlich.

Es hat seine Gründe, dass Eltern, die in Computerberufen arbeiten, ihre Kinder oft an Montessori- oder technikfreien Schulen anmelden. Wissenschaftler nennen Bildschirme nicht umsonst *elektronisches Kokain.* Das ist ein ernsthaftes Problem, das unsere moderne Welt da erfasst hat. Die Konsequenzen dringen durch bis zu unserer Aufmerksamkeit und Produktivität.«

»Oje, das ist schon schlimm, das alles zu hören. Meine Kinder könnten eine Pause von ihrer Elektronik jedenfalls ganz gut gebrauchen«, seufzte Alex.

»Alex, deine Kinder sind nicht die Einzigen, die eine Pause gebrauchen könnten. Schau dich doch selber mal an. In der kurzen Zeit, die wir jetzt zusammen sind, habe ich dich schon soundso oft beobachtet, wie du ganz unbewusst dein Handy gecheckt hast. Deine Finger suchen ganz unwillkürlich deine meistgenutzten Apps«, merkte Victoria behutsam an. »Vielleicht solltest du selber auch mal über eine digitale Pause nachdenken.«

Alex wollte ihr gern widersprechen, fand aber keine Argumente. Er hatte zwar gespürt, dass die Macht seines Handys in der zurückliegenden Woche schwächer geworden war, aber er wusste, dass es zu Hause mit dem Widerstehen sehr schwer werden würde. Da würde er erst einmal gründlich Inventur machen und dann neue Gewohnheiten und Kontrollmechanismen entwickeln müssen. Er wollte schließlich nicht das Beste im Leben verpassen, nur weil er nicht widerstehen konnte, sich von seinem Handy-Bildschirm in den Bann ziehen zu lassen.

Das Beste im Leben braucht Zeit

»Alles, was etwas wert ist im Leben, braucht Zeit und erfordert Engagement und Mühe«, erklärte Victoria und ging damit zum dritten Grund über, warum die Menschen nach ihrer Auffassung in die Aufmerksamkeits-Falle gehen. »Alex, nimm dir doch mal fünf Minuten und fertige eine Liste mit all den Leistungen an, auf die du am meisten stolz bist.«

»Gut, kann ich machen.«

Als Alex sich der Herausforderung stellte und darüber nachdachte, kam er auf drei Dinge, die seiner Meinung nach die größten Leistungen darstellten, die er im Leben vollbracht hatte, bisher jedenfalls. Er schlug sein rotes Büchlein auf und notierte:

- Familie – Kim, Laura und Michael
- Berufliche Erfolge
- Beziehung zu Gott.

»Und, Alex, wenn du dir diese Liste anschaust, gibt es da womöglich irgendetwas Verbindendes zwischen den Punkten, was sie bedeutsamer macht als andere Dinge, die es nicht auf deine Liste geschafft haben?«, fragte Victoria.

»Hm, interessante Frage – Tja, ich würde sagen, das verbindende Element könnte sein, dass es in allen drei Punkten um Beziehungen geht; sei es zu meiner Familie, sei es zu Gott, sei es zu meinen Arbeitskollegen. Das scheint wichtiger gewesen zu sein als alles andere«, antwortete Alex.

»Nette Zusammenfassung«, lächelte Victoria anerkennend. »Was würdest du denn als Schlüsselelement für erfolgreiche Beziehungen betrachten?«

Alex überlegte eine Weile und meinte dann: »Ich denke, das ist eine gesunde Balance aus Geben und Nehmen, aus Zusammenarbeit als Team und der Zeit, die man gemeinsam verbringt, wobei es da sowohl um Quantität als auch Qualität geht.«

»Wow, da verbringst du eine Woche auf Hawaii, und auf einmal bist du ein Genie!«, flachste Victoria. »Ja, ich denke, du hast recht. Alle drei Faktoren sind entscheidend. Und das bestätigt mich in meiner Auffassung, dass Beziehungen Vorrang vor allem anderen haben sollten. Je mehr Zeit wir in unsere Beziehungen investieren, desto mehr lernen wir sie schätzen.«

Das konventionelle Vorgehen

»Das konventionelle Vorgehen, um sich aus der Aufmerksamkeitsfalle zu befreien, setzt sich überhaupt nicht mit der existierenden Realität auseinander – einer Realität, in der wir unter Informationsüberfrachtung leben, übervolle Terminpläne haben und uns viel zu vielen dünnen Dingen gleichzeitig widmen. Dieses Vorgehen stellt die auf uns einstürmenden Informationen gar nicht infrage und filtert sie auch nicht.

Stattdessen besteht das konventionelle Vorgehen in dem Versuch, mit allem fertigzuwerden. Dieses Vorgehen sagt zu allem ›Ja‹ und zu nichts ›Nein‹. Dieses Vorgehen sagt, du schaffst das und kannst alles managen. Es müssen keine Konzessionen gemacht werden. Es gibt keine Grenze für die Zahl der Bälle, die wir gleichzeitig in der Luft halten können. Wir müssen nur unsere Jonglierkünste verbessern.

Natürlich«, fuhr Victoria fort, »funktioniert dieses gegenwärtige Vorgehen nicht. Indem wir versuchen, für jeden alles sein zu wollen, schaden wir am Ende unserer Gesundheit und unseren Beziehungen. Wir werden komplett unkonzentriert. Wir sind nicht mehr in der Lage, uns um die wichtigsten Dinge in unserem Leben zu kümmern. Am Ende sind wir jemand, der sich mit nebensächlichen Details aufhält, statt der zielgerichtete Architekt unseres eigenen Lebens zu sein.

Wir experimentieren mit immer neuen Systemen, die uns versprechen, dass sie die Antwort seien, mit der wir alles unter Kontrolle bekommen und mit all der Informationsmenge und Komplexität fertigwerden können, die auf uns einstürmen. Da das gegenwärtige Umfeld aber unbeherrschbar geworden ist, wird unser System zu einem Ad-hoc-System, das alles verspricht, aber es nicht schafft, die Dinge zu pflegen, an denen uns am meisten liegt.«

Die bahnbrechende Idee

»Die bahnbrechende Idee führt zu einem fundamental anderen Ansatz als dem gegenwärtigen konventionellen Vorgehen«, sagte Victoria. »Statt zu versuchen, alles zu managen, was auf uns einstürmt, müssen wir erst einmal alles herausfiltern, was unwichtig und banal ist, damit wir uns auf unsere wichtigsten Ziele konzentrieren können. Wir müssen die Initiative ergreifen und uns entscheiden, Nein zu sagen zu all den hartnäckigen und aufdringlichen nebensächlichen Details, und akzeptieren, dass wir nicht alles schaffen können.

Wir müssen lernen, uns von den »dünnen« Dingen in unserem Leben zu lösen. Das erfordert eine Menge Disziplin, weil diese Dinge oft schnelle Unterhaltung bieten und uns das falsche Gefühl vermitteln, etwas geleistet zu haben. Da müssen wir unser Verhalten sorgfältig beobachten und dafür sorgen, dass wir uns nicht ständig von diesen Ablenkungen einfangen lassen … Wir können sie aber nicht einfach so ignorieren – wir müssen sie erst erkennen und uns von ihnen lösen. Sonst bleibt das Unwichtige an uns haften und wird zum automatischen Bestandteil unserer Routine.«

»Kannst du mir da ein Beispiel geben?«, fragte Alex.

»Ja, ich habe zum Beispiel neulich gesehen, dass mein E-Mail-Postfach voll war mit Werbung und Angeboten diverser Firmen. Und ich spreche hier nicht von Spam. Für Spam habe ich einen Filter, der mir das alles vom Leibe hält. Sondern diese Mails waren von Restaurants, in denen ich schon einmal war, Shops, in denen ich etwas eingekauft hatte, Fluglinien, mit denen ich schon einmal geflogen war, Hotels, in denen ich übernachtet hatte.

Das mag zwar erst einmal nicht viel erscheinen, aber ich habe jeden Tag 15 bis 20 E-Mails von diesen Unternehmen erhalten. Da habe ich beschlossen, ich will diese Werbung loswerden, und bin hingegangen und habe bei jeder einzelnen Adresse die Mails abbestellt. Alex, das war eine totale Befreiung. Als ich eine Woche später an mein E-Mail-Postfach ging, war keine einzige Mail mehr darin, die meine Aufmerksamkeit rauben wollte. Diesen ganzen Kram los zu sein, war eine Befreiung, als hätte ich gerade mein Haus von oben bis unten geputzt oder meine Garage ausgemistet«, erklärte Victoria.

»Das klingt sinnvoll. Das mache ich auch, wenn ich nach Hause komme«, erwiderte Alex.

»Das planst du jetzt. Aber ich kann dir garantieren, es wird tausend Sachen geben, die versuchen werden, dich vom Ziel abzulenken. Ich denke, du wirst feststellen, dass es genauso wichtig ist, wie deine tägliche oder wöchentliche To-do-Liste aufzustellen, dir auch eine Not-to-do-Liste anzufertigen«, sagte Victoria.

»Eine Not-to-do-Liste?« Alex war verblüfft.

»Ja, eine Liste all der Dinge, die du nicht tun willst. Du kannst es auch eine Liste deiner Non-Essentials nennen. Versuche zu erkennen, was dich so im Laufe eines Tages davon abhält, zum Wesentlichen zu kommen, was dich ablenkt, dich stört.

Alex, in unserem ganzen Leben geht es darum, auf Kurs zu bleiben, uns hin zu den Dingen zu bewegen, die uns am wichtigsten sind, und uns dabei nicht ablenken oder vom Kurs abbringen zu lassen. Ablenkungen müssen wir von Anfang an im Keim ersticken, bevor sie Wurzeln schlagen können. Wir müssen jede Woche mit einer Tabula rasa beginnen, dann strategisch das Wichtigste in unseren Kalender eintragen und selbstbewusst alle banalen und unwichtigen Dinge, die uns abzulenken versuchen, ignorieren und von uns fernhalten. Das ist natürlich leichter gesagt als getan.«

Alex seufzte zustimmend.

»Nein zu sagen verstößt gegen die kulturellen Normen und Erwartungen unserer Gesellschaft. Es gibt ein ungeschriebenes gesellschaftliches Gesetz, nie Nein zu sagen. Wir werden auch zu Beginn belohnt, wenn wir Ja sagen. Aber dann spüren wir schließlich unvermeidlich die Konsequenz, dass wir überlastet und überfordert sind. Und infolgedessen werden wir am Ende die enttäuschen, die uns gerade noch gelobt hatten, weil wir Ja gesagt haben.

Wenn wir davon ausgehen, dass in unserem Leben und unserer Arbeit 10 Prozent wichtig und 90 Prozent unwichtig sind, dann beginnen wir zu erkennen, wie sehr wir in nebensächlichen Details verstrickt sein können. Die meisten Dinge, die unseren Geist beschäftigen und unseren Tag ausfüllen, sind in Wirklichkeit unwichtig. Wenn wir das erkennen, können wir uns der befreienden Idee zuwenden, dass wir eine Wahl haben. Wir müssen das Leben nicht so akzeptieren, wie es uns vorgesetzt wird. Mir gefällt, wie Steve Jobs das ausgedrückt hat: ›Nur wenn du Nein sagst, kannst du dich auf die Dinge konzentrieren, die wirklich wichtig sind.‹«[5]

Alex überflog sein Notizbuch, ob er die wichtigsten Punkte auch alle mitbekommen hatte.

3. Die Aufmerksamkeitsfalle

Warum?

1. *Es stürmt zu viel auf uns ein – wir filtern nicht, was unsere Energie, Zeit und Aufmerksamkeit wert ist.*
2. *Wir sind ständig mit dem Internet und der elektronischen Welt verbunden – das meiste in dieser Welt besteht aus sehr dünnen Dingen.*
3. *Uns fehlt Geduld und wir erwarten, dass die Dinge nach unserer Zeitvorstellung geschehen – sofort oder lieber noch früher. Wir erkennen nicht oder vergessen, dass das Beste im Leben Zeit braucht und nicht auf der Stelle verfügbar ist.*

Konventionelles Vorgehen

Ein Vorgehen, das uns suggeriert, wir könnten alles beherrschen, was auf uns einstürmt, wenn wir nur besser zu jonglieren lernen. Bei diesem Vorgehen wird nicht versucht, die Zahl der Bälle zu reduzieren, die wir gleichzeitig in der Luft halten müssen. Sondern es wird uns nahegelegt, dass wir die Fähigkeit entwickeln sollten, mit allen Bällen zu jonglieren, die wir in der Luft haben (Metapher für alles, was in unserem Leben vorkommt).

Die bahnbrechende Idee

Die bahnbrechende Idee besteht darin zu erkennen, dass wir nicht alles schaffen können. Wir müssen das Unwichtige ausfiltern, uns von nebensächlichen Details lösen und lernen, öfter »Nein« zu sagen, damit wir zu den Dingen »Ja« sagen können, an denen uns am meisten liegt.

Alex hatte das Gefühl, die Ideen begannen in seinem Kopf Gestalt anzunehmen, auch wenn er wusste, dass es sich um einen Vorgang handelte, dessen Beherrschung Zeit und Übung erfordern würde.

Victorias Worte unterbrachen seine Gedanken. »Alex, ich bin beeindruckt von deiner Bereitschaft, in deinem Leben dauerhafte Veränderungen zum Besseren vorzunehmen. Es ist aber nicht so, dass ich alle Antworten kennen würde, ich bin auf dem Weg auch nur ein kleines Stück weiter als du. Ich spreche aus Erfahrung, in der Hoffnung, dass du die Fallen vermeiden kannst, in die ich gegangen bin.« Victoria machte eine Pause und wägte ihre nächsten Worte ab.

»Ich weiß, dass vieles von dem, was ich dir mitgeteilt habe, neu und anders ist. Ich erwarte auch nicht, dass du mir alles einfach so abnimmst. Probier es aus, teste es. Experimentiere selber. Und schau, ob deine Erfahrungen dann mit dem übereinstimmen, was ich gesagt habe.«

Alex nickte anerkennend.

»Ich hoffe, ihr habt eine ruhige Heimreise mit eurem Nachtflug heute Abend. Lass uns doch in Verbindung bleiben. Ich würde sehr gern von deinen Fortschritten hören, wenn du dich aus den Fallen befreist, über die wir gesprochen haben. Und denk dran: Wenn du mal ein paar aufbauende Worte brauchst, zögere nicht, mich anzurufen. Und wenn ich nicht gleich drangehe, dann weißt du ja, dass ich entweder beim Yoga bin oder am Strand oder einen von den köstlichen Smoothies mixe, die du so liebst.«

Alex zog eine Augenbraue hoch, schluckte aber die Bemerkung herunter, die ihm auf der Zunge lag.

»Ich werde mich auf jeden Fall wieder bei dir melden, keine Sorge«, sagte Victoria lächelnd. »Zum Beispiel habe ich kommenden Sommer eine Konferenz in Los Angeles. Vielleicht könnten wir uns ja da treffen und deine Fortschritte begutachten, wenn ich in den Staaten bin?«

»Ich würde sehr gern mit dir in Verbindung bleiben, Victoria. Unsere Treffen waren für mich äußerst aufschlussreich, und dieser ganze Urlaub hat sich völlig anders entwickelt, als ich erwartet hatte. Ich nehme eine Menge zum Nachdenken mit und habe ein paar wichtige Entscheidungen zu treffen«, sagte Alex.

»Bleib geduldig und denk dran, dass es Zeit braucht, bis diese Veränderungen zu greifen beginnen. Aber ich bin ja hier, um dir zu helfen und dich zu unterstützen, so gut ich kann«, versicherte ihm Victoria.

»Danke. Und beste Grüße an Rob – ich hoffe, dass ich ihn sehe, wenn wir uns das nächste Mal treffen«, sagte Alex.

»So machen wir das. Und meine besten Grüße an Laura und Michael und auch an Kim, wenn du sie das nächste Mal siehst«, sagte Victoria.

»Auf Wiedersehen, Victoria.«

»Alles Gute, Alex! Du wirst ein examinierter Fallenkundler sein, bevor du es ahnst!« Victoria lächelte und winkte ihm nach, als er sich über den Strand auf den Rückweg machte.

* * *

Als Alex gegen zwölf Uhr am Hotel eintraf, fand er ein leeres Zimmer vor. Er hatte um ein spätes Checkout gebeten, da ihr Flieger erst um 22 Uhr ging, und hatte erwartet, dass die Kids im Hotelzimmer herumhingen. Er ging jetzt davon aus, dass er sie wohl an ihrer Lieblingsstelle finden würde, bei einem Felsvorsprung ein Stück den Strand hinunter. Michael konnte dort stundenlang Jagd auf die kleinen, unglaublich schnellen Krebse machen, die in den Ritzen und Spalten des Lavafelsens Schutz suchten. Sie hatten sogar einmal das Glück gehabt, eine Meeresschildkröte zu entdecken, die sich dort im Riff versteckt hatte. Alex ging den Strand hinunter, und natürlich, dort waren sie.

»Hallo ihr zwei! Wie ist die Brandung heute?«, rief Alex.

»Die besten Wellen, die wir die ganze Woche hatten!«, rief Michael zurück.

»Papa, guck mal, wie ich surfe«, rief Laura. Sie erwischte mit perfektem Timing die nächste Welle und ritt darauf glatt bis auf den Strand hinauf.

»Wow, die ganze Strecke bis an den Strand! Super, Laura!«

»Und, wie war dein Treffen mit Victoria?«, fragte Laura, als sie wieder aufstand.

»Gut, wie immer«, meinte Alex lächelnd.

»Hat sie dir von der dritten Falle erzählt?«, fragte Laura.

»Ja, hat sie. Da geht es darum, sich nicht im Dickicht der »dünnen« Dinge zu verfangen«, sagte Alex.

»Und, hast du dich in diesem Dickicht der … was war es noch gleich verfangen?«, fragte Laura.

»Was für eine Frage«, gab Alex zurück, während sie ins Wasser gingen.

»Das heißt also ja?«

»Du sagst es«, erwiderte Alex.

»Und, wirst du irgendetwas dagegen tun?«, fragte Laura.

»Jede Menge«, sagte Alex, während er sich in Richtung Strand umwandte. »Lass uns heute Abend beim Essen darüber reden. Jetzt will ich euch erst mal zeigen, dass euer alter Vater auch noch wellenreiten kann«, sagte Alex. Genau in diesem Moment türmte sich eine riesige Welle hinter ihm auf, die ihn glatt umriss und auf den Sand spülte. Prustend und spuckend erhob er sich aus dem Wasser.

»Alles okay, Papi? Spiel uns hier bloß nicht den Helden! Wir glauben dir auch so. Wir brauchen dich doch schließlich noch«, rief Michael lachend.

»Wird schon wieder«, sagte Alex, als er sich leicht benommen in den Sand fallen ließ. »Scheint, das Meer geht nicht gerade sanft mit den Leuten um.«

Michael und Laura lachten und gingen wieder hinaus, um die nächste Welle zu erwischen. Alex beschloss, er müsse hier nichts beweisen, und tauchte nur noch unter den auflaufenden Wellen durch, bis er genug hatte. Es war auch ein wunderbares Gefühl, im warmen Sand zu liegen und dem Geräusch der sich brechenden Wellen zu lauschen. Er musste wieder daran denken, wie sie hier angekommen waren und das Rauschen des Meeres seine angespannten Nerven beruhigt hatte. Das fühlte sich irgendwie an, als wäre es schon Ewigkeiten her; die ganzen Tage hier waren so angefüllt mit neuen Erkenntnissen gewesen. Er fragte sich nur, ob sich das Ganze zu Hause in Los Angeles in der Hektik des Alltags wohl nur noch wie ein Traum anfühlen würde. Wie sollte er den neuen Kurs steuern, der vor ihm lag?

Abends am Food Truck mit den Shrimps brachte Michael das Gespräch in Gang. »Okay, Leute, ist euch klar, dass wir seit Mittwoch weniger als 400 Dollar für Essen und Sonstiges ausgegeben haben? Das heißt, wir haben unser Ziel erreicht, Papa nur noch 4500 Dollar statt 5000 Dollar neue Kreditkartenschulden aufzuhalsen.« Michael strahlte vor Begeisterung.

»Ich hätte zwar nie gedacht, dass ich so was mal zu dir sagen würde, aber: Gut gemacht, Michael«, stimmte Laura zu.

»Das ist das Ergebnis von Teamarbeit, und ich erwarte eure Hilfe jetzt auch beim Abschneiden der 500 Dollar von unserer Schlange, wenn wir nach Hause kommen«, sagte Michael.

»Abgemacht!«, sagte Laura.

Alex' Handy summte, um ihn zu benachrichtigen, dass eine neue E-Mail eingegangen war. Instinktiv zog er das Handy aus der Tasche, aber statt sich die Nachricht anzusehen, ging er ins Menü und schaltete alle Benachrichtigungen aus. Das war schließlich der letzte Tag im Paradies mit seinen Kindern. Da konnte alles andere warten.

Teil 3
DIE VIERTE, FÜNFTE UND SECHSTE FALLE

Zurück in der Wirklichkeit

Zu Hause angekommen, öffneten Michael und Laura ihre Koffer und holten als Allererstes die selbstgefertigte Schuldenschlange heraus. Sie falteten sie sorgsam auseinander und trugen sie dann, jeder ein Ende haltend, gemeinsam in die Küche, wo sie sie stolz und für jeden sichtbar aufhängten.

Alex war fest entschlossen, seine guten Vorsätze in die Tat umzusetzen. In Hawaii hatte er so viel gelernt und sich so befreit gefühlt. Aber er wusste, jetzt, im gewohnten heimischen Trott, könnte das Ganze doch weit schwieriger werden als geahnt, insbesondere was das Geld betraf. Dennoch galt seine ganze Konzentration dem Ziel, die Schuldenlast der Familie abzubauen. Dass Michael hier mit Feuereifer mitmachte, war zu erwarten gewesen, aber Alex kam immer noch nicht ganz darüber hinweg, dass sogar seine Tochter begeistert mitspielte – das hatte er so nicht vorhergesehen. Er musste einfach stark bleiben, und wenn es nur der beiden wegen war.

Ein paar Tage später saß Alex gedankenverloren in seinem heimischen Arbeitszimmer. Tief besorgt wegen der vor ihm liegenden Monate mit all den Anstrengungen, die es kosten würde, sich wieder aus dem Loch herauszukämpfen, in das er sich durch seine Ausgaben selbst hineinmanövriert hatte, saß er mit aufgestützten Ellbogen, den Kopf in Händen, an seinem Schreibtisch.

Da klopfte Michael vorsichtig an und steckte seinen Kopf durch die Tür. »Hallo Papa«, sagte er und sah, wie Alex aufblickte. »Geht's dir gut?«

Alex rang sich ein Lächeln ab. »Na klar. Was gibt's denn? Komm doch rein!«

Michael lächelte ihm ebenfalls zu und setzte sich auf den Stuhl vor Alex' Schreibtisch. »Ich hätte einen Vorschlag für dich, so von Geschäftsmann zu Geschäftsmann sozusagen.«

»Ich höre«, erwiderte Alex neugierig.

»Also. Ich nehme ja an, du zahlst so zwischen 20 und 30 Prozent Zinsen auf deine Kreditkartenschulden, oder?«

Alex' Lächeln verschwand. »Ja, wieso?«, fragte er in scharfem Ton. Als Michael erschrocken zurückfuhr, versuchte er seine Reaktion abzumildern. »Sorry, das war jetzt nur wegen der ganzen schmerzhaften Erinnerungen – was hast du denn für einen Vorschlag?«

»Ja also, heute Morgen beim Frühstück, da konnte ich nicht anders, als die ganze Zeit über die Schlange anzuschauen«, erklärte Michael. »Und Mama hat mir doch immer geholfen, mein Geld zu sparen, das ich verdient habe … mit Rasenmähen … durch eBay-Verkäufe … mein Geburtstagsgeld …«, fuhr er zögernd fort.

»Und …?«, hakte Alex nach.

»Na jedenfalls«, sagte Michael, »ich dachte, ich könnte dir vielleicht dabei helfen, die Schlange zu killen.« Alex lehnte sich mit gefalteten Händen zurück und sah Michael konzentriert an.

Michael schaute zu Boden, als er sprach. »Ich habe 18.000 Dollar gespart, und im Moment bekomme ich dafür nur mickrige 2 bis 3 Dollar Zinsen im Monat. Wie wäre es denn, wenn ich dir dieses Geld leihen würde?«

Alex war sprachlos. Träumte er das jetzt? Sein 14-jähriger Sohn bot ihm Geld an, damit er seine Schulden zurückzahlen konnte? Das musste doch wohl ein Scherz sein. Hatte sich etwa Kim das ausgedacht? »Michael, soll das dein Ernst sein?«, fragte er zurück. Michael nickte begeistert. »Das wäre aber ziemlich großzügig von dir! Damit könnte ich ja ein Drittel meiner Kreditkartenschulden abbezahlen!«

Alex dachte noch einen Moment weiter nach. »Ich wäre aber nur einverstanden, wenn ich dir wenigstens ein paar Zinsen dafür zahlen dürfte. Wäre das okay?«

»Na klar«, erwiderte Michael cool und probierte, ein breites Grinsen aufzusetzen.

»Ich kann zwar nicht glauben, dass ich ausgerechnet mit dir darüber spreche … Aber ich nehme dein Angebot gerne an!« Alex lächelte seinem Sohn zu, der tief ausatmete und zurücklächelte.

»Ich setze einen Vertrag auf, okay?«, rief Michael und rannte aus dem Zimmer.

Alex lachte laut vor sich hin – diese unerwartete Wendung der Dinge konnte er kaum glauben. 30 Minuten später war Michael mit einem Dokument zurück. Alex las sich die Bedingungen durch und trug im Feld für die Zinsen, das Michael frei gelassen hatte, einen Wert ein, den er für fair hielt. Anstelle der 20 Prozent und mehr, die ihm für seine Kreditkartenschulden belastet wurden, müsste er nun nur noch 8 Prozent pro Jahr zahlen. Michael hatte ihm 18 Monate eingeräumt, um das Darlehen zurückzuzahlen. Er freute sich über die Zinsgewinne in diesem Zeitraum.

Alex fischte einen schwarzen Füller aus seiner Schublade. Er reichte ihn Michael, der selbstbewusst seine Unterschrift darunterkritzelte und ihm dann den Stift zurückreichte. Alex spürte ein Aufwallen von Stolz – was für einen cleveren und vernünftigen Jungen er doch hatte! Mit Michaels 18.000 Dollar würde er zwei seiner fünf Kreditkarten ausgleichen können – eine hatte einen Saldo von 10.000 Dollar, die andere von 8.000.

Am nächsten Morgen ging Alex mit Michael zur Bank, um die Überweisung zu tätigen. Nachdem das Geld auf seinem Konto war, rief er die beiden Kreditkartenunternehmen an, um die Tilgung zu veranlassen. Dann erfolgte das zeremonielle Zerschneiden der Karten. Michael und Laura bestanden darauf, dass sie das übernehmen durften. Anschließend sammelten alle drei die kleinen Stückchen auf und warfen sie triumphierend in den Abfalleimer. Sie hatten ein Stück weit die Herrschaft wiedererlangt.

Alex bekam das Gefühl, dass sich alles zum Guten wendete. Er fühlte sich überraschend leicht und frei. Dann kam ihm das Undenkbare in den Sinn – *Wie wäre es, wenn ich das neue Auto wieder abgäbe?* Angesichts der Wertminderung würde er seine Anzahlung zwar wahrscheinlich nicht wieder herausbekommen, dafür fielen dann aber die monatlichen Kreditraten weg, und den Saldo könnte er direkt seinem Schuldenkonto gutschreiben.

Er schauderte bei dem Gedanken und schüttelte den Kopf. Lächerlich. Niemals würde er das Auto aufgeben können. *Ich fahre nun mal schöne Autos,* dachte er bei sich, *so ein Typ bin ich eben.* Außerdem: Was würde Chaz denken? Alex brauchte dieses Auto, um erfolgreich und wohlhabend zu wirken. Wie würden ihn seine Kollegen denn ohne das Auto beurteilen? Er würde dann jeden Tag in einer anderen Ecke des Parkplatzes parken müssen – außer Sichtweite von Chaz. Das ging einfach zu weit. Er hatte sich dieses Auto verdient. Er hatte seine Schuldigkeit getan, und das war seine Belohnung. Kein Grund für Schuldgefühle, man konnte sich auch an anderer Stelle einschränken.

Nachdem Kim sich inzwischen in ihrem neuen Job in San Francisco etabliert hatte, plante sie, jedes Wochenende nach Hause zu kommen, zumindest aber zweimal im Monat. Sie wollte in dieser Zeit bei ihren Eltern übernachten.

Die Vereinbarung lautete, dass sie Alex eine Textnachricht schicken würde, wenn sie am Freitagabend eingetroffen war, und er dann die Kinder vorbeibrachte, damit sie bis Sonntagabend bei ihr bleiben konnten. Laura und Michael vermissten ihre Mutter. Sie freuten sich auf die Zeit, die sie mit ihr am Wochenende verbringen konnten.

Bei Kims erstem Besuch fuhr Alex in seinem schwarz glänzenden Cabrio, frisch von der Waschanlage, am Haus seiner Schwiegereltern vor. Kim schenkte dem Auto nicht einen Blick. Alex winkte ihr vom Auto aus zu, als Laura und Michael ausstiegen, aber sie winkte nicht zurück. Sie konnte den Anblick nicht ertragen, wie Alex da stolz am Steuer saß. Alles, was mit diesem Auto zu tun hatte, ging ihr gegen den Strich.

Die Kinder rannten zu ihr, und sie umarmte sie. »Laura, Michael! Erzählt! Wie war es auf Hawaii? Ich will alles wissen!« Sie wandten sich um und gingen Arm in Arm ins Haus.

* * *

Mit Kim standen die Dinge also längst noch nicht wieder zum Besten, aber es fühlte sich für Alex überraschend gut an, wieder ins Büro zu gehen. Er hatte sich gefragt, ob die vertraute Umgebung ihn wohl wieder in seine gewohnten Muster zurückfallen lassen würde. Aber er war entschlossen, seinen Fallen zu entkommen, so respekteinflößend dieses Unterfangen auch sein mochte, und so schob er die Zweifel beiseite.

Alex hatte begonnen, sich sein Essen zur Arbeit mitzunehmen. Er hatte es auch geschafft, einige zeitraubende Gewohnheiten abzulegen, und war durchaus zuversichtlich, was seine Ausgabenkürzungen betraf. Richtig schwierig war es aber, dass sein Büro direkt neben Chaz' Büro lag. Denn Chaz hatte zum Beispiel die Gewohnheit, sogenannte kurze Fragen zu zweistündigen Problemlösungssitzungen auszuwalzen. Alex wollte gerade anfangen, sich mit einem Kundenangebot zu befassen, als Chaz' Lockenkopf in der Tür erschien.

»Wie sieht's aus, alter Junge? Wie ist es mit deinem neuen Wagen?«

»Ich liebe dieses Auto«, grinste Alex. »Einer seiner vielen Vorzüge ist zum Beispiel, dass er schneller ist als deiner.«

»Ahhhh, das ist ja noch längst nicht erwiesen. Aber was ich dich fragen wollte: Hast du Lust, heute Mittag mit mir essen zu gehen? Ich habe viel Gutes von diesem neuen Sushi-Restaurant gehört. Sind mit dem Auto nur zehn Minuten«, sagte Chaz mit seinem breiten Lächeln.

»Hm, könnte mich schon reizen. Aber ich habe mir heute etwas zu essen mitgebracht. Ich versuche im Moment, ein bisschen weniger auszugeben«, entgegnete Alex.

»Zeig doch mal, was deine Alte dir da für einen Müll eingepackt hat.« Chaz lachte und kam zu Alex' Schreibtisch herübergeschlendert. Widerwillig schob Alex ihm das Essenspaket hinüber, und Chaz begann den Inhalt zu inspizieren.

»Das kannst du doch einem Hund zu fressen geben. Komm, lass uns was Anständiges essen gehen. Deiner Angetrauten ist es doch egal, ob du das elende Futter auch isst, das sie dir da eingepackt hat.«

»Das habe ich mir selber eingepackt. Kim und ich leben seit ein paar Wochen getrennt«, gab Alex niedergeschlagen zurück.

»Mach keine Witze! Aber was soll's, Mann. Andere Mütter haben auch schöne Töchter.«

Alex hob die Brauen angesichts von Chaz' Unsensibilität. »Chaz, wir sind 20 Jahre verheiratet. Das wirft man nicht mal eben so über Bord!«

»Ja, ja. Wahnsinn. Schön für euch.« Es war, als hätte Chaz überhaupt nicht mitbekommen, was Alex gesagt hatte. »Was ist denn jetzt? Komm, gehen wir!«

Alex blickte auf sein Essenspaket. Es sah ja schon etwas kümmerlich aus. »Also gut, aber um 14 Uhr muss ich wieder hier sein«, warnte Alex.

»Keine Sorge, wir sind doch in Nullkommanichts wieder da«, verkündete Chaz zuversichtlich. »Und, lässt du mich deinen neuen Wagen mal fahren? Ich weiß auch, wie man am schnellsten zu diesem Sushi-Restaurant kommt«, fragte Chaz.

»Aber wenn du einen Unfall baust, zahlst du mir einen neuen!«

»Ja, ja, ich passe schon auf. Außerdem fahre ich schon seit mindestens sechs Monaten unfallfrei«, erwiderte Chaz mit einem Augenzwinkern.

Im Sushi-Restaurant bestellte Chaz sich dann drei der teuersten Röllchen, für zusammen fast 60 Dollar. Alex genoss derweil eine California-Roll und eine Miso-Suppe. Jetzt, da er sein eigenes

Ausgabeverhalten geändert hatte, fiel ihm Chaz' krasse Extravaganz allmählich auf. Immerhin würde Chaz diesmal zahlen – er hatte dem Kellner gesagt, er solle alles auf eine Rechnung setzen.

Als die Rechnung kam, schnappte Chaz sie sich sofort. »Die geht auf mich.« Er kramte in seinen Taschen, stand sogar auf, um mit großer Show seinen Mantel zu durchwühlen, stand dann aber mit leeren Händen da.

»Scheibenkleister! Ich habe anscheinend meine Brieftasche vergessen. Kann doch wohl nicht wahr sein, dass mir das schon wieder passiert ist! Kannst du das vielleicht diesmal übernehmen?«

Alex nickte und zückte seine Karte. Es war nicht das erste Mal, dass er das erlebte.

»Danke, Kumpel! Ich zahle dann das nächste Mal.«

Alex verdrehte die Augen und seufzte, während Chaz auf sein Handy schaute. Chaz sprach immer davon, dass er das nächste Mal übernehmen würde, wozu es dann aber aus irgendwelchen Gründen nie kam. Inklusive Trinkgeld belief sich die Rechnung auf 82,45 Dollar. Alex war stinksauer, sagte aber nichts.

Während Alex zurückfuhr, checkte Chaz auf dem Smartphone seine neuen Golfschläger. »He, sieh dir mal das an: Mit denen wird mein Drive glatte 40 Yard länger«, gab er an und hielt Alex sein Handy unter die Nase.

»Tja, sieht so aus, als könnte ich da nie mit dir mithalten, Chaz.« Alex parkte ein und sprang aus dem Wagen. »Ich muss zu meinem Meeting flitzen.«

»14.05 Uhr! Ich hab dir doch gesagt, wir sind pünktlich wieder da.«

Als er ins Gebäude rannte, schüttelte Alex vor Ärger über sich selbst den Kopf, weil er zugelassen hatte, dass er wegen Chaz zu spät kam.

Trotz bester Absichten fiel es Alex immer schwer, Leuten gegenüber Nein zu sagen, die mit einer Bitte an ihn herantraten. Es war nicht ungewöhnlich, dass Chaz oder sein Chef ihn den ganzen Morgen oder gar den größten Teil des Tages wegen einer Angelegenheit mit Beschlag belegten, die sie für eine Krise hielten. Wenn allerdings umgekehrt Alex einmal einen echten Notfall hatte, war weder von Chaz noch von seinem Chef wirklich entsprechende Unterstützung zu erwarten. Diese Erkenntnis ärgerte Alex, aber bisher hatte er nicht den Mut gehabt, etwas zu sagen.

In Hawaii, mit Victoria, hatte Alex noch das Gefühl gehabt, er werde alles schaffen können – seine Schulden loswerden, die Beziehung mit Kim reparieren und die Herrschaft über sein Arbeitsleben zurückgewinnen. Aber zu Hause war es schwer, das alles wirklich umzusetzen. So fiel er manchmal in alte Gewohnheiten zurück, wie an dem Tag, als er auf dem Heimweg von der Arbeit noch bei einem Sport-Outlet Halt machte und sich für fast 600 Dollar Laufschuhe, Sportkleidung und eine Laufjacke zulegte. Schon als er zu Hause den Kofferraum öffnete und die Einkaufstüten herausholte, hatte er dann allerdings Schuldgefühle, weil er sich nicht an seinen Plan gehalten hatte. Und zwei Tage später hatte er sogar beschlossen, die ganzen Sachen wieder zurückzugeben, aber er konnte die Quittung nicht mehr finden. Sogar im Geschäft hatte er angerufen, ob sie eine Ausnahme machen könnten, aber die Rückgaberegelung war strikt: Ohne Quittung keine Rücknahme.

Alex versuchte sich sein Verhalten zu erklären, wenn er wieder einmal in alte Gewohnheiten zurückfiel. *Wie viel kann ich wohl realistischerweise auf einmal verändern?* So fiel es ihm zum Beispiel schwer, auf das Golfspielen mit Chaz zu verzichten. Er ging immer noch gern in guten Restaurants essen und gab die Gartenarbeit weiterhin lieber in Auftrag. Der Schwung, den er noch auf Hawaii gehabt hatte, war nicht nur erlahmt, sondern schien sogar schon im raschen Rückgang begriffen.

Am Abend zu Hause sah Alex seine Kreditkartenauszüge aufmerksam durch. Das war eine neue Gewohnheit, die er sich seit ihrer Rückkehr zugelegt hatte. Insgesamt waren die Ausgaben der

Familie zwar durchaus zurückgegangen, aber es gab immer noch einige Käufe, bei denen er am liebsten laut aufgeschrien hätte. Die meisten davon hatte Laura getätigt: Zunächst einmal waren da 290,63 Dollar bei Amazon und dann noch 480,39 Dollar bei irgendeinem Kaufhaus. Hatte sie denn ganz vergessen, worauf sie sich geeinigt hatten?

Seine Gedanken wanderten zurück zu einem Erlebnis mit Laura als kleinem Kind:

»Papa, Papa, Papa!« Laura zog Alex an der Hand.

»Ja, Prinzessin?«, sagte Alex und küsste sie auf ihren Blondschopf.

»Guck mal!« Laura breitete einen Prospekt mit Puppen auf dem Tisch vor Alex aus und zeigte mit dem Finger darauf. »Die will ich haben!«

»Okay, dann bestellen wir sie dir nach dem Essen«, sagte er.

»Alex!«, rief Kim in scharfem Ton dazwischen. »Über dieses Thema haben wir doch schon einmal gesprochen, und wir hatten uns geeinigt: Keine neuen Puppen mehr!«

»Kim, ist doch gut …«, begann Alex.

»Laura hat bereits 14 Puppen, sie ist also bestimmt in keinster Weise benachteiligt, und wir können uns das einfach nicht leisten«, erklärte Kim aufgebracht.

»Aber ich will diese Puppe«, sagte Laura. »Mama, die sieht genauso aus wie ich!«

Kim sagte gar nichts dazu, sondern starrte nur weiter Alex an, aber der sagte trotzdem: »Okay, Prinzessin. Wir sprechen nach dem Essen darüber.«

»Diesen Hut, dieses Kleid und diese Tasche will ich auch.« Laura zeigte wieder mit dem Finger. »Dann können die Puppe und ich das Gleiche anziehen und sie sieht genauso aus wie ich!« Bei dieser Vorstellung strahlte Laura.

Alex küsste sie auf die Wange. »Okay, jetzt hilf der Mama aber erst mal beim Tischdecken.«

»Papa! Papa! *Papa!*« Lauras Stimme brachte Alex zurück in die Gegenwart. »Was ist denn los mit dir? Ich habe dich jetzt schon etwa siebenmal angesprochen, aber du sitzt nur da wie in Trance.«

»Oh, sorry. Was ist denn?«

»Ich brauche deine Autoschlüssel und ein bisschen Geld. Ich treffe mich mit Freunden.«

»Was für Freunde denn?«

»Ich bin jetzt ein bisschen in Eile, ich erzähl's dir hinterher. Wo ist denn deine Brieftasche?« Laura schnippte mit den Fingern, damit ihr Vater reagierte.

Alex schaute missmutig. »He, schnipp gefälligst nicht mit den Fingern nach mir! Liegt drüben auf der Küchenbank.«

»Gut«, sagte Laura und entnahm 100 Dollar sowie eine seiner Kreditkarten.

»Hoffentlich tut's die«, murmelte Laura zu sich selbst, während sie die Karte in ihre Tasche steckte. »Danke, Papa! Wegen des Essens braucht ihr euch nicht um mich zu kümmern, und warte heute Abend nicht extra, bis ich zurück bin!«, rief sie noch, während sie aus der Tür Richtung Garage stürmte.

»He, warte mal«, sagte Alex, nachdem er die Tür zur Garage wieder geöffnet hatte. »Aber nicht länger als bis Mitternacht!«

»Ja, schauen wir mal«, gab Laura zurück und schlug die Tür zu.

»He, fahr vorsichtig und pass auf mein Auto auf!«, rief Alex noch, aber Laura war schon auf und davon.

Er blieb noch einen Moment stehen und fühlte sich frustriert und mutlos. Laura hatte doch so viel Interesse und Unterstützung für ihre Schuldenschlange gezeigt – warum konnte Alex dann jetzt nicht zu ihr durchdringen? Ihr Interesse war erkaltet, sobald das Ganze ihr eigenes Leben zu betreffen begonnen hatte. Als Alex begann, gegen unnötige Ausgaben vorzugehen, hatte Laura angefangen zu rebellieren. Sie war doch nicht bereit, ihr Leben zu ändern, bloß weil ihr Vater plötzlich ein neues Programm installieren wollte. Sie blieb weiterhin abends viel zu lange auf, versäumte Unterrichtsstunden und gab reichlich Geld aus. Was Alex aber am meisten beunruhigte war, dass Laura zwar viel davon redete, dass sie in New York studieren wollte, aber immer noch kein Buch zur Hand genommen hatte, um für die Uni-Eingangsprüfung oder irgendwelche Studienvorbereitungskurse zu lernen. Alles, wofür sie Interesse und Zeit zu haben schien, war, sich mit ihren Freunden zu treffen.

Wie bringst du jemanden dazu, sich zu ändern? Alex schüttelte den Kopf angesichts der Ironie des Ganzen. Seine Frau hatte ihre ganze Ehe über mit geringem bis gar keinem Erfolg versucht, Alex zu ändern. Und jetzt versuchte Alex das Gleiche vergeblich bei seiner Tochter. Er dachte sich, Victoria hätte bestimmt das ein oder andere dazu zu sagen. Er beschloss sie anzurufen.

4. Die Veränderungsfalle

»Ja, wenn das mal nicht mein junger Fallenkundler ist! Wie ist es denn wieder so in der Tretmühle Los Angeles?« Alex musste schmunzeln, als er Victorias muntere Stimme am Telefon hörte.

»Ach ja, es geht halt alles wieder im alten Trott. Und bei dir? Trägst du immer noch so gern deinen grünen Schnurrbart?«

»Aber das weißt du doch!«, gab Victoria zurück.

Alex gab Victoria einen kurzen Überblick über alles, was er seit ihrem letzten Gespräch gemacht hatte, oder zumindest erzählte er alles, was er gut gemacht hatte. Am meisten interessierte ihn allerdings, was Victoria wohl zu der Situation mit Laura zu sagen haben würde.

»Wie ändert man denn jemanden, der sich gar nicht ändern möchte?«, fragte Alex.

»Gar nicht, Alex. So einfach ist das.«

»Na, besten Dank, Victoria. Das ist aber nicht sehr hilfreich.«

»Tja, mir scheint, hinter der ganzen Angelegenheit steckt wohl noch ein bisschen mehr. Hör mal, ich komme doch in ein paar Wochen zu dieser Konferenz in Los Angeles. Sollen wir uns da vielleicht in meinem Hotel zum Essen treffen? Wir könnten den Room Service in Anspruch nehmen und uns auf meinem Balkon unterhalten. Das ist zwar nicht ganz so schön wie auf Hawaii, aber wo wäre es das schon? Und ich würde das Essen ausgeben. Na, wie klingt das?«

»Klingt ausgezeichnet!«, rief Alex begeistert.

»Na dann freue ich mich darauf, dich bald wiederzusehen! Ich schicke dir eine Textnachricht, sobald ich gelandet bin, und dann vereinbaren wir einen Abend, der dir gut passt. Ich bin für drei Tage in der Stadt.«

Die nächsten Wochen vergingen wie im Fluge, und irgendwann fand sich Alex dann in Victorias Hotelzimmer wieder. Es war schön, sie wiederzutreffen, und Alex war gespannt, was sie zu sagen haben würde.

»Gut, Alex, du willst also wissen, wie du Laura dazu bringen kannst, an ihrem Verhalten etwas zu ändern. Dafür musst du aber zunächst eines verstehen: Es gibt zwei Kräfte im Leben, die einen Menschen veranlassen können, sich zu ändern: Zum einen die Kraft des Gewissens, zum anderen die Kraft der Umstände. Wir handeln also entweder, weil wir eingesehen haben, dass wir uns ändern müssen, oder wir ändern uns, weil die Wirklichkeit unserer Lebensumstände uns dazu zwingt. Leider ist es den meisten Menschen lieber, wenn sie sich nicht ändern müssen. Daher ignorieren sie auch die Stimme ihres Gewissens und ändern sich so lange nicht, bis die Kraft der Umstände ihnen keine andere Wahl mehr lässt, als sich mit einer akuten Krise auseinanderzusetzen.«

Alex erinnerte sich, wie mies er sich damals am ersten Tag auf Hawaii gefühlt hatte, als er auf seinem Hotelbalkon im 34. Stock gestanden und hinausgeschaut hatte. »Das klingt ganz nach mir. Ich war so ziemlich am Tiefpunkt angekommen und mir war klar, dass ich etwas Drastisches unternehmen musste. Das war eine verzweifelte Zeit …«, sagte er reuevoll.

Victoria blickte ihn intensiv an. »Du warst damals aufgrund der Umstände bereit, dich zu ändern. Von Laura erwartest du jetzt aber, dass sie sich aufgrund ihres Gewissens ändern soll. Das ist zwar nicht unmöglich, aber es ist weit schwieriger, aus einem solchen Antrieb zu handeln. Sie muss dafür eine entsprechend starke Motivation finden, die sie dazu bringt zu tun, was die Stimme ihres Herzens ihr als richtig vorgibt. Du würdest gern die Grille Jiminy Cricket auf der Schulter sein, die Pinocchio sagt, was richtig ist, aber das wird nicht funktionieren.«

Alex nickte nachdenklich. »Vielleicht sollte ich sie mal mit dir reden lassen.«

»Ich denke, du wirst feststellen, dass sie nicht die Einzige ist, die vor einer solchen Herausforderung steht«, sagte Victoria und zwinkerte Alex zu. Dem rutschte das Herz in die Hose. Was sollte denn das nun schon wieder heißen?

Bevor er noch länger über ihre Bemerkung nachdenken konnte, wechselte Victoria das Thema. »Da wir ja beide wissen, dass essen wichtiger ist als reden: Hier ist die Speisekarte. Mit leerem Magen kann man nicht vernünftig denken. Sag mir, was du haben willst. Meine leckeren Smoothies stehen allerdings leider nicht darauf.«

Alex lachte, insgeheim erleichtert, und warf einen Blick auf die Karte. »Ich denke, ich nehme das Rippenstück mit Pommes und ein Mineralwasser.«

»Ich sehe schon, du versuchst immer noch, dich mit deinem Essen umzubringen«, sagte Victoria kopfschüttelnd. Sie griff nach dem Telefon und wählte den Room Service.

»Hallo, ich würde gern Essen für zwei Personen bestellen. Einmal das Rippenstück, einmal den Spinatsalat, ein Mineralwasser und ... Sind Ihre Fruchtsäfte frisch gepresst? Hmm. Dann einfach nur ein Wasser. Ja, das ist alles. Vielen Dank!«

Victoria wandte sich wieder Alex zu. »Okay, wir haben noch 30 Minuten Zeit, bis unser Essen kommt«, sagte sie und wies in Richtung Balkontür. Sie gingen nach draußen, wo sich ihnen ein atemberaubender Blick über die Stadt mit ihren funkelnden Lichtern bot. Im Norden wurde die Szenerie von den San Gabriel Mountains abgeschlossen, und fern im Südwesten konnten sie gerade noch einen Blick auf den Pazifischen Ozean erhaschen. Sie ließen sich auf bequemen Stühlen nieder und genossen einen Moment lang die Stille, während die milde Abendbrise über sie hinwegstrich.

»Dann lass uns mal in medias res gehen«, schlug Victoria vor. »Die vierte Falle nenne ich die Veränderungsfalle. Und wenn wir über Veränderungen sprechen, dann müssen wir auch über den Grund reden, der uns daran hindert, Veränderungen vorzunehmen, nämlich unser Zögern und Zaudern – *den Mörder von Wachstum und Wandel.*«

»Na, das ist mal die erste Falle, die mich nicht überrascht«, erwiderte Alex.

»Wie schon gesagt, die Kräfte unserer modernen Zeit machen die Fallen besonders gefährlich, und unter diesen Kräften gehört das Hinauszögern zu den meistverbreiteten, ganz besonders wenn es um Veränderungen geht. Wir haben alle die Neigung, Dinge aufzuschieben, mit denen wir uns nicht wohlfühlen. Und noch schwerer fällt es uns, langfristige Verhaltensänderungen vorzunehmen. Da fallen uns dann immer alle möglichen Gründe und Entschuldigungen ein, warum wir keine Veränderungen vorzunehmen bräuchten. Erinnerst du dich noch an die Studie, von der ich dir erzählt hatte?«

»Du meinst die Studie, nach der Menschen lieber sterben als sich zu ändern?«, fragte Alex.

»Genau die meine ich«, sagte Victoria. »Kannst du dir das vorstellen, dass jemand buchstäblich lieber stirbt, als eine schlechte Angewohnheit zu ändern?«

»Das klingt zwar extrem, aber ich kenne durchaus ein paar Leute, die mich veranlassen würden, so etwas zu glauben!«, entgegnete Alex.

»Wenn wir die Veränderungen, die wir in unserem Leben vornehmen müssen, aufschieben oder vermeiden, dann stagniert unsere Entwicklung und unser Vorankommen. Wir stecken fest. Das ist der Grund, warum ich das Zögern einen *Mörder* von Wachstum und Wandel nenne.« Victoria griff nach einem abgenutzten Ordner, auf dessen Rücken in Großbuchstaben *FALLEN* geschrieben stand. Sie schlug ihn auf und blätterte bis zu dem Trennblatt, auf dem *Veränderungsfalle* stand. »Hier ist eine Liste, die ich mir einmal angefertigt habe, mit den drei Hauptgründen, warum Menschen in diese Veränderungsfalle gehen.« Victoria drehte den Ordner so, dass Alex lesen konnte:

1. Veränderungen sind schwierig: Es kann mühevoll und unbequem sein, bedeutende Veränderungen vorzunehmen. Es ist leichter, beim Vertrauten und Bequemen zu bleiben.
2. Argumentieren und Aufschieben: Die Menschen machen sich vor, die Veränderungen ließen sich auf eine günstigere oder attraktivere Zeit verschieben, wenn sie erst einmal eine bestimmte Lebensphase hinter sich gebracht hätten.
3. Perfektionismus: Wer an dieser Krankheit leidet, lebt oft nach dem Mantra »*Wenn es nicht perfekt werden kann, dann brauche ich es gar nicht erst zu probieren.*«

Veränderungen sind schwierig

»Alex, ich habe mich auch mit der Frage beschäftigt, warum sich Menschen gegen Veränderungen sträuben.« Sie öffnete den *Fallen*-Ordner an einem neuen Trennblatt.

»Warum wir uns gegen Veränderungen sträuben: Der Psychologe Jim Taylor beschreibt den Versuch, sich zu ändern, als ›ein Schwimmen gegen den Strom, der aus Ballast, Gewohnheiten, Gefühlen und Umgebungseinflüssen vieler Jahre besteht‹. Taylor hat vier Haupthindernisse beobachtet, die dauerhafte Veränderungen erschweren. Ich fasse dir die Liste hier einmal zusammen, Alex, statt sie in allen Einzelheiten vorzulesen. Also, erstens: Ballast aus der Vergangenheit, zum Beispiel geringe Selbstachtung, Perfektionismus, Versagensangst oder Zorn. Zweitens: Tief verwurzelte Gewohnheiten in unserem Denken, Fühlen und Verhalten. Drittens: Ein Gefühl der Angst vor dem Ergreifen notwendiger Veränderungsmaßnahmen, weil wir unser Scheitern befürchten. Viertens: Umgebungseinflüsse und gewohnte Aktivitäten, die uns ein Gefühl der Geborgenheit und Sicherheit verleihen, das wir nur sehr ungern aufgeben.[6]

Taylor fasst zusammen – und hier zitiere ich ihn wieder: ›Das Kämpfen gegen Veränderungen ist ein Instinkt zur Selbsterhaltung. Wenn wir Veränderungen erfolgreich abwehren, heißt das, wir haben unseren Ballast erfolgreich verteidigt, wir haben geschützt, was wir zu wissen glauben, und wir haben unsere Art zu leben aufrechterhalten. Und wenn wir ein Scheitern vermeiden können, das ja immer wenig schmeichelhaft ist, heißt das, wir müssen uns nicht der schmerzlichen und frustrierenden Selbstprüfung stellen, die für eine Besserung erforderlich ist.‹«[7]

Victoria klappte den Ordner zu und schaute auf, um Alex' Reaktion zu sehen. Der nickte nachdenklich.

»Mir scheint, ich war über die Jahre viel zu erfolgreich mit meiner Selbsterhaltung – ich bin ein Meister im Hinauszögern!« Alex lachte reuevoll. »Es tut weh, aber es passt. Und ich schätze, auch wenn sie wehtut, kann die Wahrheit, zur rechten Zeit und am rechten Ort, eine Befreiung sein.«

»Alex, die Menschen tun alles, was in ihrer Macht steht, um Veränderungen zu vermeiden. Das liegt in der menschlichen Natur. Wahrscheinlich hast du auch schon einmal gehört, dass es 21 Tage dauert, um eine Gewohnheit zu ändern.[8] Gute Angewohnheiten bringen mit sich, dass wir die Initiative ergreifen müssen, während schlechte Angewohnheiten im Allgemeinen nicht besonders viel Ideenreichtum erfordern. Darum dauert es auch so lange, schlechte Angewohnheiten zu ändern«, erklärte sie.

»Klingt plausibel«, stimmte Alex zu.

Argumentieren und Aufschieben

»Alex, wenn du weiter keine Fragen zu diesem ersten Grund hast, also warum es so schwierig ist, sich zu ändern, dann würde ich dir jetzt den zweiten Punkt schildern: Selbst wenn die Leute wissen, dass sie etwas ändern müssen, suchen sie oft nach allen möglichen Argumenten, warum sie diese Veränderung erst noch etwas aufschieben sollten – bis die Umstände sie schließlich zum Handeln zwingen. Damit wären wir wieder bei der Überlegung, dass Menschen entweder durch die Kraft der Umstände oder durch die Kraft ihres Gewissens dazu gebracht werden, Änderungen vorzunehmen«, fuhr sie fort.

»Ja, dabei ging es um Laura, stimmt's?«

»Genau. Die meisten Menschen sind so lange nicht bereit, etwas zu ändern, bis die Umstände sie dazu zwingen. Denk an deinen Widerstand dagegen, deine Verschuldung einzudämmen. Eure ganze Ehe über hat Kim immer wieder versucht, dich dazu zu bringen, dass du Schulden meidest. Und wie hast du darauf reagiert?«, fragte Victoria.

»Ich habe sie ignoriert, einfach weil ich nicht überzeugt war, dass es nötig wäre, etwas zu ändern. Ich war der Ansicht, die Art, wie ich die Dinge handhabe, sei ihrer überlegen«, sagte Alex.

»Es ist oft so, dass wir die Meinung von Personen, die uns am nächsten stehen, am geringsten schätzen«, bemerkte Victoria behutsam.

»Warum ist das wohl so?«, fragte Alex.

»Ich denke, weil wir eingefahren sind, weil wir zum Sklaven unserer Gewohnheiten werden und die Gefühle und Sorgen unserer Liebsten übersehen. Wir nehmen ihre Ansichten letztlich als gegeben hin. Was hat dich denn zum Beispiel veranlasst, nach 20 Jahren Bitten und Betteln tatsächlich etwas zu ändern?«, fragte Victoria.

»Zwei Dinge: Zum einen war mein Einkommen dramatisch gesunken, zum anderen war Kim weggegangen und hatte diesen Job in San Francisco angenommen. Das war ein echter Schock«, gestand Alex.

»Das ist ein Paradebeispiel dafür, wie man von den Umständen schließlich zu etwas gebracht wird. Dein geringeres Einkommen und die Trennung von Kim haben dich dazu gezwungen, dich mit dem Problem auseinanderzusetzen – mit dieser *Falle.*«

»Du hast ja völlig recht«, gab Alex zu. »Aber was kann ich denn machen? Wie kann ich mir künftig so ein Elend ersparen, wie ich es erlebt habe? Wie kann ich es denn fertigbringen, dass mir eine Veränderung nötig erscheint, bevor ich gar nicht mehr anders kann?«

»Das ersparst du dir, indem du auf dein Gewissen hörst und Kurskorrekturen vornimmst, bevor die Dinge aus dem Ruder laufen. Alex, dein Gewissen sagt dir schon, was richtig ist und was falsch. Das ist diese leise Stimme in dir, die versucht, dich vor Gefahren und Katastrophen zu bewahren. Wir neigen dazu, diese leise Stimme durch die laute Geschäftigkeit des Alltags übertönen zu lassen. Wir können diese leise Stimme nur hören, wenn wir auf sie achten. Dazu müssen wir aber die Initiative ergreifen und dafür sorgen, dass wir diese innere Stimme auch hören können, damit sie uns anweisen und leiten kann. Wir können uns zum Beispiel die Zeit nehmen zu beten, nachzudenken, zu meditieren, zuzuhören.«

»Interessant, dass etwas so Einfaches so weitreichende Wirkungen haben kann«, sinnierte Alex.

»Wenn wir mit unserem Gewissen im Einklang leben, dann können wir notwendige Kurskorrekturen vornehmen, bevor die Umstände uns dazu zwingen. Das ist es, was ich mit der *Kraft des Gewissens* meine«, erläuterte Victoria. »Und je mehr wir auf unser Gewissen hören und reagieren, desto verständiger und wirkungsvoller werden wir handeln!

Weißt du, Alex, ich prüfe mein Gewissen jeden Tag, damit es mich gut durchs Leben steuert. Und es hat mich noch nie auf falschen Kurs gebracht. Vom Kurs abgekommen bin ich immer nur dann, wenn ich auf diese innere Stimme nicht gehört habe. Sei es, weil ich versäumt hatte, die initiativen Maßnahmen zu befolgen, über die wir gerade gesprochen haben, sei es, dass ich mein Gewissen einfach ignoriert hatte, weil ich in dem Moment nicht hören wollte, was es mir zu sagen hatte – und immer hat es damit geendet, dass ich die Konsequenzen einer schlechten Entscheidung zu spüren bekommen habe, die leicht zu vermeiden gewesen wären.«

»Es fällt mir schwer zu glauben, dass du so viele schlechte Entscheidungen getroffen haben solltest«, warf Alex ein.

»Oh, die dummen Entscheidungen, die ich in meinem Leben getroffen habe, sind ja gerade der Grund dafür, dass ich dir diese ganzen Erkenntnisse mitteilen kann. In sämtliche dieser Fallen bin ich irgendwann auch selber einmal gegangen. Ich habe sie ja deshalb so lebhaft und eindringlich vor Augen, weil ich selbst erlebt habe, wie viel Leid und Qualen sie verursachen können«, bekannte sie.

Victoria wurde vom Klingeln an der Tür unterbrochen – ihr Essen kam.

Perfektionismus

Bei Salat und Schweinerippchen setzten Victoria und Alex ihr Gespräch fort.

Das Reden übernahm vor allem Victoria. »Perfektionismus ist der dritte Grund, aus dem die Menschen Veränderungen hinauszögern und meiden, und er ist eine Verhinderungsphilosophie, der Millionen von Menschen anhängen«, erläuterte sie Alex. »Schädlich ist sie vor allem deswegen, weil sie in direktem Konflikt mit der Art und Weise steht, wie wir lernen – nämlich durch Versuch und Experiment oder durch Hinfallen und Wiederaufstehen, so wie es etwa Kleinkinder machen, wenn sie zu laufen lernen. So wachsen und entwickeln wir uns im Leben. Perfektionismus aber verzeiht keine Fehler, sieht Versuch und Irrtum nicht vor.

Ich habe oft in meinem Leben unter gewohnheitsmäßigem Perfektionismus gelitten«, eröffnete sie Alex mit gesenktem Blick. »Das war tief in meiner Psyche verwurzelt und machte einen großen Teil meiner Erziehung aus. Mein Vater war genauso – er war sehr streng zu sich selbst und für ihn war es völlig inakzeptabel, Fehler zu machen oder unzureichende Leistungen abzuliefern. Ich habe deshalb auch darauf verzichtet, neue Sachen zu lernen, zum Beispiel Klavierspielen oder eine neue Sprache. Es heißt ja, Übung ist der beste Lehrmeister. Perfektionisten aber gestatten sich oft das Üben gar nicht, sondern erwarten, von Anfang an perfekt zu sein.

Du musst Perfektionismus einmal objektiv betrachten: Was wäre denn, wenn wir es als Kleinkinder aufgeben würden, laufen zu lernen, oder nur Wörter benutzten, die wir perfekt aussprechen können? Das hört sich jetzt vielleicht dumm an, aber was ich meine ist Folgendes: Perfektionismus ist ein erworbener Charakterzug, keine natürliche Eigenschaft der menschlichen Entwicklung, zumindest nicht so lange, bis wir in einem bestimmten Alter dafür anfällig werden. Wenn wir geborene Perfektionisten wären, würden wir nie irgendeine Sportart treiben, nie ein Instrument spielen und mit Sicherheit keine neue Sprache lernen. Jobs und Ämter würden wir nur dann antreten, wenn der Erfolg garantiert wäre.

Siehst du, es ist doch völlig unrealistisch zu erwarten, man könnte irgendetwas Bedeutsames erreichen, ohne vor dem Erfolg etliche Fehlschläge zu erleben. Aber genau diese Art von sich selbst bestrafendem Verhalten erleben wir ständig bei Leuten, die sich weigern, ein Verhalten oder eine Gewohnheit zu ändern, einfach weil sie nicht schlecht aussehen wollen. Für einen Perfektionisten gibt es nichts Schlimmeres, als vor anderen schlecht dazustehen«, erklärte Victoria.

»Tja, da hast du eine Situation beschrieben, die ich sehr oft zu sehen bekomme. Für mich ist das zwar kein besonderes Problem, aber ich denke, dass Michael damit zu kämpfen hat.«

»So? Erzähl doch mal, wie sich in Michaels Leben Perfektionismus zeigt!«

»Ja, wie du weißt, kommt Michael ja sehr viel mehr nach Kim als nach mir«, sagte Alex.

»Und Gott sei Dank dafür«, meinte Victoria lächelnd. Alex versuchte die kleine Spitze zu überhören und fuhr fort:

»Michael ist sehr vorsichtig und konservativ. Er geht ungern Risiken ein. Und wenn er doch mal etwas Neues oder Unbekanntes ausprobieren will, dann sucht er davor immer erst ausgiebig den Rat von Leuten, die sich auf dem Gebiet hervorragend auskennen, damit er die Risiken noch weiter minimieren kann. Das klingt zwar nach einer hervorragenden Methode – also sich bei anderen das optimale Verfahren abzuschauen –, aber manchmal muss man eben auch handeln und hat nicht die Zeit, erst ein Feedback einzuholen. Und in solchen Momenten macht Michael zu und zieht sich in sein Schneckenhaus zurück. Es ist ihm schon peinlich, wenn er sich nur vorstellt, wie es wohl aussehen würde, wenn er scheitern sollte.«

»Klingt in der Tat, als hätte Michael eine ganze Reihe der klassischen Attribute eines Perfektionisten.«

»Was schlägst du denn vor, wie ich ihm da helfen könnte?«, erkundigte sich Alex.

»Vielleicht sollte er mal etwas versuchen, was er noch nie gemacht hat, und zwar etwas, wobei Rückschläge unvermeidlich sind. Hat er denn schon mal versucht, eine Sprache oder ein Instrument zu lernen?«

»Nein. Das hat er beides bisher immer mit Bedacht vermieden – wahrscheinlich genau aus besagtem Grund«, überlegte Alex.

»Ja, vielleicht könntest du ihn ja ermuntern, in dieser Richtung mal aktiv zu werden. Aber pass gut auf, dass es seine eigene Entscheidung bleibt. Denn es kann durchaus ein Furcht einflößendes Unterfangen sein, sich auf das unbekannte Terrain von Versuch und Irrtum zu begeben, denn das gehört dazu, wenn man eine neue Fähigkeit erwerben will.«

»Na ja, solange er sich nicht entschließt, Geige zu lernen – das Gequietsche könnte ich, glaube ich, nicht aushalten!«

Das konventionelle Vorgehen

»Ich denke, wir haben jetzt lange genug über die Gründe geredet, warum Menschen in der Veränderungsfalle landen«, sagte Victoria, »und besonders darüber, warum ein Hinauszögern unseren Wandel und unsere Entwicklung abwürgen kann. Lass uns nun mal einen Blick auf den Unterschied zwischen dem konventionellen Vorgehen und der bahnbrechenden Idee werfen, damit du unverzüglich die effektivere Methode anwenden kannst.

Meiner Erfahrung nach ändern sich die Leute erst, wenn ihr Leiden eine bestimmte Schwelle des gerade noch Erträglichen überschritten hat oder sie am Tiefpunkt angekommen sind. Das ist aber nicht das ideale Vorgehen, wenn wir ein Problem oder eine schlechte Angewohnheit loswerden wollen. Denn es bedeutet, dass wir Veränderungen aufgrund der *Kraft der Umstände* einleiten, nicht aufgrund der *Kraft unseres Gewissens.* In diesem Szenario haben die Menschen erst eine Menge Leid zu erfahren und durchzumachen, bevor sie eine Änderung zum Besseren vornehmen – sofern sie es überhaupt tun. Außerdem gibt es auch noch die Neigung, sofort wieder zu den alten Verhaltensmustern zurückzukehren, sobald auch nur die leiseste Besserung des Leidens erkennbar ist – oder sich auf reine Willenskraft zu verlassen, um Änderungen zu erzwingen. Und das ist keine nachhaltige, langfristige Lösung.«

Die bahnbrechende Idee

»Alex, die bahnbrechende Idee führt zu einem grundlegend anderen Vorgehen. Danach nehmen wir in unserem Leben Veränderungen vor, wenn unser Gewissen uns die entsprechende Erkenntnis vermittelt. Die Kraft des Gewissens motiviert uns, die Kraft der Umstände nicht.

Unser Gewissen ist wie ein inneres Navi. Es hilft uns zu erkennen, wo wir uns gerade befinden, wohin wir unterwegs sind und auf welchem Weg wir am besten dorthin gelangen. Es kann uns sogar vor Hindernissen auf dem Weg warnen und uns zeigen, wie wir sie umgehen können. Wenn wir die Initiative ergreifen und uns hier und jetzt ändern, vermeiden wir die negativen Folgen, die verpasste Gelegenheiten und außer Kontrolle geratene schlechte Angewohnheiten nach sich ziehen.

Sieh es mal so: Sollte man damit warten, auf seine Cholesterinwerte zu achten, bis man einen Herzanfall hatte und in einer Operation drei Bypässe gelegt werden mussten? Oder sollte man auf gesunde Ernährung und Bewegung achten, um so etwas von vornherein zu vermeiden? Die richtige Antwort erscheint in diesem Beispiel völlig offensichtlich, aber wie viele von uns leiten denn wirklich die notwendigen Schritte zu einer Veränderung ein, bevor wir es müssen?

Das Vertrauen aufs eigene Gewissen erfordert ein Umdenken, denn dann nimmst du die Änderungen in deinem Leben schon vor, ehe unübersehbar klar ist, dass sie erforderlich sind. Wir haben im Leben zwei Möglichkeiten: Entweder wir nehmen Einfluss auf die Dinge, oder wir lassen die Dinge Einfluss auf uns nehmen. Wenn wir Veränderungen hinauszögern, von denen wir wissen, dass sie erforderlich sind, sagen wir im Grunde: *Leben, nimm Einfluss auf mich.* Wenn wir aber umgekehrt Einfluss auf die Veränderungen nehmen, zu denen wir uns aufgerufen fühlen (durch unser Gewissen) oder zu denen wir uns gezwungen sehen (durch die Umstände), dann sagen wir im Grunde: *Leben, ich nehme Einfluss auf dich.* Also, wollen wir Einfluss nehmen oder beeinflusst werden? Es ist unsere eigene Entscheidung.«

Alex und Victoria saßen eine Weile ruhig da und dachten über die Konsequenzen nach. Alex schaute sich seine Notizen an.

4. Die Veränderungsfalle

Warum?

1. *Veränderungen sind schwierig. Sie können mühsam und unbequem sein.*
2. *Wir sind versucht, Veränderungen so lange wie möglich aufzuschieben.*

3. *Wenn wir Perfektionisten sind, leben wir nach dem Mantra: »Wenn es nicht perfekt werden kann, dann brauche ich es gar nicht erst zu probieren.«*

Konventionelles Vorgehen

1. *Änderungen erst vornehmen, wenn einen die Umstände dazu zwingen.*
2. *Änderungen so lange aufschieben, bis der Tiefpunkt erreicht ist.*
3. *Sich auf die Willenskraft verlassen, um Änderungen aufrechtzuerhalten.*

Die bahnbrechende Idee

Änderungen entschlossen vornehmen, wenn das Gewissen es diktiert, nicht erst dann, wenn die Umstände es erzwingen.

»Sieht ganz so aus, als läge da wieder ein gutes Stück Arbeit vor mir, Victoria«, erklärte Alex. »Ein Perfektionist bin ich zwar vielleicht nicht, aber mit Sicherheit schiebe ich unbequeme Sachen so lange wie möglich auf. Bin gespannt, was mein Gewissen dazu sagen wird, nachdem du uns jetzt ja miteinander bekannt gemacht hast. Ich sehe schon, dass wir uns in der nächsten Zeit noch besser werden kennenlernen müssen, wenn ich jemals Ordnung in mein Chaos von Leben bringen will«, sagte Alex kopfschüttelnd. »Wie viele Fallen gibt es denn übrigens außerdem noch?«

»Lass uns nichts überstürzen, Alex. Eine Falle pro Gespräch ist genug.«

Sie beschlossen, sich in zwei Tagen, kurz vor Victorias Rückflug nach Hawaii, noch ein weiteres Mal zu treffen. Vor dem Gehen dankte Alex Victoria noch für das leckere Essen.

* * *

Alex fuhr nach Hause, ein wenig eingeschüchtert zwar, aber doch mit neuer Entschlossenheit. Er streichelte das weiche Lederlenkrad des Cabrios, als wäre es ein Kätzchen. Ihm war klar, dass es an der Zeit war, das ständige Hinauszögern zu beenden und sich auf positive Veränderungen zu konzentrieren. Er wusste, was er zu tun hatte – er musste diesen extravaganten Sportwagen wieder zurückgeben. Genau dieser Kauf hatte schließlich die ganze Kettenreaktion erst in Gang gesetzt, die letztlich zu Kims abruptem Weggang geführt hatte. Er liebte es zwar, diesen Wagen zu fahren, konnte es aber nicht rechtfertigen, ihn weiter zu behalten. Er war wild entschlossen, seine Schulden loszuwerden, und wenn er die Raten für dieses Auto eliminieren konnte, würde ihn das diesem Ziel schon ein erhebliches Stück näherbringen.

Er beschloss, das Auto am arbeitsfreien Samstag wieder zum Händler zurückzubringen. Ihm graute davor, dem Verkäufer und dem Manager gegenüberzutreten, die ihm den Wagen verkauft hatten. Was sollte er ihnen bloß sagen? Wie sollte er das erklären? Er wollte gar nicht daran denken. Er würde einfach handeln müssen.

Der Samstagmorgen kam, und Alex fuhr sein geliebtes Cabrio zum letzten Mal, auf dem Weg zum Autohändler. Dieselben Männer, die ihn vor nur sechs Monaten wie einen König behandelt hatten, nahmen ihn nun kaum zur Kenntnis. Sie waren eindeutig enttäuscht und wollten Alex bewegen, seine Meinung noch zu ändern – aber er blieb entschlossen.

Nachdem sie zwei Stunden um den Rückkaufpreis gerungen hatten, war die Sache ausgestanden und das Auto gehörte Alex offiziell nicht mehr. Er hatte eine Wertminderung um 15 Prozent in Kauf nehmen müssen, obwohl das Auto gerade erst sechs Monate alt war. Trotzdem fühlte Alex sich erleichtert, wenn auch ein bisschen traumatisiert von dem ganzen Vorgang. Er verließ den Händler mit genügend Geld, um seinen Autokredit zurückzuzahlen, die Anzahlung war allerdings verloren.

Am nächsten Tag studierte Alex auf der Suche nach seinem nächsten fahrbaren Untersatz die Kleinanzeigen. Nach langem Suchen traf er seine Entscheidung und bezahlte den Händler in bar. Nun war er stolzer Besitzer eines beigefarbenen alten Fahrzeugs der Kompaktklasse, komplett mit abgeblätterter Farbe, rostigen Türgriffen und keuchendem Motor. Wenn er aufs Gaspedal drückte, hörte er nun nicht mehr das gewohnte kraftvolle Schnurren, sondern eher so etwas wie ein Zischen. Er drehte das Radio auf, um dieses mitleiderregende Geräusch zu übertönen.

Hatte er jetzt ernsthaft sein Luxuscabrio gegen dieses jämmerliche Gefährt eingetauscht? Alex' Ego fühlte sich arg geschunden, aber ohne Zweifel war ihm auch eine große Last von den Schultern genommen. Sein Gewissen fühlte sich zum ersten Mal seit Langem wieder befreit an. Irgendwie wusste er, dass es das Opfer wert gewesen war.

Was würde Chaz wohl dazu sagen? Überraschenderweise stellte Alex fest, dass ihm völlig egal war, was Chaz denken würde. Und was würden die Kinder sagen? Womöglich wären die sogar beeindruckt. Er hatte schließlich konsequent durchgezogen, was er als notwendig erkannt hatte. Und darauf war er ziemlich stolz. Und was würde Kim denken? Seine Gedanken schweiften ab, weil er erkannte, wie sehr ihm ihre Mitwirkung und ihre Gesellschaft fehlte.

Alex fuhr mit seiner neuen alten Möhre in die Einfahrt und sah, wie Laura ihn durchs Fenster überrascht anschaute.

»Ähmm ... was ist denn mit dem Cabrio? Musste das in die Werkstatt?«, erkundigte sich Laura.

»Oh, das, nein, also das habe ich gestern wieder zum Händler zurückgebracht«, erwiderte Alex, der die Verlegenheit seiner Tochter spürte, und grinste dazu.

»Aber – ich habe meinen Freundinnen gesagt, wir könnten das Auto haben, wenn wir heute Abend ausgehen. Was mache ich denn jetzt?«

»Du kannst ja den neuen Wagen nehmen, wenn du möchtest«, sagte Alex und ließ die Schlüssel vor ihrer Nase klimpern.

»Echt jetzt, Papa, das soll wohl ein Witz sein! Warum hast du das denn gemacht? Jetzt hast du mir alles verdorben!«, jammerte Laura.

»Tut mir leid, Laura. Ich wusste aber auch gar nicht, dass du den Wagen mit deinen Freundinnen eingeplant hattest«, entgegnete Alex.

»Wie sollte ich denn wissen, dass du den Wagen aus heiterem Himmel zurückgeben würdest?«, fragte Laura zurück.

»Konntest du ja auch nicht. Aber ich hatte, ehrlich gesagt, schon eine ganze Weile überlegt, den Wagen wieder abzugeben«, räumte Alex ein.

»Hat das damit zu tun, dass wir so pleite sind?«, stieß Laura verärgert hervor.

»Ja! Und damit, wie ärgerlich Mama über den Autokauf war. Mein Gewissen hat mir einfach keine Ruhe mehr gelassen. Ich musste das machen. Das war im Moment einfach das Richtige«, erklärte Alex. »Außerdem möchte ich auch endlich etwas Geld für deine Unizeit beiseitelegen.«

»Echt?« Darauf war Laura nicht gefasst gewesen. »Ich hätte nicht gedacht, dass dich das überhaupt interessiert.«

»Natürlich interessiert mich das. Sehr sogar. Und ich lege doch lieber Geld für dein Studium beiseite, als Kreditraten für ein Luxusauto zu bezahlen, so gern ich diesen schönen Wagen auch immer gefahren habe«, erklärte ihr Alex.

»Ich dachte, meine Collegepläne hätten sich erledigt angesichts all der Ereignisse, die bei uns in letzter Zeit passiert sind«, sagte Laura.

»Gar nicht wahr. Wir haben uns nur noch nie die Zeit genommen, mal darüber zu reden«, entgegnete Alex. »Sollen wir uns vielleicht jetzt mal ein paar Minuten darüber unterhalten?«

»Gern. Es sei denn, du möchtest erst ein paar Runden mit deinem neuen Teil da drehen«, zog Laura ihn auf.

Am Ende redeten Alex und Laura dann eine ganze Stunde miteinander und diskutierten Lauras Collegepläne und Träume. Sie war hin- und hergerissen angesichts der Frage, ob sie direkt nach der Schule an die Uni wechseln oder sich lieber erst ein Jahr umsehen, arbeiten und reisen sollte, statt sich gleich kopfüber in dieses große Vorhaben zu stürzen. Beide Optionen hatten in ihren Augen gewisse Vorzüge und sie war sich nicht sicher, was sie tun sollte. Alex hörte ihr zu und riet ihr, so gut er konnte.

Letztlich entschied sich Laura, zunächst ein Jahr Pause zu machen, bevor sie an die Uni ging, den Studienzulassungstest aber noch vor dem Schulabschluss anzugehen und abzulegen, solange sie noch im akademischen Modus war. Alex lobte sie für ihre Entscheidung und bot ihr seine Unterstützung an.

Laura teilte Alex auch ihre Sorge mit, dass sie womöglich nicht das Zeug dazu haben könnte, an der Uni zu bestehen. Sie gab zu, dass es ihr schwerfalle, ihre Disziplinlosigkeiten abzulegen (Schule schwänzen, Lernfaulheit), aber das veränderte Verhalten ihres Vaters in jüngster Zeit sie da sehr inspiriere. Wenn er den Mut aufgebracht habe, von seinem Cabrio zu einem sparsameren Auto zu wechseln, könne sie ja vielleicht auch die notwendigen Änderungen in ihrem eigenen Leben zuwege bringen.

Die Haustür knallte. Michael kam vom Fußballtraining heim und schleuderte beim Hereinkommen seine Sporttasche in die Ecke. »He Papa, was ist denn das für eine beigefarbene Karre da in der Einfahrt? Und wo ist dein Cabrio?«

»Das glaubst du nie«, erwiderte Alex lächelnd.

Später am Abend hörte Alex, wie Michael mit seiner Mutter telefonierte. Er nahm an, dass Michael Kim wohl das letzte Kapitel im Wandlungsprozess seines Vaters erzählte. Er fragte sich, ob das für Kim vielleicht etwas ändern würde und womöglich irgendwie zu einer Versöhnung beitragen könnte. Er konnte es nur hoffen.

Auch im Büro hielt Alex' Schwung an. Er beschloss, dass er eine Reihe von Dingen künftig anders angehen wollte, damit er der Aufmerksamkeitsfalle entging. Das Erste war, dass er seine

Terminplanung nicht mehr so offen gestalten wollte. Bisher hatte jeder nach Belieben zu einem Treffen mit ihm vorbeikommen können. Ab jetzt würde jeder, der ein Treffen mit ihm wünschte, zuvor einen Termin mit Alex' Assistenten ausmachen müssen, und der jeweilige Gesprächswunsch müsste auch klar und eindeutig sein – Gespräche mit offenem Ausgang sollte es nicht mehr geben. Auch dem spontanen Vorbeischauen von Chaz und anderen Kollegen sollte ein Riegel vorgeschoben werden, denn diese Besuche begannen zwar oft ganz harmlos, arteten dann aber schnell in stundenlanges unproduktives Gelaber aus.

Als zweite Änderung sah Alex in seinem Kalender jetzt Zeit zum Planen und Nachdenken vor. Das war etwas ganz Neues! So etwas hatte er bisher immer gemieden. Aber das war jetzt vorbei. Nachdem er nun begonnen hatte, die Herrschaft über seine eigene Zeit zu erobern, stellte er zu seiner Verblüffung fest, wie viel Freiraum in seinem Terminplan enthalten war.

Die dritte Änderung, die Alex umzusetzen plante, war, Nein zu allen Konferenzen zu sagen, die nicht wesentlich waren. In den letzten sechs Monaten hatte er von den 50 Stunden, die er wöchentlich im Büro verbrachte, jeweils nur etwa 10 unverplante Stunden zur Verfügung gehabt. Planmäßige Konferenzen hatten jede Woche 40 Stunden in Anspruch genommen! An der Hälfte der Konferenzen waren Kollegen beteiligt, die direkt auf seiner Ebene arbeiteten, die andere Hälfte bestand aus Präsentationen, die seine direkten Mitarbeiter hielten. Sein Ziel war, diese Konferenzen im Verlauf des kommenden Jahres um die Hälfte auf 20 Stunden und im darauf folgenden Jahr noch einmal weiter auf 10 Stunden pro Woche zurückzuführen. Alex war sich zwar bewusst, dass das eine schwierige Änderung werden würde und dass auch sein Chef zustimmen musste, aber er war entschlossen, das Ganze umzusetzen, um seine Produktivität zu steigern.

Zwei Dinge überraschten ihn, als er mit diesen Änderungen im Büro begann: Erstens die Menge von »dünnen Dingen«, mit denen er bisher befasst gewesen war, und zweitens der Widerstand, den einige Kollegen seinen gewünschten Änderungen entgegensetzten.

Alex dachte gerade darüber nach, wie er den Plan seinem Chef verkaufen konnte, als er eine Textnachricht von Kim erhielt. Ihm wäre beinahe das Handy aus der Hand gefallen, so begierig war er darauf, sie zu öffnen und zu lesen. Die Nachricht bestand nur aus einem Foto seines neuen Gebrauchten, das wahrscheinlich Michael ihr geschickt hatte, und einem Fragezeichen darunter. Es war aber das erste Mal seit jenem katastrophalen Tag im April, als Kim ihn verlassen hatte, dass sie sich wegen etwas anderem als Fragen zu den Kindern an ihn wandte. Alex fühlte sich versucht, zu einer ausführlichen Erklärung als Antwort anzusetzen, aber eine Textnachricht war einfach nicht das richtige Medium für ein so grundlegendes Gespräch. Er sandte also als Antwort einfach nur ein Ausrufezeichen. Wenige Augenblicke später kam von ihr ein Smiley zurück.

Alex lehnte sich zurück und atmete einmal tief durch. Das war nun doch eine eindeutige Verbesserung gegenüber der undurchdringlichen Wand, die Kim seit ihrem Weggang um sich herum errichtet hatte. Es versetzte ihm immer noch einen Stich, wenn er an das Wochenende im Mai zurückdachte, als Kim angereist war, um die Kinder zu sehen, sich aber geweigert hatte, mit ihm zu sprechen. Ihre gesamte Kommunikation war bisher über die Kinder gelaufen, zumeist über Michael. Er begann zu hoffen, dass diese Geste nun die Tür zu weiterer Kommunikation geöffnet haben könnte und vielleicht auch eine Überbrückung des tiefen Grabens einleitete, der sich seit wer weiß wie langer Zeit zwischen ihnen gebildet hatte.

Seine Gedanken kehrten wieder zur Arbeit zurück. Er hatte festgestellt, dass seine direkten Mitarbeiter von seinem Bemühen, die Zahl der Konferenzen zu senken, nicht im Geringsten enttäuscht waren – im Gegenteil, sie wirkten sogar froh und dankbar. Er fertigte sich ein Schild für seinen Schreibtisch an, auf dem Parkinsons Gesetz zu lesen stand: »Arbeit dehnt sich in genau dem Maß aus, wie Zeit für Ihre Erledigung zur Verfügung steht.« Er begann, die Wahrheit dieser Beobachtung zu erkennen. Er verhandelte mit der Organisatorin einer Konferenz, zu der er Beiträge leistete, mit dem Ziel, seine bisherige wöchentliche Teilnahme auf zweimal pro Monat zu reduzieren. Sie war zwar nicht glücklich darüber, erklärte sich aber bereit, alle Alex betreffenden Themen auf die Termine zu verschieben, an denen er teilnahm.

Auf den größten Widerstand stieß die Änderung, dass er sein Zeitbudget nicht mehr für alles und jeden zur Verfügung stellen wollte. Die Anfragen, die bei Alex' Assistenten eingingen, würden immer noch über 20 Stunden seiner Arbeitszeit pro Woche ausmachen. Er ließ jetzt aber nur noch fünf Stunden pro Woche zu – eine Verringerung um 75 Prozent. In der Hälfte der Fälle, so schien es, ging es ohnehin um Probleme, die von Rechts wegen andere betrafen. Alex war gut darin, Dinge erledigt zu bekommen und Aufgaben zu delegieren, und das schien auch Leute anzuziehen, die gern wollten, dass er auch *ihre* Projekte erledigte. Ohne Alex' Hilfe mussten sie nun andere finden, die ihre Probleme lösten, oder sie mussten sie selber lösen. Ringsumher wuchs das Ungemach.

Zu den Leuten, die ihre Unzufriedenheit über die Änderungen in Alex' Terminplanung am lautesten zum Ausdruck brachten, gehörte interessanterweise Chaz. Alex schätzte, dass Chaz und sein Team bisher um die zehn Stunden seiner wöchentlichen Arbeitszeit mit Beschlag belegt hatten. Da Chaz' Team nicht direkt seinem Aufgabenbereich zugeordnet war, hatte er diese Zeiten komplett gestrichen. Es dauerte nicht lange, da stellte Chaz ihn zur Rede.

»Was gibt's?«, fragte Alex unschuldig, als Chaz in sein Büro gestürmt kam.

»Wir müssen reden!«, dröhnte Chaz.

Alex war heute relativ früh zur Arbeit gekommen und hatte seinen Wagen auf der Rückseite des Gebäudes geparkt, damit Chaz nicht sah, dass er das Cabrio verkauft hatte. Er war noch nicht ganz so weit, dass er ihm das sagen konnte. Außerdem hatte er aus trauriger Erfahrung gelernt, dass ein Essengehen mit Chaz unweigerlich bedeutete, dass er die Rechnung am Ende selbst übernehmen musste.

»Ich weiß nicht, ob das für mich heute ein günstiger Tag für ein Treffen ist. Tut mir leid, Chaz.«

Ein verletzter Ausdruck erschien auf Chaz' Gesicht. »Was ist los mit dir, Kumpel? Mein Team und ich kriegen ja überhaupt keine Termine mehr bei dir. Du hattest doch bisher immer meine Unterstützung. Ich dachte, ich könnte mich auf dich verlassen!«

Alex begann zu erkennen, wie einseitig ihre Beziehung immer gewesen war. »Ich habe alle Konferenzen mit dir und deinen direkten Mitarbeitern gestrichen«, erklärte Alex bestimmt.

»Aber warum? Wir haben doch immer so wunderbare Ergebnisse erzielt, wenn wir uns alle getroffen haben!«

»Auf diesen Treffen haben wir immer die Probleme *deines* Teams gelöst, Chaz, und ich möchte dich nicht um die wichtige Chance bringen, deine eigenen Leute anzuleiten.«

»Aber du hast so eine frische Herangehensweise, Alex. Wir brauchen dich einfach. Ich brauche dich. Jetzt kommen mit ihren Fragen alle zu mir« klagte Chaz.

»Und du bist dafür auch genau der Richtige, Chaz! Genauer gesagt ist das sogar dein Job«, ermunterte ihn Alex lächelnd.

»Eh Mann, und ich dachte immer, du wärst mein Freund«, brummelte Chaz kopfschüttelnd und wirkte wie betäubt, als er wieder hinausging.

Wäre Chaz ehrlich zu sich selbst gewesen, hätte er Alex die vorgenommenen Änderungen nicht verübeln können. Was Chaz am meisten wurmte war, dass nun er gefordert war. Alex, sein liebster Problemlöser, zu dem er immer hatte kommen können, stand ihm nun nicht mehr zur Verfügung. Er würde die Lasten nun selber schultern müssen. Keine Trittbrettfahrten mehr. Auf dem Weg zurück in sein Büro versetzte Chaz dem Abfalleimer einen Tritt, dass der den Gang entlangkullerte.

Alex lächelte vor sich hin, als Chaz außer Sicht war. Er fühlte sich, als habe er einen persönlichen Sieg errungen – er hatte sich von Arbeitsprogrammen anderer befreit, die er in der Vergangenheit immer bereitwillig geschultert hatte. Natürlich war er weiter bereit, Freunden in Not zu helfen, aber er würde sich nicht mehr derart ausnutzen lassen, wie er es bisher unwissentlich getan hatte. Chaz war nicht der Einzige, der über diese Änderungen unglücklich war, aber Alex selbst war höchst zufrieden!

In der Vergangenheit hatte Alex das Problemlösen für seine Kollegen immer damit gerechtfertigt, dass sein Job ja darauf ausgerichtet war, das Arbeitsprogramm seines Chefs umzusetzen. Aber jetzt hatte Alex erkannt, dass er damit auch jene Koabhängigkeit gefördert hatte, die ihn einen Großteil seines Arbeitslebens begleitet hatte.

Auch Alex' Bemühungen, mehr Zeit aufs Planen zu verwenden, erwiesen sich als äußerst fruchtbar. Er begann, *am* Unternehmen zu arbeiten statt nur *im* Unternehmen. Er fand neue Möglichkeiten, Einnahmen zu erzielen, und erkannte Fehler, mit denen sein Team immer wieder Zeit und Geld verschwendet hatte. Er strich Verkaufsaktivitäten, die nur minimalen Erfolg brachten, die aber als Teil der Firmentradition die Zeiten überdauert hatten. Er stellte fest, dass er stattdessen offen für frische Ideen und neue Denkweisen war.

Alex erinnerte sich an die mächtigen Wellen auf Hawaii, die ihn umgeworfen und mit ihrer Naturgewalt mühelos unter Wasser gedrückt und zu ertränken gedroht hatten. Ganz ähnlich betrachtete er jetzt seinen bisherigen ständigen Krisenmanagement-Modus, in dem er immer nur versucht hatte, angesichts all der über ihn hereinbrechenden neuen Probleme den Kopf über Wasser zu halten, und aus dem er jetzt endlich aufzutauchen begann. Er fühlte sich nun obenauf. Er konnte im An- und Abschwellen der zu erledigenden Arbeit jetzt mit klarer Sicht und mit dem Gefühl navigieren, alles unter Kontrolle zu haben. Das Gefühl der Panik, das in seinem Arbeitsleben bis vor Kurzem sein ständiger Begleiter gewesen war, wich nun einem neuen Gefühl der Zielgerichtetheit.

Alex stellte auch fest, dass er sich wie ein objektiver Beobachter vom Betrieb lösen und quasi daneben stehen konnte, wenn er Erkenntnisse und Eindrücke sammelte, die hilfreich für die nächste Strategie sein konnten, die er umsetzen wollte. Zuvor hatte er immer nur die Strategien anderer umgesetzt. Jetzt verspürte er die Macht, dass er – in Absprache mit dem Chef – dem Unternehmen seinen eigenen Stempel aufdrücken konnte. In der Vergangenheit hatte Alex Managementkompetenz gezeigt, aber keine visionären Führungsqualitäten. Jetzt stellte er beides unter Beweis.

Zu den Dingen, mit denen Alex aber immer noch zu kämpfen hatte, war zu lernen, wie er Nein sagen konnte, ohne sofort Schuldgefühle zu bekommen. Er war zwar begeistert von den Ergebnissen, die seine neuen Vorgehensweisen brachten, aber manchmal fiel er doch noch in den alten Modus zurück, dass er sich bei anderen beliebt machen wollte. Er erkannte, dass der Wunsch, sich bei anderen beliebt zu machen, eine Art Falle für sich sein konnte. Sicher, da waren zwar der kurzfristige Lohn in Form von Dank und Lob sowie das schöne Gefühl, sich beim Chef bzw. demjenigen, der den Wunsch geäußert hatte, beliebt gemacht zu haben; aber wenn er sich zu viel aufhalste und in alle Richtungen ziehen ließ, dann forderte das als langfristige Konsequenz den Tribut, dass er nicht mehr alles schaffen konnte, was er sich selber vorgenommen hatte. Für seine neue Lebensweise gab es also definitiv eine Lernkurve, aber er war guten Mutes, dass er den richtigen Weg eingeschlagen hatte.

Alex erkannte, dass er nicht weiter und nicht schneller laufen konnte, als seine Kräfte es zuließen. Er konnte nicht alles schaffen – und das war auch gut so. Das war eine schwierige, aber auch enorm befreiende Lektion. Er begann auch, seine Prioritäten unter die Lupe zu nehmen – also das, was ihm am wichtigsten war. Viele der Aktivitäten, die in der Vergangenheit seine Zeit und Aufmerksamkeit in Anspruch genommen hatten, erschienen ihm jetzt weit weniger bedeutsam. Wenn er zum Beispiel mit seinen Freunden am Samstag zwei Runden Golf spielen ging, brachte ihm das zwar Spaß und Entspannung, aber es belegte auch seinen ganzen Tag mit Beschlag. Hatte er eine entsprechende Menge Zeit auch für Frau und Kinder reserviert? Er nahm an, wenn er das getan hätte, wäre Kim jetzt an seiner Seite statt weit weg und von ihm entfremdet.

Wegen seiner Golfausflüge hatte er auch viele von Michaels Fußballspielen verpasst. Er schwor sich, dass er künftig dabei sein würde. Außerdem wurde Alex klar, dass seine Freunde Schmarotzer waren. Wenn er zum Beispiel vorschlug, dass sie auch einmal auf einem anderen Platz spielen könnten als auf dem seines eigenen Country Clubs – wo er am Ende unweigerlich alle Kosten zu übernehmen hatte –, dann hatte das Golfspielen für sie auf einmal eine viel niedrigere Priorität. Da stand nie jemand auf und erklärte seine Bereitschaft, Gastgeberrolle und Kosten zu übernehmen, nicht ein einziges Mal. Das war schon sehr aufschlussreich, um es ganz vorsichtig auszudrücken.

Beim Blick auf seine bisherigen Gewohnheiten fiel Alex auch auf, wie besessen er immer Sportereignisse im Fernsehen verfolgt hatte. Wahrscheinlich hatte er pro Woche 20 Stunden Sport geschaut: Sonntagabends Fußball, montagabends Fußball, donnerstag- und freitagabends College-Fußball, samstags Fußball (sofern er nicht zum Golfen war) und natürlich sonntags Fußball. Und sobald die Fußballspiele vorbei waren, trat Basketball an ihre Stelle und danach noch Hockey oder Baseball. Das war zwar alles sehr unterhaltsam, aber war es auch wirklich nötig und wichtig, das ganze Jahr über jede Woche so viel fernzusehen?

Da Alex gerade in so nachdenklicher Stimmung war, fiel ihm auch noch die Frage ein, warum es wohl so lange gedauert hatte, bis er all diese Änderungen in seinem Leben in Angriff nahm. Dass Kim weggezogen war, hatte seinem Ego einen gewaltigen Schlag versetzt, aber warum hatte er es so lange hinausgezögert, sich mit dem Offensichtlichen zu befassen? Und warum hatte es der Beobachtungen einer alten Freundin bedurft, damit er dafür einen Blick bekam, wenn doch seine Frau die ganze Zeit dasselbe gesagt hatte? *Ich nehme an, es kommt einfach immer auf den richtigen Zeitpunkt an,* seufzte er. Er war einfach noch nicht dazu bereit gewesen, der Wahrheit ins Auge zu sehen, die ihn die ganze Zeit angestarrt hatte. Immerhin war er wenigstens jetzt in der richtigen Richtung unterwegs.

5. Die Lernfalle

Zwei Tage vergingen, und Alex fand sich erneut auf Victorias Hotelbalkon wieder und studierte die Room-Service-Karte. Er beschloss, es diesmal bei einem Cäsar-Salat zu belassen. Ein leichtes Essen könnte vielleicht ein Gegengewicht zu dem potenziell schweren Gesprächsthema darstellen, das ihnen bevorstand. Er war sicher, dass Victoria jetzt die übrigen Fallen erläutern würde, in die er gegangen war, und verspürte durchaus eine gewisse Vorfreude.

»Alex, von allen Fallen, die ich mit dir besprechen wollte, finde ich die heutige am spannendsten«, sagte Victoria.

»Oha, da werde ich ja gleich nervös.«

»Ruhe bitte, mein junger Lehrling«, gab Victoria zurück. »Die fünfte Falle nenne ich die Lernfalle, und das große Thema sind hier: Fehler – warum wir da alles falsch machen.«

»Okay, du hast mich gepackt. Ich bin neugierig«, erwiderte Alex und zog die Kappe von seinem Stift, damit er sich Notizen machen konnte.

»Nach meiner Beobachtung und Erfahrung gibt es mehrere Gründe, warum wir in die Lernfalle geraten.« Victoria atmete tief durch. »Zunächst einmal ist es viel leichter, wenn wir unsere Fehler verbergen, als wenn wir uns dafür rechtfertigen müssen. Dann betrachten wir unsere Fehler leicht als Charaktermängel oder Defizite, statt sie als Teil eines Lernprozesses zu begreifen. Und schließlich haben wir uns ein Bild von unserer Persönlichkeit, ein Image, aufgebaut, das wir gern bewahren möchten, und dieses Image könnte ja beschädigt oder beeinträchtigt werden, wenn andere Leute unsere Fehler sehen – wir tun daher alles, was in unserer Macht steht, um unser Image makellos zu erhalten. Wir sollten aber nicht vergessen, dass Fehler ein wesentlicher Bestandteil unserer Lebensreise sind.«

Fehler vertuschen oder beschönigen

»Wenn wir einen Fehler gemacht haben, dann besteht unsere instinktive Reaktion darin, ihn verbergen zu wollen. Lass uns dieses Phänomen einmal genauer betrachten«, fuhr Victoria fort.

»Ich bitte darum«, sagte Alex.

»Wenn ich einen Fehler vor den anderen verbergen kann, dann gelingt es mir, ein bestimmtes Image zu wahren. Das Problem bei dieser Vorgehensweise ist aber, dass ich so aus meinen Fehlern nichts lernen kann. Außerdem kostet es auch immer ziemlich viel Kraft, Fehler zu verbergen. Diese Mühe würde besser auf ein Nachdenken und Erkennen verwendet, das zu einer Kurskorrektur und Weiterentwicklung führen könnte.

Ich bin zwar kein großer Politikfan, aber ein äußerst lehrreiches Beispiel im Zusammenhang mit dieser Falle ist der Rücktritt von Präsident Richard Nixon Mitte der 1970er-Jahre. Bobby und du, ihr wart damals noch kleine Kinder.« Victoria machte eine Pause. Wenn sie Bobby erwähnte, musste sie immer lächeln.

»Der Grund, warum Nixon zurücktreten musste, war keineswegs der Einbruch in das Watergate-Hotel, das damalige Hauptquartier der Demokratischen Partei. Der Grund war vielmehr die *Vertuschung* rund um die Watergate-Vorgänge. Das ist doch interessant, oder? Statt seinen Fehler zuzugeben, mutete Nixon dem Land lieber ein zweijähriges Elend zu, bis schließlich die Beweise dafür ans Licht kamen, dass er die Wahrheit die ganze Zeit über vertuscht hatte. Der Watergate-Einbruch hätte ihm ja vielleicht noch verziehen werden können, hätte er direkt gestanden, als die Geschichte herauskam. Die ausgeklügelte, arrogante Vertuschung aber, die er anschließend initiiert hatte, die konnte ihm nicht mehr verziehen werden«, erläuterte sie.

»Entlarvend ist in diesem Zusammenhang auch, wenn man hört, wie er seine Entscheidungen als Präsident betrachtete. 1977 hatte David Frost Nixon in einem Interview einmal gefragt, ob er es in Ordnung fände, wenn er als Präsident etwas Illegales täte. Nixons

Antwort lautete: *Wenn der Präsident es tut, dann heißt das, dass es nicht illegal ist.* Nixon war also der Ansicht, dass er als Präsident über dem Gesetz stehe! In Nixons Sicht war an dem Einbruch nichts Verkehrtes, weil er ja der Präsident war, und somit war auch an der Vertuschung nichts Verkehrtes.

Manchmal verstecken wir unsere Fehler auch nicht, sondern beschönigen sie einfach«, ergänzte Victoria. »Beschönigen heißt umformulieren, argumentieren, rechtfertigen – und das ist genau, was Nixon getan hat.

Wenn wir beschönigen, dann schieben wir die Schuld lieber anderen zu, als persönliche Verantwortung und die Konsequenzen zu übernehmen. Solche Meister im Beschönigen mit ihrer glatt polierten, gewandten Rhetorik können wir in allen Arenen des Lebens beobachten – Politik, Justiz, Wirtschaft, akademische Welt, Religion und Gesellschaft als Ganzes.

Wenn es uns gelingt, die Schuld von uns auf andere abzuwälzen, ist es uns gelungen, unseren Nimbus der Fehlerfreiheit zu wahren. Die andere Möglichkeit besteht darin, den Fehler als Anomalie darzustellen, als einmaligen Ausrutscher, als ungewöhnliches Vorkommnis, das voraussichtlich nie wieder passieren wird. Auf diese Art rechtfertigen und argumentieren wir unsere Schuld weg oder reden unsere Rolle klein, damit wir in günstigerem Licht dastehen.«

Wir missverstehen Fehler als Charaktermängel

»Der zweite Grund, warum wir in die Lernfalle gehen, kommt zum Tragen, wenn wir unsere Fehler als Charaktermängel betrachten. Wenn wir immer wieder denselben Fehler machen, wird es schwierig, sich in einem anderen Licht zu sehen. Wir bekommen das Gefühl, unsere Fehler und insbesondere unsere wiederholten Fehler definierten uns. Sie scheinen zu determinieren, was wir sind – schlecht und unvollkommen. Das ist aber natürlich keine akkurate Art, uns zu definieren. Wir sind ja nicht einfach die Summe unserer früheren Entscheidungen – sondern mit den unbegrenzten vor uns liegenden Möglichkeiten können wir unendlich viel mehr erreichen. Die Vergangenheit, auch die allerjüngste Vergangenheit, ist dagegen einfach nur Geschichte.«

Alex nickte hoffnungsfroh in Richtung Victoria, ermutigt durch die Idee, dass er sich selbst eine neue Wirklichkeit erschaffen könne.

»Sei also nicht zu streng mit dir selbst, ja? Der Wandel, den du dir vorgenommen hast, ist eine große Herausforderung. Er ist besonders schwierig, weil uns die heutige Welt die Denkweise aufdrängt, wir würden durch unsere Fehler definiert. Meist sind wir dabei selbst unsere schärfsten Kritiker«, machte ihm Victoria Mut.

Wir wollen unser Image wahren

Victoria räusperte sich. »Der dritte Grund, warum uns unser Umgang mit Fehlern in die Lernfalle treten lässt, hat damit zu tun, dass wir unser Image nach außen hin wahren wollen – gegenüber Familie, Freunden, Arbeitskollegen, Nachbarn usw. Man könnte das auch als unser Bild in der Öffentlichkeit bezeichnen.

Es ist fast so, als ob ein Aufrechterhalten unseres positiven Selbstbilds fest in unserem Gehirn verdrahtet wäre. Ich denke, das ist auch der Grund, warum es eine so verbreitete instinktive Reaktion ist, Fehler zu beschönigen oder die Schuld auf andere zu schieben. Wenn wir unsere inneren Kämpfe nach außen hin zeigen oder, noch schlimmer, alle möglichen Fehler machen, dann befürchten wir, dass die anderen bald keine hohe Meinung mehr von uns haben.«

Victorias Worte ließen Alex an sein Arbeitsumfeld in den vergangenen Jahren zurückdenken. Wenn er als Verkaufsmanager mal einen schlechten Tag gehabt hatte, wollte er anschließend auch immer direkt aus dem Büro verschwinden, ohne mit jemandem interagieren zu müssen oder etwas zu erklären. Auch Kim wollte er sich dann nicht anvertrauen, wenn er nach Hause kam. Der tägliche Leistungsdruck war zwar eine Belastung, aber er hatte halt einfach der Unternehmenslinie zu folgen. Schließlich war er ja der Verkaufsmanager und sein Team schaute zu ihm auf. Da gab es keine Entschuldigungen.

Victoria fuhr fort: »Der soziale Druck, ein positives – oft unrealistisches – Selbstbild von sich zu zeichnen, ist hoch. Und wenn wir diesem idealen Standard dann nicht gerecht werden, verlieren wir den Glauben an uns selbst.

Heute sind wir mehr denn je auf der Suche nach Rollenvorbildern, die projizieren und porträtieren, was wir bei uns selbst vermissen. Wir schauen zu solchen Leuten als unser Ideal auf. Aber leider können nicht einmal unsere Rollenvorbilder sich auf dem Sockel halten, auf den wir sie zu heben versuchen.

Es bringt ein Risiko mit sich, unsere Fehler zuzugeben und zu ihnen zu stehen: Es macht uns gewöhnlich. Aber wir sehen uns doch alle gern als überdurchschnittlich, einzigartig, in irgendeiner Art besonders. Wenn wir dann gezwungen sind zuzugeben, dass wir das alles nicht mehr sind, dann kommen wir uns vor wie schlichter Durchschnitt, und so möchte sich niemand sehen. Wir tun alles, um nicht durchschnittlich zu wirken und uns so zu fühlen. Wenn du auch nur ein kleines bisschen bist wie ich, wirst du wissen, wovon ich rede …« Victoria verstummte einen Moment und schaute auf die Lichter der Stadt unter ihnen.

Konventionelles Vorgehen

»Wenn wir Fehler machen und zu kämpfen haben, um das Bild zu erreichen, das wir vor Augen haben, dann legt uns die konventionelle Vorgehensweise nahe, etwas anderes zu versuchen oder etwas zu tun, was uns eher Erfolg verspricht. ›Jeder hat ein Talent, mit dem er Großes erreichen kann – welches ist deines?‹ – Du verstehst, was ich meine?«, fragte Victoria.

»Voll und ganz«, antwortete Alex. »Ich erinnere mich zum Beispiel noch, dass Bobby in unserer Schulzeit ein Naturtalent im Skateboard-Fahren war. Da gab es nichts, was er nicht gekonnt hätte – und das auch noch fast sofort.« Victoria lächelte zustimmend. »Ich habe mich anfangs zwar sehr bemüht, auch Skateboard-Fahren zu lernen, aber mir fiel das nicht so leicht wie ihm, und daher habe ich dann irgendwann so getan, als interessierte mich das alles überhaupt nicht. Bobby lernte so schnell! Deshalb habe ich irgendwann beschlossen, stattdessen Basketball zu spielen. Ich frage mich, ob mir Bobby da je auf die Schliche gekommen ist«, erzählte Alex gedankenverloren.

Victoria zuckte mit den Achseln. »Das Problem bei der Lösung, einfach zu dem zu springen, was uns am leichtesten fällt, besteht darin, dass es den natürlichen Prozess von Entwicklung und Fortschritt hintertreibt. Wir nehmen an, begabte Menschen oder Genies, wie man sie auch nennen könnte, wären immun gegenüber diesem natürlichen Prozess. Sind sie aber nicht. Da müssen wir alle durch. Kennst du Malcolm Gladwells 10.000-Stunden-Regel?«

Alex entgegnete: »Ist das nicht die Idee, dass jeder alles erreichen könne, wenn er seinem Ziel nur 10.000 Stunden Zeit widme?«[9]

»Genau. Die beiden Beispiele, die mir in Gladwells Buch *Outliers* oder *Überflieger*, wie es auf Deutsch heißt, am besten gefallen haben, sind die aus dem Leben von Wolfgang Amadeus Mozart und der Beatles. In beiden Fällen nehmen die meisten Menschen ja an, dass diese Musiker eine natürliche Begabung gehabt hätten und nichts weiter hätten tun müssen, um ihr Talent zu entwickeln. Aber wenn man sich die Sache dann etwas genauer ansieht, entsteht ein ganz anderes Bild. Mozart zum Beispiel hat zwar schon mit sechs komponiert, aber seine großen Konzerte hat er erst viel später im Leben geschrieben. Er hatte einfach viel früher angefangen als die meisten und seine 10.000 Stunden schon mit 21 absolviert. Investiert hat er seine 10.000 Stunden aber trotzdem. Und was die Beatles angeht …«

»Ich mag die Beatles sehr«, warf Alex lächelnd ein.

»Wer täte das nicht? Rob und ich erinnern uns noch, wie sie mit ihrem Auftritt bei der *Ed Sullivan Show* im Februar 1964 auf die amerikanische Musikszene stürmten, und wir waren der Meinung, sie wären geborene Musikgenies. Aber ähnlich wie im Fall Mozart waren die Beatles bereits 1200 Mal live aufgetreten, bevor sie ihren großen Durchbruch hatten.[10] Die meisten Bands treten in ihrer ganzen Karriere nicht so häufig auf. Die Beatles haben diese ganze Übungszeit investiert, um so großen Erfolg zu haben; das war nicht nur eine angeborene Gabe.«

»Moment mal«, unterbrach Alex. »Willst du etwa behaupten, Mozart und die Beatles hätten ihren Erfolg einfach nur durch fleißiges Arbeiten erreicht? Die waren doch aber auch sehr talentiert!«

»Ja, das ist nicht ganz das, was ich sagen wollte, aber ich komme in einer Minute noch einmal darauf zurück, ist das okay?«, entgegnete Victoria.

»Na gut.« Alex zuckte mit den Schultern.

Die bahnbrechende Idee

»Alex, die bahnbrechende Idee in der Lernfalle besteht darin, dass wir auch den Prozess selbst berücksichtigen müssen, nicht nur die Ergebnisse. Die Bemühungen, die nötig sind, um ans Ziel zu kommen, sind genauso wichtig wie die Ergebnisse selbst. Die heutige Gesellschaft ist besessen von Endergebnissen und berücksichtigt nicht die Mühe, die es kostet, sie hervorzubringen, oder schätzt sie gering.

Lass uns noch einmal auf das Bild vom Kleinkind zurückkommen, das laufen lernt. Kannst du dir vorstellen, dass Eltern ihr Kind nur dann loben und belohnen, wenn es gleich beim ersten Laufversuch Erfolg hat? Aber genau so behandeln wir die meisten Menschen. Lob gibt es nur, wenn uns das Ergebnis gefällt; die

Mühe, die Reise, die Fortschritte, die Verbesserungen würdigen wir kaum.

Das sieht man auch im Sport. Die Trainingsanstrengungen werden selten so gelobt und anerkannt wie ein Sieg. Lob und Anerkennung werden nur dem Sieg zuteil – dem richtigen Resultat – dem positiven Endergebnis. Und doch können beständige Ergebnisse und Fortschritte nie ohne Anstrengung erreicht werden – die fleißige und beständige Arbeit, die in das Erreichen von Erfolgen gesteckt wird. Und zu diesen Anstrengungen auf dem Weg gehören halt auch mehr als nur ein paar Fehler«, erklärte Victoria.

In leicht irritiertem Ton entgegnete Alex: »Ich fürchte, ich verstehe nicht ganz, was so falsch daran sein soll, Siege zu feiern. Niemand feiert Sportler doch fürs Trainieren, wenn sie dann nicht auch gewinnen, und das ist doch auch sozial akzeptabel. Was zählt, ist doch das, was auf dem Sportplatz oder Spielfeld passiert. Ich glaube, ich kann deinen Aussagen nicht zustimmen. Aus meiner Erfahrung kann ich sagen, dass Erfolge zu loben *zu Erfolgen führt.* Wenn mein Team beispielsweise seine Verkaufsziele nicht erreicht, dann werde ich den Leuten doch dafür nicht kameradschaftlich auf die Schulter klopfen und gratulieren!« Alex verschränkte die Arme.

Victoria schaute besorgt. »Ich halte das für eine sehr beschränkte Weltsicht, um danach zu leben, Alex, aber ich kann dich natürlich nicht zwingen, die Dinge anders zu betrachten.« Sie atmete tief aus. »Lass mich zumindest noch meine Erklärungen zu Ende führen, und dann kannst du nach Belieben deine Schlussfolgerungen daraus ziehen, okay?«

»Sicher«, meinte Alex kurz angebunden. Hier war Victoria aber auf dem völlig falschen Dampfer, dachte er. Wahrscheinlich hat sie einfach null Erfahrung in puncto Sport oder Berufsleben.

»Gut. Also ich habe vor ein paar Jahren ein Buch der Psychologin Carol Dweck gelesen, und das hat meine ganze Welt ins Wanken gebracht. Sie hat untersucht und beschrieben, wie wichtig es in der Kindererziehung ist, *das Bemühen* zu loben. Ich habe das Buch sogar mitgebracht, damit ich dir ein paar von meinen Lieblingserkenntnissen daraus vorlesen kann. Darf ich?«, fragte sie.

Alex seufzte. »Na klar. Leg los.«

Victoria holte das Buch aus ihrem Koffer und blätterte darin. Es gab keine Seite, auf der sie nicht etwas unterstrichen hätte.

»Sehr gut. Hier ist es.« Sie räusperte sich, bevor sie zu lesen begann:

> *Nach sieben Experimenten mit Hunderten von Kindern gehörten unsere Ergebnisse zu den klarsten, die ich je gesehen habe: Die Intelligenz von Kindern zu loben schadet ihrer Motivation und schadet ihren Leistungen. Wie kann das sein? Lieben es Kinder denn nicht, wenn sie gelobt werden? Doch, Kinder lieben Lob. Und sie lieben es besonders, für ihre Intelligenz und ihr Talent gelobt zu werden. Das verleiht ihnen echten Auftrieb, ein ganz spezielles Leuchten – aber nur für den Augenblick. Sobald sie dann aber auf Schwierigkeiten stoßen, geht ihr Selbstvertrauen den Bach runter und ihre Motivation erreicht den Tiefpunkt. Denn wenn Erfolg bedeutet, dass sie schlau sind, dann bedeutet Misserfolg halt, dass sie dumm sind. Das ist die eingefahrene, übliche Denkweise.*[11]

Sie suchte in den Seiten des Buchs. »Ah, das hier ist auch sehr gut.« Sie las weiter vor:

> *Eltern denken, sie könnten ihrem Kind permanentes Selbstvertrauen geben – so wie ein Geschenk –, wenn sie seine Intelligenz und sein Talent preisen. Das funktioniert aber nicht, hat sogar den gegenteiligen Effekt. Es bewirkt, dass die Kinder an sich zu zweifeln beginnen, sobald etwas schwierig wird oder schiefgeht. Wenn Eltern ihren Kindern wirklich ein Geschenk machen wollen, dann ist es am besten, wenn sie ihnen beibringen, Herausforderungen zu lieben, von Fehlern fasziniert zu sein, sich gern anzustrengen und immer weiter zu lernen. Dann müssen ihre Kinder nicht sklavisch abhängig von Lob sein. Dann haben sie eine Methode, mit der sie ihr Leben lang das eigene Selbstvertrauen aufbauen und reparieren können.*[12]

Victoria suchte nach dem nächsten Zitat, und ihr Finger landete wieder auf einer Buchstelle: »›Ganz gleich, welche Fähigkeit Sie haben,‹« las sie vor, »›erst durch Bemühen wird diese Fähigkeit entfacht und zur Leistung geführt.‹[13] Das liebe ich. Es bestätigt, was ich dir vorhin über die 10.000-Stunden-Regel erzählt habe. Die Beatles hatten zwar durchaus ein natürliches Talent – genauso wie Mozart –, aber dieses Talent wäre ohne fleißige Arbeit verschwendet gewesen.

Oh, das hier auch gerade noch!«, rief sie. »Tut mir leid, wir sind auch gleich fertig, aber da stehen einfach so viele gute Sachen drin. Das ist jetzt aber das Letzte, versprochen.« Sie schaute zu Alex. »›John Wooden, der legendäre Basketballtrainer, sagt, man ist so lange nicht gescheitert, bis man anfängt, anderen die Schuld zu geben. Was er meint, ist, dass man sich so lange im Prozess befindet, aus seinen Fehlern zu lernen, bis man sie bestreitet.‹«[14]

»Was du mir sagen willst, ist also, dass Scheitern einfach zu dem Weg gehört, den wir beschreiten, ja?«, fragte Alex und griff wieder nach seinem Stift.

»Noch besser, Alex. Du musst deine Fehler gar nicht als Scheitern betrachten. Fehler sind einfach ein Bestandteil des Prozesses. Fehler verurteilen dich nicht zum Scheitern – zum Scheitern verurteilt bist du nach John Woodens Definition erst dann, wenn du sie abstreitest oder anderen die Schuld gibst. Wenn wir unsere Fehler aber zugeben und aus ihnen lernen, statt sie zu beschönigen, werden wir nicht etwa davon abgehalten, unsere Vision zu erreichen, sondern wir werden dazu *befähigt!*«, erklärte Victoria mit Überzeugung.

Wir brauchen als Menschheit einen Paradigmenwechsel in der Art und Weise, wie wir unsere eigenen Fehler und die der anderen betrachten. Uns selbst beurteilen wir in der Regel nach unseren Absichten – danach, was wir tun wollten. Andere beurteilen wir in der Regel nach ihrem Verhalten – danach, was wir sie tun sehen. Es ist ja auch schwierig, die Absichten anderer zu erraten, nicht wahr? Wenn wir da eine etwas großzügigere

Denkweise hätten und anderen genauso viel Spielraum einräumten wie uns selbst, würde uns das helfen, diese neue Sichtweise einzunehmen«, fügte Victoria hinzu.

Alex machte sich eifrig Notizen. Anfangs hatte er die Informationen ja bezweifelt, die Victoria ihm da vermittelte, aber die Zitate von Dr. Dweck hatten seine Sicht geändert.

»Kann ich das Buch mal sehen?«, fragte Alex und streckte die Hand aus.

»Ich habe die zitierten Stellen mit Eselsohren markiert«, sagte Victoria und reichte ihm das Buch.

Alex erkannte jetzt, wie sehr er bei der Erziehung seiner Kinder und der Betreuung seiner Verkaufskollegen danebengelegen hatte. Er hatte nie ihre Bemühungen gelobt. Es war fast eher so gewesen, als wäre Lob ein knappes Gut, das nur eingesetzt werden könnte, um tatsächlich erreichte Erfolge zu belohnen. Er hatte sich in der Tat des Vergehens schuldig gemacht, seine beiden Kinder mit viel zu viel Lob für erreichte Erfolge zu überhäufen, statt ihre gezeigten Bemühungen zu würdigen. Aber das würde jetzt anders werden.

»Wenn ich sehe, wie du dir Notizen machst, dann nehme ich an, dass dir gefallen hat, was ich erzählt habe«, erkundigte sich Victoria. Alex hielt zum Spaß seine Notizen zu.

»Das ist noch kein Beweis«, gab er zurück. »Aber, ja: Du hast mir mal wieder die Augen geöffnet.«

Victoria strahlte. »Gut, dann hätte ich noch eine weitere Erkenntnis, die ich dir gern mitteilen würde. Ich denke, sie könnte dir hinsichtlich der Lernfalle helfen, den Übergang von dem Ausgangspunkt, an dem du jetzt bist, zu dem Ziel zu schaffen, an dem du gern wärst.«

»Dann zeig's mir mal«, fügte sich Alex.

»Gut, aber mach dich nicht über mich lustig, ja?«, warnte Victoria und richtete drohend den Zeigefinger auf ihn.

Alex lächelte und hob die Hände. Sie lachte.

»Also, wie du schon weißt, bin ich ein großer Fan von Energie und Energieströmen, und ich bewundere schon lange die Arbeit des Psychologen Jim Loehr. In einem meiner Lieblingsbücher von ihm schreibt er über die Geschichten – oder die Erzählungen –, die wir uns selbst erzählen. Er sagt: ›eine Geschichte ist die Wirklichkeit, die wir uns erschaffen; und diese Geschichte ist sogar *wichtiger* als das, was wirklich passiert. Mit »Geschichte« meine ich also die Erzählungen, die wir produzieren und uns selbst und anderen erzählen und die *die einzige Realität darstellen, die wir in diesem Leben je kennen werden.*‹[15]

Jedes Mal, wenn du eine drastische Veränderung vornehmen willst – so wie du gerade, Alex –, musst du anfangen, im Kopf eine *neue Geschichte* zu produzieren und gleichzeitig die *alte Geschichte,* die in deinem Kopf verankert ist, zum Schweigen bringen«, erläuterte Victoria.

»Okay, erzähl weiter«, sagte Alex.

»Wenn du weiter an die alte Erzählung glaubst – an Alex' alte Geschichte –, dann wird sich auch dein Verhalten unweigerlich danach richten, und die Veränderungen, die du anstrebst, werden nicht greifen.

Stellt die Geschichte in deinem Kopf dagegen eine neue Erzählung dar – Alex' fallenfreie Geschichte –, dann lassen sich die erwünschten neuen Verhaltensweisen realisieren.«

»Klingt für mich wirklich gut, was du da erzählst«, meinte Alex zögernd. »Aber es ist ja nun nicht einfach so, dass der Alex der alten Geschichte einfach vor der neuen Geschichte kapitulieren würde. Ich meine, ich bin ja nun schon mein ganzes Leben lang so. Was du sagst, macht zwar Mut, aber ich kann nicht sehen, wie sich das wirklich so ganz umsetzen ließe.«

Victoria lächelte. Sie mochte Alex einfach gern. Er war so mutig und so ängstlich, so stark und so unsicher, alles zugleich. Sie konnte an seinem Gesicht ablesen, wie er sich danach sehnte, sich zu ändern, dass er aber bezweifelte, es schaffen zu können.

»Alex«, sagte sie herzlich, »du kannst gar nicht an deiner alten Geschichte festhalten. Bevor du nicht die Erzählung in deinem Kopf geändert hast, kannst du auch nicht erwarten, dass sich deine Verhaltensweisen nach ihr richten. Ich weiß, dass du das schaffen kannst!«

Victorias Glauben an ihn gab ihm für einen Moment das Gefühl, dass er der Alex der neuen Geschichte werden könnte. Er brachte ein Lächeln zustande. »Danke, Victoria! Das bedeutet mir eine Menge.«

»Loehr schlägt in seinem Buch ein Vorgehen in zwei Hauptschritten vor, um das zu erreichen. Der erste Schritt besteht darin, das Geschwätz im Kopf zum Schweigen zu bringen. Im zweiten Schritt bringst du dann deine innere Stimme zum Sprechen.[16] Und wie alles Neue muss man eben üben, wenn es sich voll entwickeln soll. Das ist eine der revolutionären, unkonventionellen Erkenntnisse, wenn es darum geht, dauerhafte Veränderungen zu erreichen«, erklärte Victoria.

»Ich verstehe. Mir war gar nicht klar, wie stark die Erzählung der alten Geschichte noch in meinem Kopf präsent war. Jetzt sehe ich, wie sehr das Fortschritte verhindert hat«, gab Alex zu. »Jedes Mal, wenn ich einen Schritt unternehmen will, versucht die Erzählung meiner alten Geschichte mich wieder vom Weg abzubringen, und es schleichen sich wieder Zweifel ein. Da mir jetzt klar ist, welche Kräfte da am Werk sind, werde ich künftig versuchen, diese falsche Erzählung im Keim zu ersticken, und die Erzählung meiner neuen Geschichte an ihre Stelle setzen.« Alex wirkte sichtbar erleichtert, zum einen wegen dieser Erkenntnis und zum anderen dadurch, dass er in der Lage gewesen war, sie Victoria gegenüber zum Ausdruck zu bringen.

»Das war eine gute Zusammenfassung, Alex. Du lernst definitiv schnell«, erwiderte Victoria. »Fortschritte hängen beim Menschen immer davon ab, dass wir in der Lage sind, aus den

Fehlern zu lernen, die wir in unserem Leben machen, damit wir uns entwickeln. Wir lehren das und glauben das, solange wir jung sind – vom Kleinkindalter über die Kindheit bis zum jungen Erwachsenen. Aber irgendwie verlieren wir dieses Prinzip dann auf dem Weg zum Erwachsensein aus den Augen. Irgendwie haben wir uns so eine Welt geschaffen, in der wir erwarten, dass wir und alle anderen praktisch perfekt sind, aber das ist weder realistisch noch gesund.

Die Erfahrungen in unserem Leben versetzen uns in die Lage, uns zu entwickeln, Fortschritte zu machen, voranzukommen. Wenn wir aber versuchen, unsere Fehler zu bestreiten oder zu beschönigen, statt aus ihnen zu lernen, dann behindern wir unsere Entwicklung, stagnieren und laufen Gefahr, dieselben Fehler immer wieder zu machen«, fasste Victoria zusammen.

Alex schaute auf seine Uhr. Es waren wieder mehr als drei Stunden vergangen. Er war zwar auch zuvor schon beeindruckt gewesen von Victoria und ihren Erkenntnissen, aber das heutige Gespräch über die Lernfalle war für ihn ein echtes Aha-Erlebnis. Er wusste zwar, was er in der Vergangenheit alles falsch gemacht hatte, aber jetzt konnte er seine Fehler in ganz neuem Licht sehen. Es war alles Teil seiner Fortschritte – er konnte jetzt anfangen, aus seinen Fehlern zu lernen. Es war, als hätte sich das Spiel auf einmal total gedreht. Das war jetzt nicht mehr nur eine Aufgabe, die er zu erfüllen hatte; sondern die Lernfalle war dabei, neu zu definieren, wie er über das Leben dachte, über *sein* Leben.

So lange er denken konnte, war es für Alex immer nur um Abstreiten oder Selbstsabotage gegangen, wenn er sich seinen Fehlern zu stellen hatte. Er erkannte, dass er sich, indem er verstand, wie sich diese Falle auf ihn ausgewirkt hatte, eine ganz neue Sicht auf das Leben erarbeitet hatte. Das war ein Durchbruch für Alex.

»Victoria, das war total erkenntnisreich. Ich kann dir gar nicht genug danken. Ich kann es kaum erwarten, diese Lehren in meinem Leben umzusetzen. Und es hat mir gut gefallen, wie du sie für mich aufbereitet hast«, bemerkte Alex.

»Für mich war das auch ein transformierendes Erlebnis, Alex. Du hast ja alles wie ein Schwamm aufgesogen, was ich dir zu sagen hatte. Deine Bereitschaft, dein Leben zu prüfen und Änderungen vorzunehmen, ist ungewöhnlich und äußerst anregend. Ich freue mich schon auf unsere künftigen Gespräche.«

»Ich auch«, sagte Alex. »Ich hoffe, deine Konferenz hat dir gefallen, Victoria. Freust du dich schon darauf, wieder zu Rob und deinem Strandhaus zurückzukehren?«

»Es war eine tolle Konferenz, ja, aber es wird in der Tat schön sein, wieder nach Hause zu kommen«, antwortete Victoria und umarmte Alex zum Abschied.

Sie vereinbarten, dass sie in ein paar Monaten erneut zu einem Gespräch zusammenkommen wollten, dann aber per Videokonferenz. Anschließend machte sich Alex auf den Weg. Im Fahrstuhl hinunter zur Tiefgarage schaute er noch einmal in sein Fallenjournal und las, was er geschrieben hatte.

5. Falle: Die Lernfalle

Warum?

1. *Wir übernehmen nicht die Verantwortung für unsere Entscheidungen. Wir vertuschen unsere Fehler und schreiben lieber unsere Biografie neu, als zu ihnen zu stehen.*
2. *Wir betrachten unsere Fehler als Charaktermängel statt als Teil der Lern-Reise.*
3. *Wir haben ein Image, das wir anderen gegenüber zu wahren versuchen. Es wird beschädigt, wenn andere unsere Mängel sehen. Wir versuchen instinktiv, dieses Image zu wahren.*

Konventionelles Vorgehen

Wenn du in einer Sache nicht gut bist, versuch etwas anderes. Wenn du die gewünschten Ergebnisse nicht schnell erreichen kannst, mach etwas, was bessere Ergebnisse bringt, bevor jemand dich scheitern sieht.

Die bahnbrechende Idee

Das Bemühen, die Reise, der Prozess sind genauso ein Grund, um sich zu freuen und zu feiern, wie das Endergebnis. Fehler sind lehrreich. Man soll aus ihnen lernen, statt sie zu verbergen.

Alex freute sich darauf, neue Antworten auf Fehler der Vergangenheit und Fehler der Zukunft zu geben, so wie es ihn die Lernfalle gelehrt hatte.

* * *

Da Alex jetzt viel weniger Golf spielte, konnte er nun bei Michaels Fußballspielen zuschauen, nicht nur am Wochenende, sondern auch beim Training unter der Woche. Michael spielte in seinem Vereinsteam Stürmer. Alex war gar nicht klar gewesen, wie ernst Michael die Punktspiele in seiner gewählten Sportart nahm.

In einem dieser Spiele gelang es Michael einmal nicht, ein paar sehr gute Bälle zu verwandeln, und der Trainer setzte ihn in der Schlussphase auf die Bank. Michael war stinksauer. Sein Team verlor schließlich mit einem Tor Differenz. Nach dem Spiel versuchte Alex Michael zu trösten, aber der wollte nichts davon wissen. Nach ein paar Minuten platzte es auf der Heimfahrt endlich aus Michael heraus: »Ist es denn zu glauben, wie erbärmlich ich gespielt habe?«

»Ich fand eigentlich, dass du ganz gut gespielt hast. Du hattest doch fünf Tore auf dem Fuß. Der Torwart der anderen hat einfach super gehalten. Wir müssen doch um die 20 Torschüsse gehabt haben.«

»Ja, und haben nur zwei davon verwandelt – das ist doch erbärmlich!«, klagte Michael.

»Aber die hatten eben einfach einen Supertorwart! Unser Torwart hat von nur acht oder neun Schüssen drei durchgelassen. Er hat einfach nicht so gut gehalten wie der andere«, entgegnete Alex.

»Wenn ich nur ein einziges Tor geschossen hätte, wären wir ins Elfmeterschießen gekommen. Und bei zwei Toren hätten wir das Spiel gewonnen. Ich kann es einfach nicht begreifen, dass ich das nicht geschafft habe«, schimpfte Michael.

»Michael, jetzt hör mir aber mal zu. Du hast sehr gut gespielt. Die andere Mannschaft hatte heute einfach mehr Spielglück, und den größten Anteil an ihrem Sieg hatte für mich deren Torwart.«

Michael hörte ihm gar nicht zu. »Vielleicht sollte ich nicht mehr Stürmer spielen. Vielleicht sollte ich auch gar nicht mehr Fußball spielen! Wenn ich dem Team nicht helfen kann, wenn sie mich am dringendsten brauchen, dann habe ich in der Mannschaft auch nichts verloren«, schloss er wütend. »Der Trainer hatte schon recht, mich rauszunehmen. Der weiß schon, wenn das Spiel auf der Kippe steht, bringe ich's nicht.«

Alex konnte kaum glauben, was er da hörte. Er wusste zwar, dass Michael hohe Ansprüche an sich stellte, aber die ganze Niederlage auf die eigene Kappe zu nehmen, das ging dann doch ein bisschen weit. Alex wurde klar, dass er zu dieser Reaktion seines Sohns indirekt mit beigetragen hatte; denn er hatte sich in der Vergangenheit immer ganz stark nur auf die Ergebnisse konzentriert – also darauf, ob das Spiel mit einem Sieg oder einer Niederlage geendet hatte. Für den Prozess als Ganzes hatte Alex wenig bis gar keine Anerkennung gezeigt, und er hatte auch wenig Ermunterung für Entwicklung und Lernen seines Sohns übrig gehabt, zu dem halt auch vergebene Torchancen und verlorene Spiele gehören.

Früher hatte Alex, wenn Michael von einem Fußballspiel nach Hause kam, immer nur zwei Fragen gestellt: »Habt ihr gewonnen?« und »Wie viele Tore hast du geschossen?« Wenn Michael antwortete »Wir haben verloren«, hatte er immer nur gesagt: »Das ist ja schlecht!« Und wenn er berichtete, dass ihm kein Tor gelungen war, hatte Alex gemeint: »Na, das ist ja schade!« Er hatte sich nie nach Michaels Fortschritten erkundigt oder nach den Fertigkeiten, an denen er gerade arbeitete. Es war ihm immer nur um das Endergebnis gegangen.

»Ich kann dir aber sagen, dass ich stolz auf dich bin und auf die ganzen Fortschritte, die du schon gemacht hast«, sagte Alex jetzt, während sie in die Einfahrt einbogen.

»Ja, genau, als ob du dich schon jemals für meine Fortschritte interessiert hättest«, schrie Michael, knallte die Autotür zu und stürmte hoch in sein Zimmer.

»Was ist denn mit Michael los?«, erkundigte sich Laura.

»Er hat sein Spiel verloren«, antwortete Alex.

»Wie ist es denn ausgegangen?«

»3 : 2.«

»Und hat er auch ein Tor geschossen?«

»Nein«, sagte Alex.

»Oh, das ist ja schlecht!«, sagte Laura.

Die Ironie der Situation war Alex nicht entgangen.

Ein paar Stunden später, als Michael sich wieder ein bisschen beruhigt hatte, fand Alex, es wäre jetzt ein guter Moment, um einmal mit ihm darüber zu sprechen, was während des Spiels vorgefallen war.

Alex klopfte an seine Tür. »He, hast du mal einen Moment Zeit für mich?«

»Ja klar. Was gibt's denn?« Michael schien schon wieder etwas besserer Stimmung zu sein.

»Ich wollte mich dafür entschuldigen, dass ich dich mit deinem Fußball in der Vergangenheit nicht so besonders unterstützt habe. Ich bin ja kaum einmal bei einem von deinen Spielen gewesen. Außerdem ist mir bewusst geworden, dass ich dich immer nur nach den Ergebnissen gefragt habe, statt mich auch mal zu erkundigen, was du so als deine größten Herausforderungen empfindest, was du gelernt hast und was für Erlebnisse du hattest. Ich würde das künftig gern anders machen«, sagte Alex behutsam.

»Ja, ich fand es schon etwas seltsam, dass du dich plötzlich für etwas anderes interessiert hast als nur dafür, ob wir gewonnen haben. Wie kommt's?«, fragte Michael.

»Mir ist bewusst geworden, dass ich bisher wenig getan habe, um den ganzen Einsatz zu würdigen, den du da hineinsteckst, oder die Fortschritte, die du machst. Ich würde gern mehr darüber erfahren, welche Ziele du im Fußball hast und wie ich dich da vielleicht unterstützen könnte.«

»Du klingst ja plötzlich wie ein weiser alter Mann, Papa!«, witzelte Michael.

»Na ja, so weit bin ich noch lange nicht. Und auch längst nicht so weit, wie ich gern wäre. Allerdings hoffe ich, dass ich auf dem richtigen Weg bin. Die Erkenntnisse kann ich mir übrigens auch nicht selber zugute schreiben. Sondern Victoria hat mir von einer aufschlussreichen Studie erzählt. Die beschreibt, wie Eltern ihre Kinder immer nur mit Lob für ihre erzielten Ergebnisse überhäufen, dabei aber vergessen, auch mal die Fortschritte und die Entwicklungen zu würdigen, die eben nicht nur durch Erfolge, sondern auch durch Misserfolge entstehen. Das Entscheidende sei, den Prozess zu würdigen, denn wenn man, wie im Leben unvermeidlich, einmal mit etwas zu kämpfen hat, dann betrachten sich die betreffenden Kinder sonst schnell als erfolglos, nur weil sie eben zu kämpfen haben. Aber gerade durch solche Kämpfe lernt und entwickelt man sich ja«, erläuterte Alex.

»Klingt interessant«, bemerkte Michael.

»Und genauso hast du, Michael, als du vorhin meintest, du solltest dein Fußballspielen vielleicht lieber aufgeben, weil du dem Team ja sowieso nicht zum Siegen verhelfen könntest, das vielleicht nur aus dem Grund gesagt, weil du darauf konditioniert worden bist zu glauben, dass Erfolge immer direkt mit einem Sieg verbunden wären, und umgekehrt, dass mit einer Niederlage immer direkt ein Scheitern verbunden sei. Aber so funktioniert das im Leben nicht. Keiner von uns kann immer nur gewinnen. Auch die besten Teams gewinnen nicht jedes Mal. In Wirklichkeit sind für gewöhnlich immer erst eine ganze Menge Niederlagen einzustecken, bevor man schließlich eine Siegesserie genießen kann.«

Michael nickte zustimmend.

»Ich würde dir als Vater gern helfen, dich mehr auf diesen Prozess zu konzentrieren und auf deine Fortschritte. Ich weiß, dass das jetzt ein ganz neuer Betriebsmodus ist und es etwas Übung erfordern könnte, sich umzustellen. Ich weiß ja, dass du diese ergebnisorientierte Denkweise von mir hast. Letztlich bin ich auch selber damit großgeworden. Ich sehe aber jetzt, wie wenig hilfreich das für dich war. Gib bloß nicht wegen gelegentlicher Rückschläge deine Ziele und deine Begeisterung auf, Michael. Du kannst solche vermeintlichen Hindernisse auch als Sprungbrett benutzen, um deinen Zielen näherzukommen.«

»Victoria hat mir auch noch etwas anderes erzählt. Die konventionelle Weisheit will, wenn wir bei einer Sache nicht immer hervorragend sein können, dass wir dann lieber etwas anderes probieren sollten, was uns leichter fällt. Mit anderen Worten: Lass andere nicht deine Schwächen sehen; distanziere dich durch Schuldzuweisungen oder Bestreiten von allen Fehlern. Die bahnbrechende Idee besteht hier aber darin, dass wir Fehler und Kämpfe als essenziellen Bestandteil unserer Lebensreise ansehen sollten; sie sind lehrreich und helfen uns voranzukommen. Sie sind kein Grund aufzugeben und etwas Neues zu versuchen, was uns leichter fällt«, erläuterte Alex.

»Aber ich kann es einfach nicht ertragen, wenn ich etwas nicht anständig mache«, beharrte Michael.

»Ich weiß, Michael. Das liegt daran, dass du einfach ein paar perfektionistische Züge hast. Du lebst nach der Philosophie *Wenn ich es nicht perfekt machen kann, dann brauche ich es gar nicht erst zu versuchen.*«

»Das ist eine Philosophie?«, fragte Michael.

»Ganz eindeutig sogar«, bestätigte Alex. »Deine Herausforderung ist, dass du ein Perfektionist bist. Meine Herausforderung ist, dass es mir schwerfällt, meine Fehler zu akzeptieren und zu verzeihen. Victoria zufolge liegen wir damit beide falsch. Aber wir sind in guter Gesellschaft. Ein Gutteil unserer heutigen Welt arbeitet auf dieser fehlerhaften Basis.«

Alex schaute Michael ernst in die Augen. »Also, ich hoffe, du wirst das Fußballspielen nicht aufgeben, bloß weil du ein frustrierendes Spiel erlebt hast. Ich denke, du wirst mit jedem Spiel besser und sammelst Erfahrungen, und die Mannschaft stünde ohne dich viel schlechter da.«

»Danke, Papa, du hast ja recht ... Ich höre nicht mit dem Fußballspielen auf. Ich war einfach nur total enttäuscht wegen unserer Niederlage und weil ich den Ball einfach nicht an diesem verdammten Torhüter vorbeikriegen konnte. Mann, war der gut! Ich werde versuchen, dass ich nicht mehr so streng mit mir bin«, sagte er voll echter Dankbarkeit.

»Wie ein weiser Meister einst zu seinem jungen Padawan sagte: ›Versuchen? Versuchen nicht! Tu es oder tu es nicht! Es gibt kein Versuchen!‹« Alex imitierte eine Yoda-Stimme.

Michael lachte und warf ein Kissen nach seinem Vater. »Soso, du bist jetzt also ein Jedi-Meister, ja?«

Alex lächelte, als er die Tür hinter sich schloss, um sich um das Abendessen zu kümmern.

Als er die Spaghetti abgoss, dachte Alex noch einmal über das Gespräch nach. Er war dankbar, dass Michael so empfänglich gewesen war und so schnell wieder aus seiner Enttäuschung herausgefunden hatte. Kinder sind halt flexibel, dachte er bei sich. Es war sinnvoll, jeden Menschen als im Werden begriffen anzusehen, einschließlich seiner selbst. Damit war es leichter, jedem etwas Spielraum einzuräumen – denselben Spielraum, den andere hoffentlich auch ihm einräumen würden.

* * *

Durch den Verkauf des Luxusautos hatte sich wieder eine Tür zwischen Alex und Kim geöffnet. Seitdem führten sie wöchentlich kurze Gespräche über Themen, die die Kinder betrafen. Das war immerhin ein Anfang. Während dieser Telefonate hatte sich Alex bisher immer defensiv verhalten, was sein Verhalten und seine Rolle bei der Trennung betraf. Kim reagierte entsprechend. Aber an diesem Abend, nach dem langen Gespräch mit Victoria über die Lernfalle, war Alex in einer ganz anderen Verfassung. Statt sich in der Defensive zu fühlen, hatte Alex begonnen, sich die Fehler einzugestehen, die er über die Jahre gemacht hatte, insbesondere die Fehler, die zu ihrer Trennung geführt hatten. Er hatte erkannt, dass das Motto »Zeig niemals eine Schwäche« vielleicht für ein Fußballteam taugte, aber kein Motto für sein Leben sein konnte.

»Kim, ich habe durch Victoria in unserem letzten Gespräch ein paar erstaunliche neue Erkenntnisse gewonnen. Wir haben über Fehler gesprochen und warum wir beim Umgang mit unseren Fehlern alles falsch machen.«

»Aha. Klingt interessant. Erzähl mehr darüber.«

»Ja, also sie hat erklärt, wir würden nicht erkennen, was für eine wichtige Rolle Fehler in unserem Leben spielen. Wir würden versuchen sie zu verbergen oder zu beschönigen, statt zu ihnen zu stehen und aus ihnen zu lernen«, sagte Alex.

»Erzähl weiter«, sagte Kim.

»Na ja, das hat mir geholfen zu erkennen, wie oft ich in unserer Ehe versucht habe, meine Fehler zu verbergen und zu beschönigen, statt zuzugeben, wo ich etwas falsch gemacht habe.«

Alex hatte jetzt Kims volle Aufmerksamkeit. »Und weiter?«, forderte sie ihn auf zu reden.

»Ich wollte für die Fehler um Entschuldigung bitten, die zu unserer Trennung beigetragen haben, Kim. Es tut mir leid. Ich hoffe, du kannst mir verzeihen und uns noch einmal eine Chance geben«, sagte Alex.

»Das ist definitiv eine völlig neue Einstellung bei dir«, bemerkte Kim.

»Ja, das ist ganz neu«, erwiderte Alex.

»Nach dem, was die Kinder mir erzählen, Alex, hast du bei deinen Gewohnheiten und Prioritäten ein paar beeindruckende Änderungen vorgenommen. Hoffen wir mal, dass das anhält«, bemerkte Kim skeptisch.

6. Die Karrierefalle

Alex leistete jetzt hervorragende Arbeit. Da er nun die bahnbrechende Idee für die Aufmerksamkeitsfalle anwandte, erzielte er bessere Ergebnisse und inspirierte andere durch sein Führungsverhalten. Er hatte sich geistig bei seinen wichtigsten Prioritäten eingeloggt. Dennoch konnte er ein unterschwelliges Gefühl des Unbehagens und ein Defizit in puncto Anerkennung nicht verleugnen.

Die Qualität seiner Arbeit hatte sich aufgrund der vorgenommenen Änderungen zwar erhöht, aber er fühlte sich doch immer noch unterbewertet. Auch wenn er infolge der Änderungen, mit denen er sich aus der Aufmerksamkeitsfalle befreit hatte, mehr Erfüllung in seiner Arbeit fand, nahm die schon seit geraumer Zeit schwindende Begeisterung für seine Arbeit doch weiter beträchtlich ab. Sinn und Zweck waren es, die Alex in seinem Berufsleben am meisten vermisste. Welchen dauerhaften Beitrag leistete er denn wirklich? Die Arbeit mit den Kunden war definitiv der Teil seiner Arbeit, der ihm am meisten Spaß machte, und er bekam von seinen Kunden auch sehr positive Rückmeldung. Aber die meiste Zeit über war seine Arbeit begeisterungsfrei und langweilig.

Schon von Kind an hatte Alex Unternehmer werden wollen. Er ließ sich nicht gern von einem Chef anleiten; er arbeitete lieber selbstbestimmt. Sein Wunsch nach Unabhängigkeit existierte auch mit zunehmendem Alter weiter. Seine Rolle im Verkauf gab ihm zwar eine gewisse Autonomie, aber meist fühlte er sich doch nur als Werkzeug, durch das sein Chef und sein Unternehmen bekamen, woran ihnen am meisten lag: *noch mehr Umsatz.* Er war lediglich ein Mittel zum Zweck. Alex erkannte, dass seine Arbeit als Manager im Verkauf immer nur Siege fürs Kurzzeitgedächtnis mit sich bringen würde. Es spielte keine Rolle, wie beeindruckend das letzte Jahr oder Quartal gewesen war, es ging letztlich immer nur um die Frage: »Was wirst du diesen Monat für mich tun? Wie steht es mit dieser Woche?« Alex war genervt von der Kurzfrist-Mentalität der Führungskräfte seines Unternehmens.

Zu Beginn seiner Karriere hatte Alex sich geschworen, dass er nur eine Zeitlang bei jedem seiner Jobs bleiben würde – so lange, bis er genug Erfahrungen gesammelt hatte, um sich selbstständig zu machen. Aber jedes Mal, wenn er daran dachte zu gehen, waren ihm eine Beförderung und mehr Geld angeboten worden. Und das Mehr an Geld hatte immer ein Mehr an Spielsachen, Reisen, Ausgaben und Schulden nach sich gezogen. Angesichts der vielen finanziellen Verpflichtungen konnte er es sich irgendwann gar nicht mehr leisten, seinen Job aufzugeben. Und er hatte mit Sicherheit nicht genug Ersparnisse, um sich alleine selbstständig zu machen.

In der Anfangszeit seines Berufslebens hatte er einmal Manager, die zwischen 40 und 60 waren, dazu interviewt, wie zufrieden sie mit ihrem Job seien. Und hatte dabei festgestellt, dass eine Hälfte sehr zufrieden, die andere Hälfte aber unglücklich war. In den Interviews mit den unglücklichen Managern hatte Alex eine Gemeinsamkeit ausgemacht: Zu irgendeinem Zeitpunkt, etwa nachdem sie ein Jahrzehnt bei demselben Unternehmen gewesen waren, hatten sie alle aufgegeben. Sie hatten sich eingestanden, dass sie finanziell niemals besser dastehen würden als zum gegenwärtigen Zeitpunkt, und hatten ihre Träume aufgegeben. Kurz: Sie hatten sich mit ihrem Los abgefunden.

Alex erinnerte sich noch an diese Zeit bei seinem früheren Unternehmen. Der Vice President of Executive Sales war in den Ruhestand getreten, und Alex war der erfolgreichste der acht Sales Manager des Unternehmens gewesen. Er war ganz klar der Spitzenkandidat für die Nachfolge der scheidenden Führungskraft, aber ihm war auch bewusst, dass dies ein idealer Zeitpunkt für einen Neuanfang wäre. Sein Freund Tim hatte ihn damals gedrängt, zusammen mit ihm ein Unternehmen zu starten. Sie würden 50-50-Partner sein, und Alex könnte der Unternehmer werden, der er immer zu sein geträumt hatte.

Gleichzeitig war da aber auch die Verlockung der potenziellen neuen Rolle. Er könnte im bisherigen Unternehmen die Top-Führungskraft im Verkauf werden. Allerdings war Alex klar, dass dieses Mehr an Geld und Macht auch mehr Verantwortung und Druck mit sich bringen würde, und dass er jeden erhaltenen Cent auch definitiv wert sein würde – das Unternehmen würde ohne Weiteres auf seine Kosten kommen.

Und Alex war zwar sehr gut im Verkauf, aber er hätte sehr gern auch seine kreative Seite entwickelt, für die es in seiner gegenwärtigen Verkaufsrolle keinen Bedarf gab. Ihm schwebte vor, Geschäfte von Anfang bis Ende abzuwickeln, wie es nur ein Unternehmer kann. Aber als es dann darum ging, brachte Alex es nicht fertig, den Schritt zu wagen – es erschien ihm zu riskant. Er entschied sich zu bleiben und die neue Rolle als Führungskraft zu übernehmen. Leider hatte diese Position nicht lange Bestand, und das Unternehmen ging unter, worauf Alex ohne Job und Einkommen dastand. Tims neues Unternehmen florierte unterdessen.

* * *

Alex empfand zwar Verlustgefühle aufgrund dieser verpassten Gelegenheit, aber er versuchte inzwischen, seine Niederlagen ohne schwere Schuldgefühle oder Bedauern zu verarbeiten. Kein Rechtfertigen oder Argumentieren mehr. Kein Gefühl, sich in der Defensive zu befinden. Später an diesem Abend, nach einem ereignislosen Tag im Büro, meldete er sich zu seiner ersten Videokonferenz mit Victoria an. Er wusste es zwar noch nicht, aber die Falle, die sie diesmal mit ihm zu besprechen plante, passte genauso gut zu seiner derzeitigen Situation wie damals die erste Falle, die sie ihm auf Hawaii erläutert hatte. Es fühlte sich seltsam an, bei diesem Gespräch vor dem Computer zu sitzen, statt wie bisher von Angesicht zu Angesicht zu reden, aber Alex war gleichwohl begierig darauf, mit Victoria zu sprechen.

»Scheint, dass wir eine gute Verbindung haben, Alex. Kannst du mich gut hören?«, fragte Victoria.

»Klar und deutlich«, antwortete Alex.

»Gut!«, sagte sie lächelnd. »Bist du bereit? Notizbuch parat? Ich denke, dieses Thema wird dir gefallen.«

»O.K.! Mach mich zur Schnecke!«, erwiderte er lachend.

»Bei der sechsten Falle geht es um deine Begeisterung und dein Engagement für deinen gewählten Beruf.«

»Na, von *Begeisterung* würde ich da vielleicht nicht unbedingt sprechen«, entgegnete Alex halb im Scherz.

»So viel habe ich auch schon mitbekommen. Damit bist du übrigens nicht alleine. Die Menschen finden sich heute mehr denn je mit Berufslaufbahnen ab, die sie weder motivieren noch inspirieren. Bei denen sie nicht mit Herz und Geist bei der Sache sind. Sie haben keinen Spaß an ihrer Arbeit, sind aber finanziell so abhängig, dass sie nicht kündigen. Viele Menschen sehen sich dadurch schließlich in der sechsten Falle gefangen, die ich die Karrierefalle nenne«, erläuterte Victoria. »Kommt dir das irgendwie bekannt vor?«

»Auf den Punkt genau«, erwiderte Alex. Ihm war, als könnte Victoria seine Gedanken lesen.

»Wenn Unternehmen heute schauen, in welchem Grad ihre Mitarbeiter Engagement zeigen, stoßen sie auf eine um sich greifende Rückzugsmentalität am Arbeitsplatz. Was meinst du, woran das liegen könnte?«

»Ach, da könnte ich mir eine ganze Menge Gründe vorstellen«, entgegnete Alex.

»Also, ich habe etliche Studien zu diesem Thema Disengagement gelesen. Das ist nicht nur hier bei uns ein Problem, sondern überall auf der Welt. Die Studien zeigen im Ergebnis ein Minderengagement am Arbeitsplatz auf allen Ebenen. Die Unternehmen geben jedes Jahr enorme Summen aus, um dieses Problem in den Griff zu bekommen, aber das Phänomen bleibt. In vielen Bereichen ist es sogar schlimmer geworden.«

»Verrückt, aber andererseits auch nicht wirklich überraschend«, meinte Alex.

»Zu einem solchen Rückzug kommt es, wenn die Leute ihre Arbeit nicht inspirierend finden«, sagte Victoria. »Wenn sie ihre Arbeit einzig und allein als Mittel zum Zweck betrachten, wenn sie sich sagen, dass sie den Job nur eine Zeitlang machen wollen, bis sie etwas Besseres gefunden haben. Aber dann werden sie bequem und schlagen Wurzeln. Sie werden befördert, bekommen Gehaltserhöhungen, vielleicht beides. Heiraten, kaufen Häuser, bekommen Babys. Und bevor sie sich's versehen, sind sie von Job und Stelle abhängig, wegen der ganzen laufenden Ausgaben oder wegen ihrer Schulden. Und dann sitzen sie in der Falle, können ihre Stelle nicht mehr aufgeben und sind mit ihrer Arbeit unzufrieden.

Und dann schleicht sich auch noch Angst ein. Angst davor, dass sie bei einem Karrierewechsel noch einmal ganz von vorn anfangen müssten. Angst, dass sie inzwischen zu alt sein könnten, um noch einmal etwas ganz Neues zu wagen. Angst, dass das Geld nicht reichen könnte. Angst, dass Fähigkeiten, Ausbildung und Know-how nicht ausreichen könnten für das, was sie am liebsten tun würden. Kennst du diese Gedanken?«, fragte Victoria, obwohl sie sich ganz sicher war, dass die Antwort Ja lauten würde.

Alex setzte sich gerade hin und schaute ihr via Bildschirm in die Augen. »So fühle ich mich seit vielen Jahren. Ich wollte schon immer gern Unternehmer sein – mein eigener Boss. Ich habe so viele Ideen und Projekte, die ich gern angehen würde. Aber ich bin mittlerweile auch in meinem gegenwärtigen Job ganz gut. Ich habe die entsprechenden Kompetenzen entwickelt, weil ich das Einkommen brauchte, aber mein Herz war nie wirklich bei der Sache. Das ist nicht der Job, den ich heute wählen würde – ich habe ihn angenommen, weil ich für meine Familie zu sorgen hatte.

Mein Problem ist, wie du weißt,« fuhr Alex fort, »dass ich gewohnheitsmäßig schon immer über meine Verhältnisse gelebt habe. Sobald mein Einkommen gestiegen war, sind auch meine Ausgaben gestiegen. Unser Haus musste immer schöner und größer werden. Ich habe immer teurere Autos finanziert. Es musste bei allem die neueste und tollste Technik sein. Ich musste immer alles haben, und das sofort. Sagen wir mal, Belohnungsaufschub war nicht gerade meine Stärke. Und je mehr Schulden ich aufgenommen hatte, desto abhängiger wurde ich von meinem Job«, klagte Alex. »Ich dachte immer, ich lebe den amerikanischen Traum, aber das ist offen gestanden zu einem Albtraum geworden.«

Er seufzte tief. »Meine größte Angst ist *nicht*, dass ich scheitern oder zu alt sein könnte. Meine größte Sorge ist, dass ich es mir einfach nicht leisten könnte, meinen Job aufzugeben. Meine finanziellen Verpflichtungen, meine laufenden Ausgaben, meine Schulden sind so hoch, dass ich mich für insolvent erklären müsste, wenn ich meinen Job verlöre und nicht sofort einen neuen fände.«

»Das ist eine Menge Druck, mit dem du da zu leben hast, ein Haufen echte Sorgen«, sagte Victoria mitfühlend.

»Ja, das war es. Aber dank dir ändert sich meine Welt ja jetzt. Meine Schulden gehen zurück und ich sehe endlich einen Weg zu finanzieller Freiheit.«

»Ich kann deiner Stimme anhören, wie aufregend du das alles findest. Erzähl mir mehr.«

»Ich weiß ja, dass man sagt, auf der anderen Seite ist das Gras immer grüner, und mir ist auch klar, dass jede neue Tätigkeit auch ihre Herausforderungen und Schattenseiten hat – aber wenn ich den Sprung zum eigenen Unternehmen wage, dann hätte ich *endlich* die Inspiration, die mir bei der Arbeit bisher immer gefehlt hat.«

»Dieser Schritt, den du da vorhast, ist der perfekte Übergang zu den Überlegungen, die ich heute mit dir teilen wollte«, sagte Victoria. »Es gibt meines Erachtens drei Gründe, warum sich die Leute mit ihrer Arbeit abfinden und daran kleben bleiben. Würdest du gern mehr darüber hören?«

»Ich bin ganz Ohr«, erwiderte Alex.

»Okay, da ist erstens die finanzielle Abhängigkeit von ihrem Job; zweitens eine uninspirierende Arbeitsumgebung; und drittens die Ankunft in der Karriere-Komfortzone«, fasste Victoria zusammen. »Sprechen wir mal jeden Punkt im Einzelnen an.«

Finanzielle Abhängigkeit

»Auch wenn die meisten von uns sich auf das Einkommen aus ihrer Berufstätigkeit verlassen, um sich und ihre Familien zu versorgen, müssen wir es doch vermeiden, davon allzu abhängig zu werden. Das Geld, das wir mit unserer Arbeit verdienen, ist zwar wichtig, aber es sollte nie der Hauptgrund für unsere Arbeit sein«, sagte Victoria. »Wenn wir von unserem Job finanziell zu stark abhängig werden, leiden unsere übrigen Beiträge.«

»Was meinst du denn mit ›unsere übrigen Beiträge leiden‹?«, fragte Alex, der an seinen eigenen Einsatz bei der Arbeit zu denken begann.

»Damit meine ich, dass wir risikoscheu und übervorsichtig zu werden beginnen, wenn wir von unserem Job abhängig sind. Wir fangen an uns Sorgen zu machen, ob wir den Chef verärgern könnten, wenn wir Ideen und Vorschläge vorbringen, die der Unternehmenskultur zuwiderlaufen. Und warum? Weil wir fürchten, wir könnten unseren Job verlieren! Wir fürchten uns davor, aus der Menge herauszuragen, anders zu denken, andere herauszufordern, zu streiten und zu debattieren. Und wenn wir derart auf Nummer sicher gehen, bekommt unser Unternehmen nicht unser Bestes. Sondern es bekommt nur unsere fügsame Version, die keinen Staub aufwirbeln und den Status quo nicht gefährden möchte – und das ist nicht die Person, die wir bei der Arbeit gern haben möchten.

Schau, das Unternehmen, das uns einstellt, erwartet, dass wir bei der Arbeit unser Bestes geben – unsere besten Gedanken, Ideen, Sichtweisen, Ansätze, Vorschläge und Bemühungen einbringen. Wenn wir aber beschließen, auf Nummer sicher zu gehen, leidet das alles, und damit auch unser Unternehmen. Das kann o.k. sein, solange sich nur ein kleiner Prozentsatz der Mitarbeiter eines Unternehmens so verhält. Aber wenn es 30, 40 oder 50 Prozent sind? Erkennst du, wie die Produktivität eines Unternehmens dann leiden wird?«, fragte sie Alex.

»Das tue ich. Unser Unternehmen ist ein wunderbares Beispiel dafür. Ich schätze, dass bei uns 30 bis 40 Prozent der Mitarbeiter so drauf sind. Und ich gebe ohne Weiteres zu, dass auch ich ein bisschen so denke und etwas vorsichtig bin, denn wenn ich meinen Job verlöre, wäre auch mein Einkommen dahin und es würde nichts mit meinem geplanten Schuldenabbau. Das kann ich mir nicht leisten. Besonders im Moment nicht«, sagte Alex.

»Du hast meine Argumentation wunderbar auf den Punkt gebracht«, entgegnete Victoria lächelnd und war bereit, zum nächsten Punkt überzugehen.

Uninspirierende Arbeitsumgebung

»Alex, es wäre äußerst unfair zu behaupten, die Mitarbeiter seien zu 100 Prozent allein daran schuld, wenn sie in die Karrierefalle gehen. In Wirklichkeit tragen auch die Unternehmen eine Mitschuld«, fuhr Victoria fort.

»Wie meinst du das?«

»Ich meine damit, dass heute viele Unternehmen so aufgestellt, strukturiert und ausgerichtet sind, dass die Mittelmäßigkeit ihrer Mitarbeiter gefördert wird«, antwortete Victoria.

»Warum sollten Unternehmen das denn machen?«, fragte Alex verwundert.

»Sie machen das ja nicht absichtlich. Es passiert einfach, wenn sie nicht aufpassen. Wenn Unternehmen wachsen, stellen sie mehr Manager ein, schaffen mehr Strukturen, erlassen mehr Regeln und Vorgaben. Daran ist an sich auch nichts verkehrt – die meisten Unternehmen müssen sich mit Problemen auseinandersetzen, die durch ihr Wachstum bedingt sind. Das Problem entsteht nur dadurch, dass formale Strukturen die menschliche Innovation und Kreativität vermindern können. Menschen, die Initiativen ergreifen und einfallsreich sind, werden dann leicht als störend empfunden. Die meisten Unternehmen haben keine fest eingerichteten Mechanismen, mit denen sie die Ideen und Vorschläge ihrer Mitarbeiter aufgreifen und kanalisieren könnten.

Die Mitarbeiter entwickeln unter sich oft Vorgehensweisen, die nicht der Unternehmenskultur entsprechen. Aber selbst wenn solche Ideen effizienter und effektiver sind als das Verfahren, mit dem die Dinge gegenwärtig gehandhabt werden, werden sie oft abgeschossen und abgelehnt. Wenn kreative Mitarbeiter so etwas ein paarmal erlebt haben, hören sie auf, neue Vorschläge zu machen. Wenn sie den Eindruck gewinnen, dass ihre Ideen eh nicht gehört werden, geschweige denn umgesetzt oder belohnt, warum sollen sie sie dann noch äußern? Das ist leider in vielen Unternehmen Stand der Dinge. Und das ist auch der Grund für das ausgeprägte Phänomen fehlenden Engagements«, erläuterte sie.

»Es macht zwar keinen Sinn, dass es sich so verhält«, sagte Alex. »Aber aus meiner Erfahrung kann ich dem nur zustimmen; es ist so.«

Karriere-Komfortzone

»Alex, im dritten Grund, warum die Leute in die Karrierefalle gehen, wirst du dich wiederfinden. Genau wie du haben viele Leute gar nicht die Absicht, langfristig in ihrem Job zu bleiben. Sie treffen nur eine kurzfristige Entscheidung, aber die entwickelt sich dann oft zur langfristigen Realität samt Abschied von den beruflichen Träumen. Monate werden zu Jahren, Jahre können zu Jahrzehnten werden. Und schließlich stellen diese Leute fest, dass sie ihr ganzes Berufsleben in einer Karriere zugebracht haben, die sie gar nicht angestrebt hatten, einfach weil sie sich irgendwann abgefunden hatten, bequem wurden und geblieben sind.«

»Ja, das ist genau mein Problem«, stimmte Alex zu. »Nur dass ich erst die Hälfte meiner Karriere hinter mir habe und immer noch Zeit bleibt, etwas zu ändern«, ergänzte Alex und hoffte auf Victorias Bestätigung.

»Das ist richtig«, erwidert Victoria lächelnd. »John Lennon hat einmal gesagt: ›Das Leben ist das, was dir zustößt, während du gerade fleißig andere Pläne machst.‹ Und genau so läuft es. Wir schauen uns um, und ehe wir's uns versehen, stehen wir schon vor der Rente! Wir hatten nie vorgehabt, in diesem Job zu bleiben. Aber da stehen wir nun.

Du musst dir sehr bewusst überlegen, was du mit deinem schönen Leben anfangen willst! Lass dich nicht von Wind und Wellen hin- und herschubsen – es sei denn natürlich, du bist im Urlaub auf Hawaii.« Victoria lächelte. »Sonst ist das aber nicht die Art, wie du dein Leben führen solltest, mein Freund.«

Konventionelles Vorgehen

»Dem konventionellen Vorgehen zufolge sollen wir uns darauf konzentrieren, was wir am liebsten tun, und alles Weitere wird sich dann ergeben«, fuhr Victoria fort. »Das Problem bei diesem Vorgehen ist aber, dass es nur einen Aspekt unseres Lebens erschließt – das, wofür wir uns begeistern. Es erschließt nicht unsere Fertigkeiten. Womöglich fordert es uns auch nicht heraus und beschäftigt nicht unseren Geist. Vielleicht verdienen wir in dieser Karriere auch nicht genug Geld, um für unsere Bedürfnisse und Wünsche zu sorgen. Der Aspekt Begeisterung ist in puncto Job schon wichtig, aber als einzige Erwägung ist das eine zu enge Perspektive. Es zieht die anderen wichtigen Dimensionen unseres Lebens nicht in Betracht.«

Die bahnbrechende Idee

»Alex, zu einer erfolgreichen Karriere gehören vier Dimensionen: die finanzielle Dimension, die ideelle Dimension, die Dimension Begeisterung und die Dimension Sinn und Zweck.

Wenn wir einen Job haben, der alle vier Dimensionen umfasst, kommt unser ganzes Selbst zum Einsatz. Das Problem bei einer Vielzahl von Berufstätigkeiten ist aber, dass sie nur einen oder zwei Aspekte einer erfolgreichen Karriere erschließen.

Ein Beruf, in dem ich für meine Arbeit fair oder sogar großzügig bezahlt werden, in dem ich aber mein Gehirn an der Garderobe abgeben muss oder mein Herz nicht bei der Sache ist, wird nicht die bestmöglichen Früchte meiner Arbeit hervorbringen. Am Ende werde ich mich unglücklich fühlen – frustriert durch meinen unterdrückten Geist und ein an der Entfaltung gehindertes Herz! Ich fühle mich in der Sackgasse, und wenn auch mein Körper physisch noch anwesend sein mag, so haben sich mein Geist, mein Herz und meine Seele doch längst verabschiedet.

»So ergeht es ganz vielen Menschen«, betonte Victoria dramatisch. »Aber so muss es nicht sein. Letztlich musst du dir vier Fragen dazu beantworten, wie sich deine Berufstätigkeit zu den vier Karrieredimensionen verhält: Werde ich finanziell anständig vergütet? Werden meine Ideen geschätzt oder kreativ verwertet? Bin ich mit Begeisterung engagiert? Hat meine Arbeit Sinn und Zweck, leiste ich einen Beitrag?«

»Kein Wunder, dass ich mit meiner gegenwärtigen Jobsituation zu kämpfen habe«, sagte Alex. »Begeisterung und Sinn und Zweck waren bei mir in der Gleichung gar nicht enthalten!«

»Klingt definitiv so. Für eine dauerhafte Jobzufriedenheit ist aber entscheidend, dass alle vier Dimensionen erschlossen werden. Wenn du alle vier Fragen mit Ja beantworten kannst, dann passen du und dein Beruf zusammen. Wenn du auch nur eine der Fragen mit Nein beantworten musst, ist ein innerer Rückzug wahrscheinlich.«

»Tja, ich denke, ich wüsste schon, wie ich antworten würde ...« Alex verstummte. »Mein gegenwärtiger Job ist ganz klar unpassend. Ich konnte bis jetzt nur nie genau sagen, was fehlte.«

»Das ist der Schlüssel für Engagement und Zufriedenheit am Arbeitsplatz«, betonte Victoria. »Wenn ein Unternehmen möchte, dass seine Mitarbeiter rückhaltloses Engagement zeigen, dann muss es auch dafür sorgen, dass alle vier Dimensionen einer erfolgreichen Karriere erfüllt werden. Viele Führungskräfte verstehen das einfach nicht. Die denken, wenn sie die Leute nur anständig bezahlen, haben sie sie sicher, aber das ist nur sehr selten der Fall.

Die meisten Menschen verlassen ein Unternehmen wegen der Art und Weise, wie sie von ihren Chefs behandelt werden. Mit anderen Worten: Sie feuern ihre Chefs. Oft verlassen Mitarbeiter ihr Unternehmen, weil es ihnen an Begeisterung fehlt, weil die Arbeit so stumpf und langweilig ist. Manchmal liegt es daran, dass den Leuten nicht so viel Autonomie eingeräumt wird, dass sie die Dinge so handhaben können, wie sie es für richtig halten. Es ist, als ob die Unternehmen ein Umfeld förderten, in dem Feedback unerwünscht ist und neue Ideen umgehend unterdrückt werden. In einem solchen Fall wird Eigeninitiative zunichte gemacht. So etwas hast du bestimmt auch schon erlebt, Alex, oder?«, fragte sie.

»Absolut. In kreativer Hinsicht ist so etwas ein lähmendes Arbeitsumfeld«, bestätigte Alex.

»Viele Unternehmen verstehen es einfach nicht, das Potenzial ihrer Mitarbeiter freizusetzen. Unternehmen, die weiterhin so vorgehen, werden nicht in der Lage sein, auf dem globalen

Marktplatz langfristig zu konkurrieren. Sie werden nicht überleben, weil sie das menschliche Kreativitäts- und Anpassungspotenzial nicht voll nutzen«, fuhr Victoria fort.

»Das ist genau das, was meinem Unternehmen in der Rezession passiert ist«, kommentierte Alex. »Ich hatte das bisher immer einfach unglücklichen Umständen zugeschrieben, aber deine Erklärung ergibt mehr Sinn.«

»Darf ich dir einen Vorschlag machen?«, fragte Victoria.

»Ja sicher.«

»Wenn du dir diese vier Fragen jedes Vierteljahr einmal stellst und immer versuchst, sie ehrlich zu beantworten, dann könntest du eine falsche berufliche Ausrichtung von Grund auf vermeiden. Meinst du, du könntest das realistischerweise durchziehen?«

Alex überlegte einen Moment, bevor er antwortete. »Ja, das könnte ich definitiv.«

»Sehr gut!« Victorias Augen strahlten. »Mir gefällt, was Steve Jobs einmal gesagt hat: ›Wir bekommen nicht die Chance, so sehr viel zu machen, und daher sollte das dann auch alles ganz hervorragend sein. Denn es ist unser Leben. Das Leben ist kurz, weißt du, und dann stirbst du.‹«[17]

Alex ließ sich diesen beunruhigenden Gedanken über die davonlaufende Zeit durch den Kopf gehen. Er saß schweigend da, bis Victoria schließlich tief Luft holte und den Faden wieder aufnahm.

»Alex, der Punkt ist: Es ist dein Leben, und du musst es leben. Du bist der Architekt deines Glücks. Willst du einen Beruf wählen, in dem alle vier Karrieredimensionen zur Geltung kommen und wertgeschätzt werden? In dem deine Gaben und Talente genutzt und freigesetzt werden? Oder willst du dich weiter mit weniger begnügen?«, beschwor ihn Victoria.

»Wie schon gesagt, ich bin jetzt durchaus bereit, etwas zu ändern. Ich denke, ich hatte lange genug Stillstand in meinem

Arbeitsleben!« Er schaute in das Journal mit seinen Aufzeichnungen, um zu checken, ob er auch alle Punkte von Victorias Zusammenfassung notiert hatte.

6 Falle: Die Karrierefalle

Warum?

1. *Wir werden finanziell abhängig von unserem Einkommen.*
2. *Wenn unser Arbeitsumfeld uninspirierend ist und nicht das Beste aus uns herausholt, finden wir uns mit verminderter Begeisterung und Inspiration ab.*
3. *Wir richten uns in einer Karriere-Komfortzone ein, wenn aus unserem kurzfristigen Job eine langfristige Stellung wird.*

Konventionelles Vorgehen

Mach das, was du am liebsten tust, dann wird sich alles andere letztendlich ergeben.

Die bahnbrechende Idee

Übe einen Beruf aus, der alle vier Dimensionen einer erfolgreichen Karriere abdeckt: Finanzen, eigene Ideen, Begeisterung, Sinn.

Alex las Victoria seine Notizen laut vor. Sie reagierte nicht gleich, als er damit fertig war. Als er aufschaute, sah er, wie sie vor Stolz strahlte. »Alex, du bist praktisch schon ein geprüfter Fallenkundler!«

Teil 4
DIE SIEBTE FALLE

Tag der Entscheidung

Seit Alex' letztem Gespräch mit Victoria waren ein paar Monate vergangen. Er war erschrocken, als er sich bewusst wurde, wie oft er in der Vergangenheit im Zusammenhang mit seiner Arbeit die Geschichte vom alten Alex aufgeführt hatte. Victoria hatte ihm ihre Erkenntnisse mitgeteilt, als er sie am dringendsten brauchte.

Es war jetzt schon fast neun Monate her, dass sich Kim von ihm getrennt hatte. Seit sie die Entschuldigung für seine Rolle bei der Trennung akzeptiert hatte, hatte sich die Stimmung zwischen ihnen aber erheblich verbessert. In ihm keimte ein wenig Hoffnung auf, dass sie ihre Beziehung vielleicht schließlich irgendwie wieder neu aufbauen könnten. Kim schien allerdings keineswegs in Eile zu sein, nach Los Angeles oder zu ihrer Familie zurückzukehren. Mit ihrer Arbeit in San Francisco lief es ganz wunderbar, und sie liebte ihren Job. Zweimal im Monat unternahm sie die Reise, um ihre Kinder zu sehen, aber sie verbrachte den Großteil der Zeit mit ihnen dann bei ihren Eltern. Alex hatte sie dabei immer nur flüchtig gesehen und immer nur in Gegenwart anderer Leute. Immerhin wurde der Umgang miteinander freundlicher. Er sah sie nun in ganz anderem Licht und war beeindruckt von ihrer Eigenständigkeit und Kompetenz. Ihm wurde bewusst, dass er ihre Gegenwart immer als Selbstverständlichkeit betrachtet hatte, als sie noch unter einem Dach lebten. Er schwor sich, wenn er je eine neue Chance bekäme, würde ihm das nicht erneut passieren.

Die Vorweihnachtszeit war jetzt in vollem Gang. Alex fragte sich, wie Kim und er sich die Kinder wohl an den Feiertagen teilen würden. Er vermisste Kim mehr denn je und fragte sich, ob sie sich wohl auch manchmal einsam fühlte oder an ihn dachte. Merkwürdige kleine Erinnerungen kamen ihm ab und an unvermittelt in den Sinn: Wie sie immer ihre langen braunen Haare hinters Ohr schob, wenn sie sich unsicher fühlte; wie sie mit ihrem Ehering spielte, wenn sie nachdenkliche Gespräche führte; wie sie ihren Kopf zurückwarf und lachte, wenn er etwas richtig Lustiges erzählt hatte. Er brachte sie gern zum Lachen. Er war die Rolle als alleinerziehendes Elternteil leid, allerdings musste er sich eingestehen, dass sich das Verhältnis zu seinen beiden Kindern in diesen Monaten dramatisch verbessert hatte. Und das lag nicht nur daran, dass sie halt miteinander allein waren, erkannte Alex. Dieses Gefühl der Nähe war durch all die Zeit und Mühe entstanden, die sie auf ihre Zusammenarbeit an gemeinsamen Zielen verwendet hatten.

Alex blickte hinüber zu der Papierschlange, die an die Küchenwand geheftet war. Sie war Monat für Monat kontinuierlich geschrumpft und hatte nun nur noch eine Länge von etwa einem Meter. Durch diszipliniertes Ausgabeverhalten hatten er und die Kinder sie auf ein Drittel ihrer ursprünglichen Länge zurückschnippeln können. Sogar Kim hatte monatlich 2000 Dollar beigesteuert, um bei den Bemühungen zur Schuldenreduzierung zu helfen, da sie die Schulden auch als ihre eigenen betrachtete. Inzwischen waren alle seine Kreditkarten ausgeglichen und in Stücke geschnitten. Übrig waren nur noch die 18.000 Dollar, die ihm Michael so großzügig geliehen hatte. In ein paar Monaten würde die Schlange dank ihren vereinten Bemühungen ganz verschwunden sein – um nie mehr zurückzukehren. Das war wenigstens ein Fortschritt, den er messen konnte. Wenn Beziehungen nur auch so klar zu beurteilen wären wie eine Schuldeneliminierung, dachte er bei sich.

Ihm wurde klar, wenn er Kim jemals wieder in einer bedeutungsvollen Art und Weise in ihr Leben zurückholen wollte, dann würde er sich diesem Thema mit der gleichen Konzentration und Hingabe widmen müssen. Er würde sie zurückgewinnen müssen, ihr zeigen, was ihr durch ihr Fernbleiben entging. Er hoffte, sie würde erkennen, wie viel er in ihrer Abwesenheit erreicht hatte, und die neue Geschichte zu schätzen wissen, die er zu schreiben begonnen hatte. Er beschloss, sie anzurufen und ein Treffen vorzuschlagen, wenn sie die Kinder in den Ferien besuchen kam.

Er wählte ihre Nummer, bevor er es sich noch anders überlegen konnte, und hielt den Hörer ans Ohr. Als es klingelte, begann sein Herz zu rasen. Würde sie ablehnen?

Nach sechsmal Klingeln sprang der Anrufbeantworter an. Alex hinterließ eine Nachricht. Na klasse, dachte er enttäuscht. Jetzt saß er hier auf heißen Kohlen und konnte warten, bis sie zurückrief.

* * *

In den letzten Monaten hatte Alex der Firma fantastische Ergebnisse beschert – die besten in ihrer ganzen Geschichte. Er war nicht nur effizient; er ließ auch visionäre Führungsqualitäten erkennen, die sowohl seinem Chef als auch seinen Kollegen im Management und der ganzen Bürobelegschaft aufgefallen waren. Als er an diesem Freitag zur Arbeit kam, spürte er, dass etwas im Gange war. Chaz war in besonders aufgekratzter Stimmung – als ob er etwas wüsste, was Alex nicht ahnte.

Kaum hatte Alex an seinem Schreibtisch Platz genommen, klingelte auch schon das Telefon. Der Chef seines Chefs, Rick, bat ihn vorbeizukommen. Angesichts von Chaz' sonderbarem Verhalten fragte sich Alex, ob vielleicht irgendetwas nicht stimmte. Alex stand auf und trat in den Flur hinaus. Chaz, der ganz in der Nähe von Alex' Büro herumstand, sah ihm nach, wie er den langen Gang hinunter zu Ricks Büro ganz am anderen Ende ging. Alex klopfte leicht an die offen stehende Tür. Rick schaute von seinem Computer auf.

»Hallo Alex! Kommen Sie rein, setzen Sie sich! Möchten Sie etwas trinken?«, bot Rick an.

»Hallo. Ja gern. Ein Wasser wäre schön.«

»Hier bitte«, sagte Rick und drückte Alex eine Flasche in die Hand.

Alex konnte seine Neugier nicht mehr bremsen und fragte ganz direkt: »Worum geht es? Kann ich etwas für Sie tun?«

»Ja«, sagte Rick mit breitem Lächeln, »ich habe gute Neuigkeiten für Sie. Ich freue mich, Ihnen eine neue Position anbieten zu können. Wir fanden Ihre Leistungen und Ihr Führungsverhalten im letzten Jahr ausgesprochen beeindruckend. Ich würde Sie gern zu unserem neuesten Executive Vice President befördern und zum Mitglied meines Managementteams.«

Alex konnte kaum glauben, was er da hörte. »Äh, hm ...«, begann er, aber ihm fehlten die Worte. Er lachte verlegen und begann sich mit der Hand den Nacken zu reiben. Das kam völlig unerwartet. Er hatte gedacht, er würde vielleicht von einer Umstrukturierung hören oder einer neuen Initiative. Dieses Beförderungsangebot war eine totale Überraschung.

Wenn er diese Beförderung jetzt annähme, wäre er finanziell endlich wieder da, wo er schon einmal gewesen war. Er würde dann endlich die Anerkennung und Vergütung erhalten, die ihm nach seiner Meinung zukamen und die ihm die ganze Zeit verwehrt geblieben waren.

Aber Alex sah auch, dass er hier ein weiteres Mal an einer Wegscheide stand. So verlockend das Angebot auch war, er erkannte auch, dass es ihn auf Jahre hinaus binden würde.

Bevor er recht wusste, was er sagte, begannen die Wörter auch schon aus seinem Mund zu strömen. »Ich kann Ihr Angebot nicht annehmen, Rick«, sagte er aufgeregt. »Und ich kann hier auch nicht weiterarbeiten.«

Alex sah seinen eigenen schockierten Gesichtsausdruck in Ricks Gesicht widergespiegelt. »Was? Machen Sie Witze? Warum?« Rick warf ihm einen Blick zu, der vom Ausdruck der Überraschung rasch zu Missfallen wechselte.

»Ich weiß gar nicht so recht, was ich sage. Das war überhaupt nicht geplant. Aber ich will schon seit 20 Jahren mein eigenes Unternehmen gründen und muss das jetzt endlich tun. Es tut mir leid.« Alex erkannte sich selbst nicht wieder. Seine Stimme klang für ihn wie die eines Fremden. Er konnte kaum glauben, was er da gerade gesagt hatte.

»Ähm … ich bin sprachlos.« Rick suchte nach Worten und versuchte seine Fassung wiederzuerlangen. »Ich weiß ehrlich gesagt nicht, was ich sagen soll. Wieso denn jetzt plötzlich eine solche Wende? Sie haben hier doch unglaublich gute Arbeit geleistet. Was haben Sie denn eigentlich vor?«

»Ich weiß noch nicht genau, was ich machen werde. Ich sage es Ihnen dann. Ich weiß nur, dass ich nicht länger bleiben kann – ich muss das jetzt angehen.«

»Sie haben noch nicht mal einen Plan? Das erscheint mir aber nicht vernünftig, Alex. Warum nehmen Sie denn dann nicht lieber unser Angebot an und bleiben bei uns – zumindest so lange, bis Sie wissen, was Sie machen wollen? Wir werden auch dafür sorgen, dass es sich für Sie lohnt«, drängte Rick.

Alex wandte sich zur Tür. Er griff nach der Klinke, drehte sich aber noch einmal um. »Ich kann das nicht annehmen, Rick. Es tut mir leid. Ich muss einfach Nein sagen.« Alex dachte noch einen Augenblick nach. »Ich weiß, dass das eine große Überraschung ist, und wenn Sie bei Gesprächen mit potenziellen Nachfolgern für meine Stelle meine Unterstützung möchten, bin ich dazu gern bereit. Und wenn es erforderlich ist, dass ich noch ein paar Monate parat stehe, um meinen Nachfolger einzuarbeiten, will ich auch das gerne machen. Danke für die Chance, die Sie mir geboten haben, Rick, aber das ist jetzt etwas, was ich für mich selber machen muss. Ich hoffe, Sie können das verstehen.« Alex nickte ihm kurz zu, öffnete die Tür und verließ den Raum. Rick war sprachlos, erwiderte aber sein Nicken.

Alex hatte kaum die Tür hinter sich geschlossen, als Chaz schon auf ihn zukam.

»Erzähl, Junge, erzähl! Hast du die Beförderung gekriegt?«

»Ja, habe ich«, erwiderte Alex, der immer noch verarbeiten musste, was gerade passiert war. Chaz grinste ausgelassen und packte Alex gratulierend an der Schulter.

»Und du hast mich als deinen Nachfolger empfohlen, stimmt's?«, vermutete er mit seiner gewohnten Anspruchshaltung.

»Nicht wirklich. Nein, habe ich nicht.«

»Was? Warum? Wie konntest du mir denn so in den Rücken fallen?« Chaz' Gesicht verzerrte sich zu einem Ausdruck von Verwirrung, der schon an Wut grenzte.

»Ich bin dir nicht in den Rücken gefallen, Chaz. Ich habe diese Beförderung nicht angenommen. Ich habe gekündigt.«

»Was? Bist du verrückt geworden?« Chaz blickte finster und warf die Arme in die Luft. Alex empfand ein eigenartiges Vergnügen daran, seinen weltmännischen Kollegen so aus der Fassung gebracht zu sehen. »Wahrscheinlich.« Er zuckte mit den Achseln und ging ruhig lächelnd allein den Gang hinunter. Endlich war er frei.

* * *

Als Alex diesen Abend nach Hause kam, saß seine Tochter am Küchentisch, die Nase in ein Buch gesteckt. »Hallo Laura, was liest du denn da?«, fragte er beiläufig.

»Ich bereite mich auf den SAT-Test für meine Uni-Zulassung vor«, antwortete sie.

»Was war das?«, entfuhr es einem ungläubigen Alex.

»S-A-T, Papa!«, entgegnete Laura und versuchte das Lächeln zu unterdrücken, das sich über ihr Gesicht ausbreiten wollte.

»Na, da siehst du jetzt aber einen sehr zufriedenen Vater vor dir stehen«, grinste Alex. Laura erwiderte seinen Blick mit der gleichen Begeisterung.

»Wer macht denn heute Abend das Essen?«, fragte sie.

»Ich bin heute dran«, antwortete Alex. Er öffnete die Kühltruhe, holte eine Tüte Chicken-Nuggets heraus und schüttete sie auf ein Backblech. Er schaltete den Backofen an, schob das Blech hinein und ging dann hoch auf sein Zimmer, um sich umzuziehen. Er fühlte sich erschöpft. Vielleicht sollte er sich etwas hinlegen, nur einen Moment. Aber bald war er fest eingeschlafen. 40 Minuten später wurde er davon geweckt, dass Michael an seine Tür klopfte.

»Papa?« Alex schlug die Augen auf. *Was war denn das für ein unangenehmer Geruch?* Er stützte sich auf einen Ellbogen, als Michael seinen Kopf ins Zimmer steckte. »Du hast das Essen im Herd vergessen! Das ist jetzt ruiniert.«

»Oh! Ach du meine Güte. Tut mir leid, Michael. Ich wollte mich nur ein Minütchen hinlegen und muss eingeschlafen sein. Da werde ich wohl etwas Neues machen müssen.«

»Schon okay, Papa. Fehler gehören halt immer dazu, stimmt's?«, zog ihn Michael auf, als er die Tür hinter sich schloss.

Alex zwinkerte kräftig mit den Augen, um wach zu werden. Hatte sein Sohn das gerade wirklich gesagt, oder träumte er noch?

Als er gerade darüber nachdachte, was er jetzt ersatzweise zum Essen anbieten konnte, klingelte sein Handy. Es war Kim. Sein Herz begann zu rasen. Ihm war gar nicht bewusst gewesen, wie aufgeregt er auf ihren Rückruf gewartet hatte.

»Hi Kim.« Nach dem zweiten Klingeln war er am Apparat. »Wie geht's?«

»Danke, gut. Alles bestens. Und bei dir? Wie läuft's auf der Arbeit?«

»Alles gut«, sagte Alex vorsichtig. Er war sich nicht sicher, ob er ihr die Neuigkeiten von der Arbeit jetzt schon mitteilen sollte. Er wusste zwar, dass sie seinen Traum, Unternehmer zu werden, immer unterstützt hatte, aber vielleicht würde sie seine Entscheidung nicht verstehen, diese Beförderung abzulehnen. Er zögerte eine Weile, entschloss sich dann aber, es zu wagen.

»Ehrlich gesagt, war es ein ziemlich ereignisreicher Tag auf der Arbeit«, begann er.

»Ach ja? Was gab es denn?«

»Tja, mir ist eine Beförderung zum Executive Vice President angeboten worden.«

»Was, echt? Mensch Alex, das sind ja tolle Neuigkeiten. Glückwunsch!«, rief Kim begeistert. »Ab wann denn?«

»Das ist der Punkt … Gar nicht. Ich habe abgelehnt«, gestand Alex mit Nervosität in der Stimme.

»Wie bitte? Du hast abgelehnt?«, stieß Kim hervor und hoffte, sie habe Alex nicht richtig verstanden.

»Ja … Ich habe abgelehnt«, wiederholte Alex.

Stille in der Leitung. »Alex, bist du nicht ganz bei Trost?«

»Kim, warte …«

»Warum das denn?«, wollte sie wissen. Alex hörte die Verärgerung in ihrer Stimme.

»Kim, ich möchte mein eigenes Unternehmen gründen. Sobald wir meinen Nachfolger gefunden und eingearbeitet haben, bin ich endgültig raus aus der Firma. Ich mache das jetzt. Ich werde das jetzt endlich machen!«, wiederholte er mit Begeisterung.

»Ich kann es einfach nicht glauben«, sagte Kim mit versagender Stimme. »Und was um alles in der Welt willst du für ein Unternehmen aufziehen?«

»Weiß ich noch nicht. Das wird sich finden. Du bist die Erste, die es erfährt, wenn ich es weiß.«

»Du weißt es noch gar nicht? Ich glaub's nicht! Und da lässt du einfach schon dein festes Gehalt und sogar eine Beförderung sausen? Was macht denn das für einen Sinn?«, verlangte sie zu wissen.

»Ich weiß, dass es sich verrückt anhört. Aber ich hatte einfach das Gefühl: Jetzt oder nie«, entgegnete Alex mit einem gewissen Selbstbewusstsein.

»Das ist doch Wahnsinn … völlig verantwortungslos!«, schäumte Kim.

»Bitte sag mir einfach, dass du mich unterstützen wirst«, bat Alex.

»Das kann ich nicht. Wie kannst du mich das überhaupt fragen? Das ist doch absolut verrückt und verantwortungslos. Ich kann da jetzt nichts weiter zu sagen. Wir sprechen ein andermal darüber. Ich lege jetzt auf«, sagte Kim überstürzt.

»Kim, warte! …« Alex wollte etwas sagen, aber die Verbindung war schon unterbrochen.

Alex war schwer enttäuscht von Kims Reaktion. Ihm wurde klar, dass es ein Fehler gewesen war, ihr die Neuigkeit schon so früh mitzuteilen. Er hätte wenigstens warten müssen, bis er ein paar erste Ideen hatte. In gewisser Hinsicht konnte er sie auch verstehen. Kim war Sicherheit immer schon sehr wichtig gewesen. Er konnte nachvollziehen, warum sie das jetzt für genauso verantwortungslos hielt wie damals den Kauf des neuen Cabrios, aber das war doch jetzt etwas völlig anderes. Sah sie das denn nicht? Aber auch wenn seine Begeisterung einen gewaltigen Dämpfer bekommen hatte, verspürte Alex doch immer noch einen gewissen Stolz auf seine Entscheidung, ein eigenes Unternehmen zu gründen. Er würde das alles natürlich im Laufe der Zeit klarkriegen müssen, aber er hoffte weiter, Kim würde seine Gründe schon irgendwann verstehen.

Alex hatte schon ein eigenes Unternehmen gründen wollen, solange er denken konnte. Ihm war bewusst, dass das Timing jetzt nicht perfekt war. Aber indem er sich selbst aller Optionen beraubt hatte, war er nun gezwungen sich zu überlegen, was für ein Unternehmen er auf die Beine stellen wollte. Das war mit Sicherheit nicht die logischste oder praktischste Methode, eine Berufslaufbahn zu beenden und ein neues Unternehmen zu starten. Aber das war nun einmal seine Art – spontan, emotional, intuitiv, mit einer kleinen Spur Verrücktheit dabei. Aber was das betraf: Waren nicht alle großen Unternehmer ein kleines bisschen verrückt?

* * *

Die Tage vergingen, und Alex fühlte sich besorgt und unkreativ. Er fand nicht die richtige Idee für sein Geschäftsunternehmen. Auch nach wochenlangem Brainstorming hatte es noch nicht Klick gemacht. Er fragte sich, ob Kim vielleicht doch recht gehabt hatte. Vielleicht hatte er mit der Ablehnung dieser Beförderung ja allzu übereilt gehandelt? Vielleicht war er auch einfach nicht aus dem richtigen Holz geschnitzt, um Unternehmer zu werden? Warum konnte er den vor ihm liegenden Weg nicht klarer erkennen? Als er sich auf dem Tiefpunkt fühlte, griff er schließlich nach dem Hörer und wählte Victorias Nummer.

In seinem Drang, gehört und verstanden zu werden, gerieten sich die Wörter in seinem Mund gegenseitig in die Quere. Nachdem er ihr seine ganze Angst und Unsicherheit gestanden hatte, fühlte Alex sich emotional am Ende und hatte sein Scheitern vor Augen.

»Alex«, erwiderte Victoria freundlich, »ich bin stolz auf dich. Ein solcher Sinneswandel, um den eigenen Träumen zu folgen, erfordert ungeheuren Mut.«

Alex wies ihre Unterstützung zurück. »Kim hält mich für verrückt.«

»Sie wird ihre Meinung schon noch ändern. Wart es nur ab«, beruhigte sie ihn. »Sie ist ja dafür, dass du diesen Schritt irgendwann machst – nur eben nicht so, wie du es jetzt von ihr wolltest. Offen gesagt verläuft eine Veränderung, wie du sie hier mit der Gründung deines eigenen Unternehmens anstrebst, nur in den seltensten Fällen ganz glatt und reibungslos; meist ist so etwas traumatisch und mit Herausforderungen beladen. Das wird noch ein harter Kampf, und erst einmal musst du überhaupt wissen, wohin es gehen soll! Du musst Geduld haben, mein Freund.«

Sie wartete, was er antworten würde. Alex sagte nichts. Er war entmutigt. Victoria hakte nach: »Schon irgendwelche Ideen?«

»Keine guten«, antwortete er umgehend.

»In solchen Situationen finde ich es immer am besten, wenn man auf sein Herz hört. Zwing dich nicht dazu, eine Liste mit Ideen zusammenzustellen. Das ist keine Geistesaufgabe fürs Gehirn; das ist eine Gefühlsaufgabe für das Herz.

Fang damit an, dass du dir Fragen stellst wie die folgenden: Wofür kannst du dich begeistern, was findest du aufregend? Was möchte das Leben von dir? Was für einen konkreten Beitrag kannst du leisten, den niemand sonst auf dem Planeten in genau dieser Weise leisten kann?«, ermunterte ihn Victoria.

»Ich höre ja, was du sagst. Aber ich bin ein solches Vorgehen nicht gewöhnt; bei mir muss es immer praktisch sein. Sonst stecke ich in einem Monat immer noch an der gleichen Stelle fest«, klagte er.

»Das stimmt nicht«, sagte Victoria. »Ich möchte gern, dass du etwas für mich versuchst, Alex.«

»Okay …«, erwiderte er und wollte eigentlich gar nicht hören, was sie da im Sinn hatte.

»Ich hätte gern, dass du dir im Lauf der kommenden Woche einmal richtig Gedanken über die folgende Frage machst: Was braucht die Welt von mir, das nur ich ihr geben kann?

Und dann möchte ich, dass du still bist und darauf hörst, was dein Herz dir dazu sagt. Notier dir alle Gedanken, die dir dabei kommen. Kannst du das im Lauf der nächsten sieben Tage für mich machen?«, fragte ihn Victoria.

»Na ja, ich denke schon. Nicht ganz dein typisches Vorgehen. Aber was ist an dir schon typisch?«, willigte Alex ein.

»Nichts! Ruf mich in einer Woche wieder an, wenn du dir die Zeit genommen hast, darauf zu achten, was dein Herz dir sagen will«, entgegnete sie.

»Okay«, stimmte Alex zu.

Zuerst fand Alex dieses Vorgehen sehr schwierig. Es war schwer für ihn, sein Gedankenkarussell zu stoppen, das sich laufend von Thema zu Thema bewegte. Aber je mehr er darauf achtete, desto mehr stellte er fest, dass er durchaus Momente absoluter Klarheit hatte – zum Beispiel unter der Dusche, beim Wischen des Küchenfußbodens, beim morgendlichen Jogging. Es begannen sich Ideen zusammenzufügen, und am fünften Tag hatte er dann auf der Heimfahrt seinen Heureka-Moment. In diesem Augenblick fügten sich alle Teile zusammen und er hatte ganz klar vor Augen, wohin er mit seinem Unternehmensprojekt wollte. Jetzt konnte er auch keine zwei Tage mehr warten, bevor er Victoria seine Idee mitteilte.

Alex griff zum Hörer und rief Victoria an.

»Hallo Alex! Ist die Woche schon um?«, fragte Victoria.

»Nein, erst fünf Tage. Aber ich konnte jetzt keinen Moment länger warten, um dir die Idee mitzuteilen, die mir gekommen ist«, begann Alex aufgeregt.

»Toll! Lass hören.«

»Victoria, ich möchte ein Unternehmen gründen, das die Leute zu Fallenkundlern ausbildet«, sprudelte es aus Alex heraus. »Ich möchte anderen beibringen, wie sie den Fallen entgehen, die du mir erklärt hast. Das Ganze ist sozusagen eine Art Survival-Training der anderen Art. Was hältst du davon? Ich denke, das könnte eine Riesenidee sein!«

»Alex … ich bin begeistert«, sagte Victoria. »Ich könnte mir gar keine genialere Geschäftsidee vorstellen. Du bist ein fantastisches Beispiel dafür, wie man jede dieser Fallen überwinden kann. Deine Erfahrungen werden den Leuten ganz viel Inspiration, Hoffnung und Mut einflößen«, meinte Victoria.

»Die Idee gefällt dir also?«

»Gefallen? Alex, ich bin begeistert! Warum bin ich da nicht selber drauf gekommen?« Nach einer kleinen Pause ergänzte sie: »Ich hätte nur zwei Bitten.«

»Leg los«, erwiderte Alex.

»Die erste wäre, dass du deine Eröffnungsveranstaltung in Honolulu abhältst und ich an dem Programm teilnehmen darf.«

»Na, das versteht sich doch von selbst«, lachte Alex. »Ich hatte sogar darauf gehofft, dass du mich bei dem Fallenkundeunterricht ein wenig unterstützen könntest; schließlich bist du ja die eigentliche Fallenkunde-Meisterin.«

»Ich helfe dir mit Vergnügen, soviel ich kann«, entgegnete Victoria. »Die zweite Bitte ist, dass du mir erlaubst, mich als Business Angel an deinem Unternehmen zu beteiligen.«

Alex blieb der Mund offen stehen, dann breitete sich ein Lächeln über sein ganzes Gesicht aus. »Meinst du das ernst? Das ist ja total großzügig! Ich weiß gar nicht, was ich dazu sagen soll, Victoria! Mensch, das wäre ja unglaublich!«

»Nichts würde mich glücklicher machen, als deinem Unternehmen zu einem guten Start zu verhelfen, Alex!«, strahlte Victoria. »Ich denke auch, wir werden dir wohl den offiziellen Titel Fallenkundler verleihen müssen. Ich denke, den hast du dir verdient.«

»Das wird ja dann auch Zeit«, lachte Alex.

»Alex, lass uns in einem Monat weiterreden. Ich muss jetzt auch flott zu meinem Yogakurs. Ich will dir ja auch noch die siebte Falle mitteilen. Du hast ja wohl nicht gedacht, wir würden unsere gemeinsamen Sitzungen nach nur sechs Fallen beschließen, oder?«

Alex schüttelte den Kopf. »Was hat es denn mit der Sieben auf sich?«

»Ach, das ist halt eine magische Zahl.«

7. Die Sinnfalle

Ein Monat verging im Fluge, während in Alex' Kopf die Gedanken wie wild um die Frage kreisten, wie er sein Unternehmen wohl aufbauen sollte. Er konnte es kaum erwarten, Victorias Ansicht zu all dem einzuholen, was er sich bisher überlegt hatte. Ihm war allerdings klar, dass sie sich nicht sofort auf dieses nette Thema stürzen würden, wie es ihm selbst am liebsten wäre. Denn sie hatten ja erst noch die letzte Falle miteinander zu besprechen, die Falle Nummer 7. Alex war sich gar nicht so sicher, ob er davon überhaupt hören wollte. Er hatte das Gefühl, nun schon mit so vielen Änderungen an seiner Person gleichzeitig befasst zu sein, dass er nicht wusste, ob er noch eine weitere verkraften könnte.

Er schaute zur Uhr und sah, dass es höchste Zeit für den vereinbarten Anruf war. Er griff zum Hörer und wählte Victorias Nummer. Als er schon dachte, gleich würde der Anrufbeantworter anspringen, ließ sich fröhlich Victorias Stimme vernehmen: »Hallo Alex, wie läuft's mit deinem Abenteuer?«

»Das läuft ganz gut.« Alex seufzte. »Ich bin aber ehrlich gesagt etwas besorgt, was diese siebte Falle nun noch bringen wird.«

»Ach, da brauchst du dir keine Sorgen zu machen. In diese Falle bist du bisher noch nicht gegangen, anders als bei den übrigen Fallen, über die wir gesprochen haben. Nachdem wir mit dieser Falle durch sind, können wir dann auch zum Geschäftlichen übergehen.«

»Woher wusstest du, dass dies der Hauptgrund war, warum ich mit dir sprechen wollte?«, scherzte Alex.

»Weil ich Gedanken lesen kann. Es wird Zeit, dass du die Wahrheit über mich erfährst, Alex«, scherzte sie zurück.

»Ach, offen gestanden würde mich das gar nicht so sehr überraschen.«

»Okay«, begann Victoria. »Also, das Gute an dieser siebten Falle ist, wie schon gesagt, dass du noch nicht hineingegangen bist. Es ist eine universelle Falle, von der die meisten Menschen erst erfahren, wenn sie das Ende ihres Lebens erreicht haben. Und dann wundern sie sich, warum sie nie ein Wort von dieser Falle gehört haben. Man könnte es geradezu das bestgehütete Geheimnis der Welt nennen.«

»Du bringst mich noch um, wie du mich hier zappeln lässt«, beschwerte sich Alex.

»Also gut. Ich habe umfangreiche Untersuchungen am Sterbebett durchgeführt«, fuhr Victoria fort.

»Davon bin ich natürlich ausgegangen«, gab Alex trocken zurück und setzte sich bequem auf seinem Stuhl zurecht. »Und was heißt das jetzt?«

»Es geht um Studien über Menschen, die im Sterben liegen (zumeist ältere Menschen), und was sie als das Wichtigste in ihrem Leben betrachten. Verstehst du, wenn du davor stehst, diese Existenz zu verlassen, dann wird dir auf einmal alles kristallklar – was dir vielleicht früher im Leben wichtig erschienen war, verschwindet jetzt auf einmal völlig, und an die Stelle treten deine wirklichen Prioritäten.«

»Klingt plausibel … und was erkennen die Leute nun als am wichtigsten?«

»Beziehungen zu anderen Menschen!«, rief Victoria so engagiert und laut, dass Alex vor Schreck den Hörer vom Ohr weghielt und lachen musste, während Victoria aufgeregt fortfuhr.

»Deine Beziehungen und Erfahrungen sind das Einzige, was du aus diesem Leben mitnehmen kannst. Alles andere bleibt auf der Strecke: Geld und Besitz, Ehrungen und Auszeichnungen, Eigentum und Spielsachen. Das ist alles am Ende bedeutungslos. Das kannst du nicht mitnehmen.

Deswegen nenne ich das die ›Sinnfalle‹. Ihre Hauptverlockung ist das Anhäufen von Dingen, und die damit verbundene ultimative Lüge entdecken wir erst ganz am Ende.«

»Am Ende heißt am Ende des Lebens?«, fragte Alex.

»Ja. Das ist genau das, was ich meine. Außer in deinem Fall, denn du sollst diese Wahrheit schon jetzt in der Mitte deines Lebens erfahren«, antwortete sie. »Deshalb bin ich auch so aufgeregt, sie dir mitzuteilen.

Hör zu, wir werden aus einer Reihe von Gründen in diese Falle gelockt. Nachdem ich mich nun schon sehr lange mit diesem Thema befasst habe, kann ich drei Hauptgründe nennen:

Erstens werden wir durch ein Umfeld von Konsum und Übermaß negativ beeinflusst. Wir sehen Menschen, die mehr materiellen Reichtum besitzen als wir, und fangen an zu denken, dass es im Leben ums Anhäufen geht. Das allgegenwärtige Marketing suggeriert uns derart intensiv, was wir angeblich alles brauchen, dass wir es schließlich unwillkürlich selber zu glauben beginnen.

Zweitens glauben wir, das Nächste, was wir besitzen werden, werde uns glücklicher machen, als wir es jetzt sind. Wir sind ständig auf der Jagd nach immer mehr Sachen, damit wir schließlich erfüllt und glücklich leben könnten.

Und drittens sehen wir unsere Besitztümer als einen Maßstab für Erfolg. Wir konsumieren, um zu konkurrieren. Wer am meisten Dinge hat, hat gewonnen. Je mehr wir haben, desto erfolgreicher wirken wir«, schloss Victoria.

Alex nickte zustimmend, was Victoria allerdings nicht sehen konnte.

»Alex, bist du noch da?«

»Äh, ja«, antwortete Alex aufgeschreckt. »Sorry, ich hatte einfach nur zugehört, um alles aufzunehmen.«

Jäger-und-Sammler-Mentalität

»Dann mache ich also einfach weiter. Geh gern jederzeit dazwischen, wenn du möchtest, okay?«

»Mach ich«, versicherte Alex.

»Wunderbar. Also, wie gesagt, es ist so leicht, sich von der Jagd auf die Dinge, dem Sammeln und Horten, vereinnahmen zu lassen, dass wir irgendwann meinen, dieses Anhäufen von Besitztümern sei es, worum es im Leben geht.

Vor etlichen Jahren sind Rob und ich aus beruflichen Gründen eine Zeitlang nach Australien gezogen«, erzählte Victoria. »Das Unternehmen konnte es sich nicht leisten, unseren Haushalt per Luftfracht zu transportieren, also musste alles per Schiff nachkommen. Der Schiffstransport war zwei- bis dreimal billiger als Luftfracht, aber dafür dauerte er auch zweieinhalb Monate statt nur zwei Wochen wie mit dem Flugzeug«, erläuterte sie.

»Das Unternehmen bot uns ein Standard-Umzugspaket, das unseren gesamten Haushalt umfasste. Je weniger wir aber tatsächlich mitnahmen, desto billiger wurde der Umzug natürlich, und den nicht ausgegebenen Rest der Pauschale konnten wir behalten. So hatten wir den Anreiz, weniger mitzunehmen, um Geld herauszubekommen. Ich weiß noch, wie ich mit Rob darüber gesprochen habe, was wir machen sollten. Weißt du, wenn du einmal um die halbe Welt reist, bist du einfach gezwungen, Antworten auf schwierige Fragen zu finden wie ›Brauche ich das wirklich?‹ oder ›Können wir auch ohne das auskommen?‹ Wir beschlossen, dass wir im Unterschied zu unseren vorherigen beruflichen Umzügen innerhalb der USA diesmal nur ein Drittel unseres Hab und Guts mitnehmen wollten.

Wir sortierten also aus, auf was wir damals verzichten zu können meinten, und lagerten es ein, um es nach unserer Rückkehr wieder abzuholen. Als wir dann aber weg waren, fiel uns auf, dass wir nicht ein Stück von den zurückgelassenen Sachen vermissten. Und als wir dann nach drei Jahren wieder aus Australien zurückkehrten, konnten wir uns an viele Sachen nicht einmal mehr erinnern, die hier die ganze Zeit auf uns gewartet hatten. Nachdem wir die Sachen durchgesehen hatten, beschlossen wir, das Meiste davon teils wegzugeben, teils wegzuwerfen. Wir behielten nur etwa zehn Prozent dessen, was wir eingelagert hatten. Uns war es in Australien auch ohne diese Sachen gut gegangen, und wir sahen nicht ein, wozu wir sie jetzt zu Hause brauchen sollten. Es fühlte sich total richtig an, unsere Last so vereinfacht und erleichtert zu haben.

Rob und ich beschlossen damals, dass wir von nun an einmal jährlich unser Hab und Gut so durchsehen würden, als müssten wir wieder nach Australien umziehen, und alle überflüssigen Sachen, die wir angesammelt hätten, wollten wir spenden oder entsorgen. Unsere Familie lebt seitdem nach der Philosophie ›*Erlebnis vor Besitz*‹. Unser Umzug nach Australien hat ein für alle Mal unseren Blick auf Besitztümer verändert und uns vor allem dabei geholfen zu erkennen, was uns wirklich wichtig ist im Leben«, schloss Victoria.

»Wow, ein tolles Erlebnis, Victoria«, meinte Alex. »Mit gefällt die Idee, einmal im Jahr den Wert und die Bedeutung unserer Besitztümer zu überprüfen. Wir haben eine Menge Zeug, auf das wir ohne Weiteres verzichten könnten, so viel steht fest. Wahrscheinlich die Hälfte der Sachen, die wir haben, oder zumindest ein Drittel.«

»Ob du nun die Hälfte oder ein Drittel behältst, ist nicht so wichtig. Von Bedeutung ist nur, dass du mindestens einmal jährlich eine Inventur deiner Besitztümer vornimmst, um zu checken, was wichtig ist und was weg kann«, kommentierte Victoria.

»Es ist ja gar nichts zu sagen gegen Besitztümer, die einen Zweck haben«, fuhr sie fort. »Aber im Lauf unseres Lebens sammeln wir in der Regel auch jede Menge überflüssiges Zeugs an, das unsere Aufmerksamkeit in Anspruch nimmt. Und das ist unter anderem deshalb ein Problem, weil Dinge die Angewohnheit haben, kaputtzugehen. Wir müssen also eine Menge Zeit dafür opfern, die Sachen instand zu halten und uns um sie zu kümmern. Und je mehr Zeit wir auf Sachen verwenden, desto weniger Zeit bleibt uns für das wirklich Wichtige. Eine Möglichkeit, mehr Zeit mit unseren Lieben zu verbringen, besteht also darin, konsequent und systematisch alle überflüssigen Sachen zu beseitigen, die wir angehäuft haben.«

»Ja, das klingt für mich sehr sinnvoll«, meinte Alex.

Die Jagd nach Glück

»Der zweite Grund, warum Menschen in die Sinnfalle gehen, ist, dass sie das Kaufen und Anhäufen von Besitz mit dem Streben nach Glück verwechseln. Die Leute sehen den Reichtum und Wohlstand anderer, die mehr haben als sie selbst, und nehmen an, die müssten auch zufriedener sein. Solche Leute leiden am *Wenn-ich-nur*-Syndrom. Sie sagen sich zum Beispiel:

- Wenn ich nur dieses Haus, Boot, Wochenendhaus, Spielzeug oder Gerät hätte, wäre ich glücklich. Oder:
- Wenn ich nur endlich mit der Schule fertig wäre und arbeiten könnte, wäre ich glücklich.
- Wenn ich nur so ein Auto hätte wie mein Nachbar, könnte ich eine Freundin finden und glücklich werden.
- Wenn ich nur 50 000 Dollar mehr hätte, wäre ich glücklich.

»Moment mal«, protestierte da Alex. »Was ist denn da mit meinem Cabrio? Bevor ich das zurückgegeben habe, hat mich das doch wirklich regelrecht glücklich gemacht. Wenn Kim es nicht so sehr verabscheut hätte und ich nicht so knapp bei Kasse gewesen wäre, hätte ich dieses Auto noch sehr lange geliebt.«

»Lange?«, fragte Victoria. »Das bezweifle ich. Der Reiz des Neuen wäre doch wahrscheinlich nach ein, zwei Jahren abgeklungen, wenn das Auto seine erste Beule bekommen oder die erste größere Reparatur angestanden hätte. Ich sage ja nicht, dass Besitz dich nicht glücklich machen kann. Das kann er durchaus. Aber das hält halt nicht sehr lange vor«, erläuterte Victoria.

»Ja, du könntest recht haben«, räumte Alex ein. »Wenn ich zurückdenke, hat bei mir die Begeisterung für ein neues Gerät oder Spielzeug immer nur so lange angehalten, bis das neueste Modell herauskam.«

»Das ist, was ich meine. Auf lange Sicht entstehen Glück und Freude nur durch unsere Beziehungen und Erlebnisse und durch das Wissen, das wir erwerben. Das ist auch das Einzige, was wir mitnehmen können, wenn wir sterben. Alles andere lassen wir zurück«, wiederholte Victoria. Manchmal fragte sich Alex, ob Victoria wohl ein Guckloch auf die andere Seite hatte.

Konkurrenz-Konsum

»Und jetzt noch zum dritten Grund, warum viele Menschen in die Sinnfalle gehen: Erfolg ist in unserer Gesellschaft definiert wie ein Wettkampf oder ein Wettrennen, bei dem es darum geht, das Beste und Meiste anzusammeln. Wenn du die Leute fragst, wie sie Erfolg definieren, dann hörst du, wie sie von ihrem Titel im Beruf reden, von ihrem Bankkonto, von ihrem Vermögen, Haus und Wochenendhaus, von ihrem Auto, ihrer Kunstsammlung … Ich will ja gar nicht sagen, dass solche Dinge an und für sich schlecht sind«, fügte Victoria hinzu. »Sie müssen in ihrer Bedeutung für unser Leben halt nur auf das richtige Maß zurückgestuft werden. Meist definieren die Leute ihren Erfolg nicht über ihre Ehe, ihre Familie, ihre Beiträge. Sie sagen zwar vielleicht, dass diese Dinge wichtig sind, aber ihr Handeln spricht eine andere Sprache.

In Wirklichkeit ist die Reihenfolge bei ihnen umgekehrt«, stellte Victoria fest. »Sie sind so sehr damit beschäftigt, sich gegenseitig zu beeindrucken mit ihren gesammelten Besitztümern, ihren erreichten Titeln, ihrem gehorteten Geld, dass sie das Wichtigste darüber aus den Augen verlieren – Charakter, Leistungen für andere, Beiträge, Familie, Beziehungen.

Leider sind es nur ganz wenige Menschen, die Erfolg wirklich aus dieser Perspektive betrachten. Das ist auch der Grund, weshalb ich das als das bestgehütete Geheimnis unseres Universums bezeichne; denn oft entdecken wir diese Wahrheit erst am Ende unseres Lebens. Dann trifft uns die Erkenntnis wie ein Blitzschlag – wir haben Besitztümer angehäuft und darüber die entscheidenden Dinge in unserem Leben vernachlässigt. Und die größte Tragödie ist: Wenn wir dann erkennen, worum es im Leben eigentlich geht, ist unsere Zeit abgelaufen.«

Alex dachte an den Sportwagen, den er gekauft hatte, und erkannte in ihm den Katalysator dafür, dass Kim ihn verlassen hatte. Das sprach Bände darüber, wie er immer Luxus über die Gefühle seiner Frau gestellt hatte … Wie viele Jahre hatte er sich wohl so verhalten? Als verheirateter Single gelebt. Seine eigenen Wünsche über die Bedürfnisse seiner Frau und Kinder gestellt …

Seine Gedanken wurden von Victorias Stimme unterbrochen, die gerade sagte: »… was mich dazu führt, dir die bahnbrechende Idee mitzuteilen, um dieser Falle zu entgehen …«

Mit gerunzelter Stirn warf Alex ein: »Moment mal, was ist denn mit dem konventionellen Vorgehen?«

»Oh, guter Hinweis. Da war ich ja schon einen Schritt zu weit voraus!«

Konventionelles Vorgehen

»Das konventionelle Vorgehen besteht darin, einfach die Kapazitäten aufzustocken, um all unser Hab und Gut unterbringen und managen zu können. Stell dir das nur mal vor. Die Häuser sind bis zum Rand vollgestopft, und die Garagen sind so zugemüllt, dass oft das Auto nicht mehr hineinpasst. Darüber hinaus ist seit Jahren auch eine gewaltig steigende Nachfrage nach Lagerraum zu beobachten. Die Leute konsumieren in erschreckendem Ausmaß, und statt ihre Besitztümer sorgsam zu überprüfen, kaufen sie sich mehr Platz, um diesen Konsum zu ermöglichen«, seufzte Victoria.

»Jetzt, da du davon sprichst ...«, bemerkte Alex zustimmend, »es ist wirklich erstaunlich; erst letzte Woche ist mir auf dem Weg zur Arbeit ein neues Lagerhaus aufgefallen, das da wie über Nacht aufgetaucht zu sein schien.«

»Das glaube ich sofort. Bei diesem Vorgehen glaubt man, die Lösung zur Bewältigung des ganzen Zeugs bestehe darin, sich ein neues Haus zu kaufen«, fuhr Victoria fort. »Und wenn man sich das nicht leisten kann, dann sollte man sich zumindest für 40 Dollar im Monat zusätzlichen Lagerraum leisten können, stimmt's?«

»Ich verstehe«, ergänzte Alex. »Das Ganze ist nur ein Managementsystem. Es packt das eigentliche Problem, warum wir immer weiter konsumieren und immer mehr Dinge ansammeln, nicht an der Wurzel.«

Die bahnbrechende Idee

»So ist es. Die bahnbrechende Idee besteht dagegen in der Erkenntnis, dass wahres Glück nicht durch Besitztümer entsteht. Sondern dadurch, dass wir etwas für andere tun und bedeutsame Beiträge leisten, die anderen Menschen auch lange nach unserem Tod noch etwas nützen. Das heißt Erfahrungen Priorität gegenüber Besitz einräumen. Es heißt aber auch zu erkennen, dass es nicht der Besitz von Dingen an sich ist, wodurch man in Fesseln gelegt wird, sondern die Tatsache, dass man die Dinge Besitz von der eigenen Person ergreifen lässt, durch all ihren Zeit- und Erhaltungsaufwand.

In diesem Bewusstsein sollte man seinen Besitz durchsortieren und vereinfachen, immer unter der Fragestellung, ob die Sachen Sinn machen und den eigenen Zielen entsprechen und dienen. Es geht dabei nicht darum, ob etwas nützlich ist oder vom Geld oder Status her wertvoll, sondern darum, ob es notwendig und entscheidend dafür ist, die eigenen Prioritäten und Ziele zu fördern.

Alex, du wirst in deinem Leben feststellen, dass es bei bahnbrechenden Ideen immer um die richtige Balance geht. Ich kenne eine große, weitverzweigte Familie, der ein Wochenendhaus an einem See in Idaho gehört. Das ist zwar einerseits definitiv ein Besitz, der eine Menge Instandhaltung erfordert, und dazu auch noch ein Boot und ähnliche Spielsachen. Aber diese speziellen Besitztümer bieten den zahlreichen Mitgliedern dieser Gruppe über die Generationen hinweg andererseits auch die Gelegenheit, sich häufiger zu treffen und eine starke Familienkultur aufzubauen. Die Mitglieder der Familie haben diese gemeinsamen Zeiten schätzen gelernt und sind dadurch eng miteinander verbunden. Dieses Wochenendhaus ist also durchaus ein Besitz, der Sinn und Zweck hat.

Sinn und Zweck. Bedeutung. Beiträge. Das sind Dinge, durch die wir uns erfüllt und vollständig fühlen.«

»Da steckt eine Menge Wahrheit drin«, meinte Alex. »Jeder möchte ja das Gefühl haben, einen Beitrag zu leisten und den eigenen Zielen näherzukommen.«

»Genau. Warum nur brauchen wir dann bis an unseren Lebensabend, um das zu erkennen? Können wir denn nicht sehen, dass Glück durch Dienste entsteht, die wir für unsere Liebsten und andere leisten, nicht durch das Anhäufen von immer mehr Sachen?«, fragte Victoria.

»Studien am Sterbebett … Das ist eine starke Botschaft«, sann Alex nach.

»Nicht wahr?«, griff sie begeistert auf. »Niemand hat sich auf seinem Sterbebett jemals gewünscht, er oder sie hätte mehr Sachen angehäuft. Worüber diese Menschen reden sind die Beziehungen, Erfahrungen, Verbindungen und Beiträge ihres Lebens. Und da wir das jetzt wissen, sollten wir unser Leben auch bestmöglich genießen und dabei sinnvolle Ziele zur treibenden Kraft unseres Handelns machen.«

»Amen. Ich stimme aus ganzem Herzen zu«, erklärte Alex.

Wie bei den ersten sechs Fallen hatte sich Alex auch während dieses Gesprächs Notizen in seinem Lernjournal gemacht. Dessen Seiten waren nun angefüllt mit Erkenntnissen, die sein Leben verändert hatten. Er hatte dieses Journal und die Entwicklung, die es repräsentierte, zu schätzen gelernt.

7. Die Sinnfalle

Warum?

1. *Wir haben eine Sammlermentalität. Wir sind darauf konditioniert zu glauben, der Sinn des Lebens bestehe darin, immer mehr Besitztümer anzuhäufen.*
2. *Wir sind ständig auf der Jagd nach Glück. Wir glauben, sobald wir die nächste Sache erworben haben, wären wir glücklich.*
3. *Wir konsumieren, um zu konkurrieren. Wir betrachten unsere Erwerbungen als Maßstab für Erfolg. Wer die meisten Sachen hat, gewinnt! Je mehr wir haben, desto erfolgreicher müssen wir ja wohl sein.*

Konventionelles Vorgehen

Wenn deine Sachen deine Möglichkeiten zur Unterbringung übersteigen, schaff einfach mehr Stauraum in Haus und Garage. Wenn das nicht möglich ist, kannst du auch Lagerraum anmieten.

Die bahnbrechende Idee

Wahres Glück entsteht dadurch, dass wir etwas für andere tun, bedeutsame Beiträge leisten, dauerhafte Beziehungen aufbauen. Besitz spielt dabei eine unterstützende Rolle; in seiner Bedeutung steht er nicht über den menschlichen Beziehungen.

Victoria fragte Alex: »Und, fühlst du dich jetzt wie ein ausgebildeter Fallenkundler?«

»Ich bin auf dem Wege. Mir scheint, da habe ich noch ein gutes Stück vor mir.«

»Na, wir haben Gott sei Dank ja auch noch Zeit zu leben und zu lernen«, meinte Victoria mit ermunterndem Lächeln. »Und die Reise endet hier ja auch nicht! Wir haben ja beide auch noch eine Menge Arbeit in unser neues Schulungsunternehmen zu stecken!«

»Stimmt. Die siebte Falle war gar nicht so schlimm, Victoria. Letztlich bin ich froh, sie kennengelernt zu haben, ehe meine Fantasie noch mit mir durchgegangen ist. Ja, ich würde sehr gerne mit den Planungen für unser neues Unternehmen vorankommen! Der Gedanke gibt mir Hoffnung und das Gefühl, wieder ein Ziel zu haben. Ich kann es kaum erwarten, loszulegen. Hättest du womöglich Zeit, gleich jetzt ein bisschen darüber zu reden?«

»Auf jeden Fall. Es wird auch Zeit, dass wir mal zu den Dingen kommen, die Spaß machen!«, rief sie.

Die nächste Stunde tauschten sie dann Ideen aus und sprachen miteinander, als hätten sie schon jahrelang ein gemeinsames Unternehmen betrieben. Ihre Verbindung über das vergangene Jahr hinweg hatte eine Grundlage von Vertrauen und Übereinstimmung zwischen ihnen geschaffen und trug so dazu bei, ihre geschäftliche Beziehung aufzubauen. Beim Abschied erkundigte sich Victoria noch nach Kim und den Kindern. »Denen geht's prima«, tat Alex das Thema rasch ab.

»Na, richte ihnen mal meine besten Grüße aus.«

»Mach ich. Danke, Victoria.«

Eine äußerst gelungene Reise

Zwei Monate vergingen. Alex war für das Auftaktprogramm seines neuen Unternehmens in Honolulu eingetroffen. Er hatte die Reise in die Frühjahrsferien der Kinder gelegt, damit sie auch mitfahren konnten. Seit der Gründung des Unternehmens arbeitete Laura neben ihrem Schulabschluss in Teilzeit mit. Ihre Rolle bestand darin, die Logistik des Programms zu managen. Michael war vor allem wegen Sonne, Strand und Surfen mitgekommen. Sie trafen ein paar Tage im Voraus auf der Insel ein, damit sie noch genug Zeit hatten, sich gut auf das große Ereignis vorzubereiten. Die Rückkehr nach Hawaii erinnerte Alex daran, dass seit der Trennung von Kim jetzt schon ein Jahr vergangen war. Was für ein Jahr des Wandels das gewesen war! Er erkannte sich selbst kaum wieder und war froh, dass die letzten zwölf Monate hinter ihm lagen.

Da Alex sein Schulungsprogramm im Hotel abhielt, hatte die Familie ein Upgrade auf eine schöne Suite mit zwei Schlafräumen und wunderbarem Blick auf den Ozean bekommen. Man sah türkisblaues Wasser, so weit das Auge reichte. Palmen wiegten sich sachte im Wind, und Alex fand das Heranrollen und Zurückweichen der Wellen fesselnd wie eh und je.

Er fing an, seine Sachen aus dem Koffer in den Schrank zu räumen. Michael und Laura hatten ihre Taschen einfach fallen lassen und ein Wettrennen veranstaltet, wer als Erster am Pool war. Es war schön, einen ruhigen Moment für sich zu haben. Gerade als er das dachte, klingelte das Handy. Überrascht griff Alex danach und sagte Hallo.

»Hi!«, kam es fröhlich von Kim.

»Oh, hi Kim. Was gibt's? Alles in Ordnung?«

»Ja, alles bestens. Ich wollte dir nur viel Erfolg mit deinem Programm wünschen.«

»Danke. Das ist nett, dass du anrufst. Wir rechnen mit großer Resonanz«, meinte Alex optimistisch.

»Das klingt ja gut. Wie viele Leute kommen denn?«, erkundigte sie sich.

»Die letzte Hochrechnung lag bei 48.«

»Ja also«, begann Kim ganz vorsichtig. »Ich wollte eigentlich fragen, ob ihr wohl noch einen weiteren Teilnehmer unterbringen könnt.«

»Kann sein, ich weiß nicht. Da müsste ich Laura fragen, ob wir so kurzfristig noch jemanden dazu nehmen können. Um wen ginge es denn?«, fragte Alex.

»Na, um mich!«, rief Kim.

»Was? Im Ernst? Du willst extra nach Hawaii fliegen, um dir das Programm anzuschauen?«, erkundigte sich Alex.

»Nein, also ich meine, natürlich schon, aber … Alex, ich möchte, dass wir wieder zusammenkommen.« Die Worte waren heraus, ehe Kim sich bremsen konnte.

Alex' Herz begann zu klopfen. Das konnte er doch jetzt wohl nur träumen.

»Was war das jetzt?«, brachte er nur krächzend hervor.

»Hast du nicht verstanden?«, fragte Kim nervös.

»Ich hatte einen Moment das Gefühl, ich träume am helllichten Tage«, stieß er hervor.

»Alex, ich fände es schön, wenn wir wieder eine Familie wären.«

Alex war sprachlos und fand keine Worte. Kim fuhr fort: »Alex, ich staune, was die Kinder mir erzählt haben, wie du dich verändert hast. Michael hat berichtet, was für eine Florence Nightingale du im Haushalt geworden bist und wie du dich um die Kinder und ihre Interessen kümmerst. Und die Sache mit der Schuldenschlange ist total bemerkenswert! Ich kann kaum glauben, dass wir jetzt fast alle unsere Kreditkartenschulden endgültig los sind! Ich bin einfach nur beeindruckt. Ich hätte nie gedacht, dass sich jemand in so kurzer Zeit so gründlich zum Besseren verändern kann. Na ja, wie eine kurze Zeit fühlt es sich eigentlich auch gar nicht an. Eher wie eine Ewigkeit …« Kim war nervös und verstummte.

Alex war immer davon ausgegangen, dass der Weg zur Versöhnung mit Kim lang und anstrengend werden würde, und das war er ja in gewisser Weise auch gewesen. Und jetzt sagte sie einfach aus heiterem Himmel, dass sie zurückkehren wollte? Er war platt.

Kims Worte holten ihn aus seiner Benommenheit zurück. »Am meisten hat mir gefehlt, bei dir zu sein. Ich habe mich immer so einsam gefühlt ohne dich.«

Alex wusste immer noch nicht, was er sagen sollte. Kims Stimme versagte vor Rührung. »Alex, mir ist klar geworden, wie sehr ich dich liebe.«

Seine Augen füllten sich mit Tränen. »Kim, ich liebe dich auch.«

»Das wollte ich gern hören. Öffnest du mir dann jetzt die Tür?«

»Wie?«, fragte er verwirrt.

»Ob du mir die Tür öffnest«, wiederholte sie.

»Welche Tür?«

»Alex, du sollst bitte die Zimmertür öffnen«, erklärte sie mit fester Stimme.

Alex legte das Handy weg, eilte zur Tür und riss sie auf. Da stand Kim und erschien ihm so schön wie immer.

»Kim!« Ihm blieb die Luft weg. »Ich glaub's nicht!«

Sie warf sich in seine Arme und weinte hemmungslos. So blieben sie eine halbe Ewigkeit stehen, weil keiner den Moment beenden wollte. Schließlich trat sie einen Schritt zurück und schaute ihn an.

»Ich konnte es einfach nicht mehr aushalten«, erklärte sie. »Ich habe mich einfach ins Flugzeug gesetzt und nicht mehr zurückgeschaut.«

»Aber was ist mit deinem Job? Du liebst doch deinen Job, Kim. Den kannst du doch nicht einfach aufgeben«, mahnte Alex.

»Ich weiß. Das ist auch so«, versicherte sie und wischte sich die Tränen von den Wangen. »Wir haben noch nicht alle Details geklärt, aber ich bin mir sicher, wir kriegen das schon irgendwie hin.« Alex zog sie an sich.

»Wissen die Kinder, dass du hier bist?«

»Die haben keine Ahnung.« Sie schaute Alex an und grinste ein wenig.

Genau in dem Moment hörten sie die Stimmen der Kinder, die plaudernd den Gang heraufkamen.

»Hallo, ihr zwei!«, strahlte Kim und breitete die Arme aus.

»Mama?!?«, schrien beide gleichzeitig, rannten los und warfen sie beinahe um, als sie ihr begeistert um den Hals fielen. Alex schloss sich der Gruppenumarmung an und bald lachten alle unter Tränen.

»Mama, was machst du denn hier? Was ist denn los? Papa, warst du eingeweiht? Hast du gewusst, dass Mama kommen würde?« Die Fragen kamen so schnell, dass gar keine Zeit zum Antworten blieb.

Kim hielt alle ganz fest.

»Wie habe ich es nur so lange ohne euch ausgehalten?«

Sie beschlossen, an diesem Abend lieber den Room Service zu ordern, als essen zu gehen. Das Essen war überraschend gut, und sie empfanden es alle als Wohltat, nach so vielen Monaten der Trennung einfach nur wieder als Familie zusammen zu sein.

Später gingen Alex und Kim an diesem Abend noch etwas am Strand spazieren. Alex staunte, wie ein einfaches Händehalten so große Bedeutung bekommen konnte. Sie genossen beide den weichen Sand unter ihren Füßen und das leise Brandungsrauschen der heranrollenden Wellen. Alex verspürte tiefe Zufriedenheit und Dankbarkeit. Er wusste, nie wieder würde er seine Frau und Kinder als Selbstverständlichkeit betrachten.

* * *

Zwei Tage später begann das Schulungsprogramm. Alles war startklar. Das Programm sollte einen Tag lang dauern, anschließend folgten noch sieben Schulungstermine über einen Zeitraum von sieben Monaten hinweg – einer pro Falle. Alex, Victoria und Laura konnten es kaum erwarten, dass ihre ganze fleißige Vorbereitung jetzt endlich zum Tragen kam. Kim konnte nur staunen über all die kollektive Kreativität, mit der die Idee mit Leben erfüllt worden war.

Anfangs hatten sie auf etwa 30 Teilnehmer gehofft, bis zum Ende der Anmeldefrist waren es dann wirklich 48 geworden. Sie hatten sogar schon eine Warteliste für das nächste Programm angelegt.

Eine Stunde vor Beginn war Laura mit der Vorbereitung der Namensschildchen für die Teilnehmer beschäftigt. Sie hielt inne, als sie einen der Namen las. Sie ging damit zu ihren Eltern und Victoria, die gerade zusammenstanden.

»Papa, hast du nicht mal mit einem zusammen gearbeitet und Golf gespielt, der Charles Mitchell hieß?«

Alex schaute auf das Namensschildchen. »Was? Das kann doch nicht wahr sein …« Er wandte sich an Victoria und Kim: »Einer der Teilnehmer an unserem Programm ist Chaz! Wie verrückt ist das denn?«

Kim verdrehte die Augen, und Victoria blinzelte Alex wissend zu. Kurz bevor das Programm losging, kam Chaz in den Raum stolziert – die Haut durch den Einsatz von Selbstbräuner ins Orange spielend, schreiend buntes Hawaiihemd, die Ray Ban in die Haare geschoben. Er kam zu ihnen und meinte mit großspuriger Neugier zu der Frau, die er als Victoria identifizierte: »Sie sind also Victoria … die Frau, die Alex' ganze Welt auf den Kopf gestellt hat.«

»Höchstpersönlich«, entgegnete Victoria mit liebenswürdigem Lächeln. »Setzen sie sich doch zu mir und meinem Mann Rob.«

Bei diesem Austausch mussten Kim und Alex lächeln. Der Kreis hatte sich geschlossen.

Als Alex zu Beginn seines Vortrags all die Gesichter im Raum sah, überkam ihn ein Gefühl tiefer Dankbarkeit. Er stand vor der Gruppe, sein Herz voll, inspiriert durch die vor ihm liegenden Möglichkeiten.

»Mein Damen und Herren … Willkommen zu Trap Tales, meinem Fallenkunde-Seminar. Die Charaktere in diesem Seminar sind nicht fiktional.

Im Gegenteil, Sie kennen sie nur zu gut. Werfen Sie einfach einen Blick in den Spiegel.«

Teil 5
ANHANG

Werkzeugkasten für Fallenkundler

Die vier Merkmale einer Falle

Eine Falle ist:

1. *verlockend:* Eine Falle zieht Menschen an, ohne dass sie es merken.
2. *trügerisch:* Kurzfristige Befriedigung führt zu langfristigem Leid.
3. *eine Situation, aus der schwer wieder herauszukommen ist:* Wie bei Treibsand ist es schwer, aus einer Falle wieder zu entkommen, wenn man einmal hineingeraten ist. Es bedarf eines unkonventionellen Vorgehens, um sich aus ihr zu befreien und um ihr nicht erneut zu verfallen.
4. *freiheitsberaubend:* Sie hält Menschen davon ab, ihre Ziele zu erreichen.

Befreiung in vier Schritten: Vom In-die-Falle-Gehen bis zum Aufleben

1. *Leid:* Die grausame Realität der Falle.
2. *Erkenntnis:* Das Bewusstsein, dass man in der Falle sitzt.
3. *erfolgreiches Entkommen:* Die Strategie, um der Falle zu entrinnen.
4. *Aufleben:* Der erlebte Aufschwung nach der Befreiung aus der Falle.

Kleines Glossar

Fallenkunde: Das Studium von Fallen.

Fallenkundler/-in*:* Expertin/Experte im Aufspüren und Vermeiden von Fallen.

Die bahnbrechende Idee: Unkonventionelle Erkenntnis oder Weisheit, die zu einem Durchbruch im Verhalten führt.

Falleninversion: Umkehrung der Falle, indem man das Gegenteil tut.

Die sieben Fallen im Überblick

1. Die Beziehungsfalle – wir verhalten uns wie verheiratete Singles

Hauptgründe, warum wir in diese Falle gehen:

1. Wir glauben, unser Elternhaus sei dem unseres Partners überlegen.
2. Wir verlagern unsere Denkweise nicht vom *Ich* zum *Wir*.
3. Wir sind nicht bereit uns zu ändern, oder höchstens dann, wenn sich zuerst unser Partner ändert.

Die bahnbrechende Idee:

Eine gemeinsame Vision für die Beziehung/Ehe entwerfen und sich auf einen Weg einigen, wie man gemeinsam dorthin gelangen will.

Was Sie tun können:

Die Abmachungen mit dem Partner schriftlich niederlegen und sich einprägen:

1. Wie managen wir unsere Finanzen?
2. Wenn wir Kinder haben, wie wollen wir sie erziehen?
3. Was sollen unsere Rollen beim Ausbau der Familie sein? Wollen wir beide berufstätig sein? Wie werden die Haushaltspflichten aufgeteilt und gemanagt?

Falleninversion:

Wenn in der Beziehung Meinungsverschiedenheiten entstehen, sollten Sie sich gegenseitig fragen, wie wichtig Ihnen das Thema auf einer Skala von 1 bis 10 ist (1 bedeutet völlig unwichtig, 10 äußerst wichtig). Seien Sie bei dieser Einstufung ehrlich. Lassen Sie dem Partner seinen/ihren Willen, wenn er/sie die jeweilige Uneinigkeit höher einstuft als Sie selber.

Warum das heute zur Falle geworden ist:

- Frauen machen die Hälfte der Beschäftigten aus.
- Alte Verfahrensweisen bzw. kulturelle Normen der Vergangenheit gelten nicht mehr. Rollen müssen heute ausgehandelt werden, insbesondere was die Hausarbeit betrifft.
- Trennungen und Scheidungen sind zur verbreiteten Realität geworden.
- Es ist leichter, Menschen online kennenzulernen.
- Es ist leichter, sein Leben auf eigene Faust zu führen; Partner müssen Dinge nicht mehr gemeinsam machen.

Stellen Sie sich die folgenden Fragen:

1. Funktionieren wir in unserer Ehe/Beziehung als Team oder eher als zwei Einzelpersonen?
2. Haben wir eine gemeinsame Vision für das Leben, das wir uns erschaffen wollen? Was finden wir aufregend, wenn wir an die Zukunft denken? Worauf arbeiten wir hin?
3. Inwiefern waren unsere Elternhäuser unterschiedlich? Worin manifestieren sich diese Unterschiede in unserer Beziehung? Was sind die größten Positiva, die wir gern an die nächste Generation weitergeben würden?
4. Wenn wir Kinder haben, was ist unsere Erziehungsphilosophie? Worin unterscheiden sich unsere Erziehungsphilosophien? Was können wir tun, um ein einigeres und effizienteres Erziehungsteam zu werden?
5. Wie sollen die Haushaltspflichten aufgeteilt werden? Fühlen wir uns beide wohl mit der Vereinbarung? Falls nicht, was ist unser Vorgehen zur Bereinigung der Ungerechtigkeiten?

Lernjournal (bitte tragen Sie in die freien Felder Ihre Gedanken ein!):

Welche Erkenntnisse habe ich durch diese Falle gewonnen?

Was werden meine nächsten Schritte zur Umsetzung dieser Erkenntnisse in meinem Leben sein?

2. Die Geldfalle – im Treibsand der Schulden

Hauptgründe, warum wir in diese Falle gehen:

1. Wir leiden unter Kurzsichtigkeit in puncto Geld, die uns verleitet, im Augenblick zu leben.
2. Wir treten in einen Konsumwettstreit ein und wollen ›mit den Meyers mithalten‹.
3. Wir verschließen uns der Realität und glauben, der schlimmste Fall könne immer nur den anderen zustoßen.

Die bahnbrechende Idee:

Den Abbau von Schulden in ein Spiel verwandeln und spaßbetont, interessant und motivierend gestalten. Zusammen mit den Familienmitgliedern ein Anzeigeinstrument entwickeln, das daheim sichtbar aufgehängt werden kann.

Was Sie tun können:

Erschaffen Sie sich Ihre eigene Schuldenschlange aus Papier. Hinweis: Die Schuldenschlange aus Papier ist nur eine Möglichkeit. Seien Sie kreativ und erschaffen Sie sich Ihr eigenes Anzeigeinstrument, das für Sie motivierend ist.

Falleninversion:

Nachdem Sie Ihre Schulden eliminiert haben, sollten Sie alles Geld, das bisher in die Schulden geflossen ist, in das Wachstum eines grünen Papierbaums umleiten; dieser soll drei bzw. vier Äste haben, die folgende Bereiche repräsentieren:

1. Barreserve
2. Kapitalanlage
3. ggf. Ausbildungsfonds für Kinder
4. Altersvorsorge.

Warum das heute zur Falle geworden ist:

- Leichter Zugang zu Krediten.
- Unablässige Werbung und Ansprache.

- Geld ist nicht mehr physisch und zum Anfassen – es wirkt nicht real.

Stellen Sie sich die folgenden Fragen:

1. Wie kann ich meine finanziellen Fortschritte visuell verfolgbar machen? Kann ich mir meine eigene Schuldenschlange erschaffen oder etwas ähnlich Anregendes?
2. Was kann ich aus meinem Leben eliminieren, damit ich mich besser auf meine finanziellen Ziele ausrichten kann? Welche Änderungen muss ich in meinem Ausgabeverhalten vornehmen, um aus der Verschuldung herauszukommen?
3. Wenn ich nicht verschuldet bin, welche Maßnahmen kann ich ergreifen, um die Kraft des Zinseszinseffekts zu nutzen?

Lernjournal (bitte tragen Sie in die freien Felder Ihre Gedanken ein!):

Welche Erkenntnisse habe ich durch diese Falle gewonnen?

Was werden meine nächsten Schritte zur Umsetzung dieser Erkenntnisse in meinem Leben sein?

3. Die Aufmerksamkeitsfalle – gefangen im Dickicht der dünnen Dinge

Hauptgründe, warum wir in diese Falle gehen:

1. Es stürmt zu viel auf uns ein – wir filtern nicht, was unsere Energie, Zeit und Aufmerksamkeit wert ist.
2. Wir sind ständig mit dem Internet und der elektronischen Welt verbunden – das meiste in dieser Welt besteht aus sehr dünnen Dingen.
3. Uns fehlt Geduld und wir erwarten, dass die Dinge nach unserer Zeitvorstellung geschehen – sofort oder lieber noch früher. Wir erkennen nicht oder vergessen, dass das Beste im Leben Zeit braucht und nicht auf der Stelle verfügbar ist.

Die bahnbrechende Idee:

Die bahnbrechende Idee besteht darin zu erkennen, dass wir nicht alles schaffen können. Wir müssen das Unwichtige ausfiltern, uns von nebensächlichen Details lösen und lernen, öfter »Nein« zu sagen, damit wir zu den Dingen »Ja« sagen können, an denen uns am meisten liegt.

Was Sie tun können:

Checken Sie vierteljährlich, ob Sie von dieser Falle verführt worden sind und Ihre Ziele aus den Augen verloren haben.

Falleninversion:

Planen Sie eine Woche oder eine Urlaubsauszeit, in der Sie sich vollständig von Internet, E-Mail und elektronischer Welt trennen. Wie hat sich das angefühlt? Wie oft wollen Sie das wiederholen?

Warum das heute zur Falle geworden ist:

- Es gibt mehr Dinge denn je, die an unserer Aufmerksamkeit zerren. Es gibt mehr zu lesen, zu hören, zu sehen und zu tun.
- Die Technik ist so konstruiert, dass sie unsere Aufmerksamkeit fesselt und uns zwanghaft auf sie reagieren lässt. Unser Hirn erhält einen Dopamin-Kick, wenn wir in einem Spiel eine Aufgabe lösen oder von jemandem eine Nachricht erhalten.
- Die Erwartung, dienstlich wie privat ständig online und erreichbar zu sein.
- Computer haben heute eine Doppelfunktion. Sie werden sowohl für die Arbeit als auch zur Unterhaltung genutzt. Die Grenzen verschwimmen leicht, Ablenkungen entstehen.
- In der heutigen, sehr lauten Welt ist es schwerer, zwischen Wichtigem und Unwichtigem zu unterscheiden.
- Unbegrenzte Möglichkeiten und Optionen für Unterhaltung und Ablenkung.

Stellen Sie sich die folgenden Fragen:

1. Habe ich einen Plan, nach dem ich in meinem Leben die unwichtigen Dinge eliminiere? Wie halte ich mich auf Kurs? Wie gehe ich mit Unterbrechungen um? Wie manage ich die unvermeidlich entstehenden Krisen?
2. Wie viel Zeit verbringe ich täglich vor Bildschirmen? Welcher Prozentsatz davon ist nützlich, welcher trivial?
3. Wo verfange ich mich im Dickicht der dünnen Dinge? Womit verschwende ich die meiste Zeit? Wie könnte ich den Einfluss auf mein Leben hier eliminieren oder verringern?
4. Wie kann ich mein Arbeitsumfeld dahingehend verändern, dass weniger Zeit für dünne Dinge angesetzt wird? Welche schlechten Gewohnheiten oder unnötigen Konferenzen stören dabei?

Lernjournal (bitte tragen Sie in die freien Felder Ihre Gedanken ein!):

Welche Erkenntnisse habe ich durch diese Falle gewonnen?

Was werden meine nächsten Schritte zur Umsetzung dieser Erkenntnisse in meinem Leben sein?

4. Die Veränderungsfalle – Das Hinauszögern verhindert Wachstum und Wandel

Hauptgründe, warum wir in diese Falle gehen:

1. Veränderungen sind schwierig. Sie können mühsam und unbequem sein.
2. Wir sind versucht, Veränderungen so lange wie möglich aufzuschieben.
3. Wenn wir Perfektionisten sind, leben wir nach dem Mantra: »Wenn es nicht perfekt werden kann, dann brauche ich es gar nicht erst zu probieren.«

Die bahnbrechende Idee:

Änderungen entschlossen vornehmen, wenn das Gewissen es diktiert, statt erst, wenn die Umstände es erzwingen.

Was Sie tun können:

Wenn es nötig ist, eine wesentliche Entscheidung zu treffen, sollten Sie innehalten und überlegen, was Ihnen Ihr Gewissen sagt. Diese Quelle sollten Sie Ihr ganzes Leben lang anzapfen.

Falleninversion:

Seien Sie der Entwicklung voraus, indem Sie Ihr Gewissen trainieren, damit es Ihnen Ihr Leben lang als innerer Kompass dienen kann.

Warum das heute zur Falle geworden ist:

- All die Ablenkungen, die an uns zerren, begünstigen das Hinauszögern.
- Es fällt schwerer zu unterscheiden zwischen der Person, die wir wirklich sind, und der, die andere in uns sehen.
- Warum sollen wir uns ändern, wenn es nicht perfekt werden kann? Was bringt's?

Stellen Sie sich die folgenden Fragen:

1. Habe ich gründlich über die entscheidenden Veränderungen nachgedacht, die ich in meinem Leben vornehmen muss? Was hält mich davon ab, diese Veränderungen durchzuführen? Welche Unterstützungssysteme (inklusive Familie und Freunde) stehen mir zur Verfügung, die mich bei der Umsetzung der notwendigen Veränderungen unterstützen können?
2. Was für Änderungen zögere ich hinaus? Welche Umstände oder Überzeugungen halten mich davon ab, zur Tat zu schreiten? Kann ich veranlasst werden, kraft meines Gewissens Veränderungen vorzunehmen, oder benötige ich dazu die Macht der Umstände?
3. Zeige ich perfektionistische Tendenzen? Wenn ja, wie hindert mich mein Perfektionismus daran, die notwendigen Veränderungen in meinem Leben vorzunehmen? Was kann ich tun, um diese Tendenzen zu überwinden?

Lernjournal (bitte tragen Sie in die freien Felder Ihre Gedanken ein!):

Welche Erkenntnisse habe ich durch diese Falle gewonnen?

Was werden meine nächsten Schritte zur Umsetzung dieser Erkenntnisse in meinem Leben sein?

5. Die Lernfalle – warum wir mit unseren Fehlern falsch umgehen

Hauptgründe, warum wir in diese Falle gehen:

1. Wir übernehmen nicht die Verantwortung für unsere Entscheidungen. Wir vertuschen unsere Fehler und schreiben lieber unsere Biografie neu, als zu ihnen zu stehen.
2. Wir betrachten unsere Fehler als Charaktermängel statt als Teil der Lernreise.
3. Wir haben ein Image, das wir anderen gegenüber zu wahren versuchen. Es wird beschädigt, wenn andere unsere Mängel sehen. Wir versuchen instinktiv, dieses Image zu wahren.

Die bahnbrechende Idee:

Das Bemühen, die Reise, der Prozess sind genauso ein Grund sich zu freuen und zu feiern wie das Endergebnis. Fehler sind lehrreich. Man soll aus ihnen lernen statt sie zu verbergen.

Was Sie tun können:

Überprüfen Sie vierteljährlich, ob Sie die folgenden drei Fragen mit Ja beantworten können:

1. Wenn ich einen Fehler mache, betrachte ich das dann als Gelegenheit, etwas daraus zu lernen? Wenn ja, was habe ich gelernt?
2. Die Menschen entwickeln sich durch Versuch und Irrtum und durch mehrfaches Wiederholen weiter. Wende ich diese Formel auch in meinem Leben konsequent an?
3. Viele große Innovationen sind durch hartnäckiges Bemühen entstanden und durch ein Weitermachen trotz Scheitern, bis der Durchbruch erzielt war (denken Sie an Thomas Edison und die Glühbirne). Wende ich dieses erprobte Verfahren auch in meinem eigenen Privat- und Berufsleben an?

Falleninversion:

Ermuntern Sie andere, ihre Fehler zu begrüßen. Werden Sie in Ihrer Familie und in Ihrem Betrieb zum Katalysator für Veränderungen. Seien Sie eine Person, die diese Prinzipien konsequent lebt und umsetzt.

Warum das heute zur Falle geworden ist:

- Der Aufstieg der sozialen Medien lässt den Eindruck entstehen, das Leben der anderen sei toll und unser eigenes langweilig und ereignislos; daher muss ich ein Image haben, das besser oder anders ist als die Person, die ich wirklich bin.
- Da alle anderen perfekt erscheinen, muss ich meine eigenen Fehler und Mängel verstecken oder ausschmücken, damit die anderen sie nicht sehen.

Stellen Sie sich die folgenden Fragen:

1. Wenn ich an einen Fehler denke, den ich kürzlich gemacht habe, habe ich da versucht, ihn zu bestreiten, zu rechtfertigen, kleinzureden oder zu verstecken? Merke ich es, wenn ich das tue? Wie kann ich meinen nächsten Fehler als Teil des Wegs zum Fortschritt begrüßen?
2. Reite ich auf meinen früheren Fehlern herum? Quäle ich mich ihretwegen? Habe ich gelernt, mir selbst zu verzeihen? Was hält mich davon ab? Wenn ich schwere Herausforderungen zu bestehen habe, welche Art von Selbstgespräch hilft mir da am effektivsten bei der Überwindung?
3. Was kann ich tun, damit sich meine Familie mehr auf Bemühen und Entwicklung konzentriert als auf Ergebnisse? Was kann ich tun, um meinem Team auf der Arbeit zu helfen? Wie kann ich anderen helfen, Fehler zu begrüßen?

Lernjournal (bitte tragen Sie in die freien Felder Ihre Gedanken ein!):

Welche Erkenntnisse habe ich durch diese Falle gewonnen?

Was werden meine nächsten Schritte zur Umsetzung dieser Erkenntnisse in meinem Leben sein?

6. Die Karrierefalle – wie wir uns mit dem Verlust von Begeisterung und Inspiration im Berufsleben abfinden

Hauptgründe, warum wir in diese Falle gehen:

1. Wir werden finanziell abhängig von unserem Einkommen.
2. Wenn unser Arbeitsumfeld uninspirierend ist und nicht das Beste aus uns herausholt, finden wir uns mit verminderter Begeisterung und Inspiration ab.
3. Wir richten uns in einer Karriere-Komfortzone ein, wenn aus unserem kurzfristigen Job eine langfristige Stellung wird.

Die bahnbrechende Idee:

Ihr Beruf sollte alle vier Dimensionen einer erfolgreichen Karriere abdecken: Finanzen, eigene Ideen, Begeisterung, Sinn.

Was Sie tun können:

Bewerten Sie vierteljährlich, ob die vier Dimensionen voll aktiviert sind. Das lässt sich am besten bestimmen, wenn Sie auf die folgenden vier Fragen mit Ja antworten können:

1. Werde ich auf der Arbeit fair vergütet? (Finanzen)
2. Wird bei der Arbeit meine Kreativität genutzt? (Eigene Ideen)
3. Bin ich bei der Arbeit begeistert engagiert? (Begeisterung)
4. Leiste ich mit meiner Arbeit einen Beitrag? (Sinn)

Wenn Sie auf eine oder mehrere dieser Fragen mit Nein antworten, sollten Sie versuchen, Ihr Arbeitsumfeld so zu beeinflussen, dass Sie stets mit Ja antworten können. Wenn Sie auch nach mehreren vierteljährlichen Bewertungen nicht mit Ja antworten können, sollten Sie überlegen, ob Sie bei einem anderen Unternehmen arbeiten oder einen neuen Beruf ergreifen sollten.

Falleninversion:

Seien Sie auf der Arbeit ein Katalysator, der anderen hilft, durch eine Bewertung mithilfe dieser vier Fragen ebenfalls Begeisterung und Inspiration zu finden.

Warum das heute zur Falle geworden ist:

- Wir können eine Berufstätigkeit finden, die alle vier Dimensionen einer erfolgreichen Karriere abdeckt.
- Wir sollten nicht weniger akzeptieren, als bei der Arbeit voll engagiert zu sein, weil auf dem heutigen Markt so viele Optionen verfügbar sind.

Stellen Sie sich die folgenden Fragen:

1. Werde ich für die Arbeit, die ich leiste, fair bezahlt? Warum oder warum nicht? Wenn ich nicht fair bezahlt werde, wird sich das in Zukunft wahrscheinlich ändern? Warum ist meine Arbeit unterbewertet? Kann ich Einfluss darauf nehmen? Oder sollte ich anderswo eine Stelle suchen, auf der meine Arbeit mehr geschätzt wird?
2. Muss ich mein Gehirn am Eingang abgeben, wenn ich zur Arbeit gehe? Werde ich nach meiner Sicht der Dinge gefragt? Werden meine Ansichten gehört und geschätzt?
3. Behandelt mein Unternehmen mich mit Respekt und Würde? Macht es mir Spaß, auf meiner Stelle mit den anderen zusammenzuarbeiten? Wie wichtig sind mir diese Arbeitsbeziehungen? Fühle ich mich im Unternehmen als geschätzter Mitarbeiter und Partner? Habe ich einen Mentor, der mich unterstützt und ermuntert, mein Bestes hervorzubringen?
4. Wie möchte ich, dass man sich in meiner Karriere an mich erinnert? Bin ich stolz darauf, mit meinem Unternehmen in Verbindung gebracht zu werden? Was schätze ich am meisten an meiner Arbeit? Wenn ich in den Ruhestand trete, werde ich auf meine Beiträge dann stolz sein?

Lernjournal (bitte tragen Sie in die freien Felder Ihre Gedanken ein!):

Welche Erkenntnisse habe ich durch diese Falle gewonnen?

Was werden meine nächsten Schritte zur Umsetzung dieser Erkenntnisse in meinem Leben sein?

7. Die Sinnfalle – vom Jagen und Sammeln, oder: die ultimative Lüge, die wir erst ganz am Ende entdecken

Hauptgründe, warum wir in diese Falle gehen:

1. Wir haben eine Jäger-und-Sammler-Mentalität. Wir sind darauf konditioniert zu glauben, der Sinn des Lebens bestehe darin, immer mehr Sachen anzuhäufen.
2. Wir sind ständig auf der Jagd nach Glück. Wir glauben, sobald wir die nächste Sache erworben haben, wären wir glücklich.
3. Wir lassen uns auf konkurrierenden Konsum ein. Wir betrachten unsere Erwerbungen als Maßstab für Erfolg. Wer die meisten Sachen hat gewinnt! Je mehr wir haben, desto erfolgreicher müssen wir ja wohl sein.

Die bahnbrechende Idee:

Wahres Glück entsteht dadurch, dass wir etwas für andere tun, bedeutsame Beiträge leisten, dauerhafte Beziehungen aufbauen. Besitz spielt dabei eine unterstützende Rolle; in seiner Bedeutung steht er nicht über den menschlichen Beziehungen.

Was Sie tun können:

Verbringen Sie jedes Jahr einen Tag damit, dass Sie ihre Besitztümer so durchgehen, als stünde Ihnen ein Umzug auf einen anderen Kontinent bevor. Spenden oder entsorgen Sie alle angehäuften Dinge, die keinen Wert beitragen.

Falleninversion:

Reparieren Sie eine Beziehung, die entzweigegangen ist, oder stärken Sie eine schwache Beziehung mit einer Person, an der Ihnen liegt.

Warum das heute zur Falle geworden ist:

- Wir haben heute mehr Optionen als je zuvor in der menschlichen Geschichte – es ist leichter, Sachen anzuhäufen.
- Anhäufen ist gleich Erfolg; das zu glauben werden wir jedenfalls konditioniert.
- Wir leben in einer Welt des Überflusses; es gibt so viel, was man erwerben kann.
- Die Werbeleute werden immer besser darin, unsere Emotionen zu erschließen, damit wir überzeugt werden, mehr Sachen anzuhäufen.

Stellen Sie sich die folgenden Fragen:

1. Wenn ich durch die ganze Welt zöge, was würde ich dann mitnehmen? Was würde ich zurücklassen? Könnte ich von diesen Dingen auch jetzt schon etwas aus meinem Leben eliminieren?
2. Wenn ich an meine letzten Erwerbungen denke, welche davon haben meinem Leben wirklich Wert hinzugefügt? Welche nicht? Was sagt mir das darüber, wie ich in Zukunft meine Kaufentscheidungen treffen sollte?
3. Wer sind die Menschen, die mir am meisten Freude bringen? Wie viel Zeit verbringe ich mit ihnen?
4. Was gehört zu meinen wertvollsten Erinnerungen? Was kann ich tun, um mehr von solchen Erinnerungen entstehen zu lassen?

Lernjournal (bitte tragen Sie in die freien Felder Ihre Gedanken ein!):

Welche Erkenntnisse habe ich durch diese Falle gewonnen?

Was werden meine nächsten Schritte zur Umsetzung dieser Erkenntnisse in meinem Leben sein?

Danksagungen

Wir danken

- unseren Frauen, Pamelyn und Marie-Genet, die mit Herz, Begeisterung und Verstand an diesem Projekt mitgewirkt haben. Ihr habt das Buch wahrhaft mitgestaltet, und Euer Beitrag ist überall reichlich zu finden. Danke für Euer endloses Gegenlesen und für die unermüdliche Begeisterung und Ermunterung. Wir lieben Euch!
- unseren Familien, für ihre Liebe und Unterstützung.
- David Westley Covey, unserem treuesten und beständigsten Mitarbeiter an Konzept, Struktur und Ideen dieses Buches. Danke für deine Anleitung und Unterstützung und für deine grenzenlose Energie und positive Einstellung.
- Jacquelyn Hayward, die die Details unseres Manuskripts ausgearbeitet und redigiert sowie Alex' Geschichte Farbe und Perspektive verliehen hat.
- Jacob Covey, für die Untersuchung und den Vorschlag der ursprünglichen sieben Fallen und für seine hilfreichen Vorschläge zu den bahnbrechenden Ideen und den Fragestellungen zu den Fallen.
- Sara Avila Covey, für ihre meisterhafte Formatierung und ihre cleveren Vorschläge, die zum Manuskriptfluss beigetragen haben.
- Joerg Schmitz, für seine wertvollen Beiträge zur Methodik der Trap Tales.
- Wendy Gourley, Amy White, Carla Heesch und das Second Sight Studio für ihr Verständnis, ihre Kompetenz beim Geschichtenerzählen und ihre belebenden Ideen, die zusammen Alex' Geschichte mit Leben erfüllt haben.
- Maria Cole, für ihre positive Bestätigung, ihre Inspiration und ihr endlos hilfreiches Lektorat.

- Liz Gotter, unserer initiativen und zuverlässigen Assistentin. Danke für Ihre Unterstützung und Ihre Vorschläge.
- unserem Verlag, John Wiley & Sons, für Visionen, Anleitung und die Unterstützung dieses Projekts. Speziell danken wir Jeanenne Ray, Shannon Vargo und Deborah Schindlar für ihre Klugheit, ihre Fachkompetenz und ihr hervorragendes Lektorat. Ohne Sie hätten wir es nicht geschafft. Danke, dass Sie das Ganze für uns zu einer so wunderschönen Erfahrung gemacht haben.
- Stephen M. R. Covey, der sich freundlicherweise bereit erklärt hat, das Vorwort zu schreiben, und der unsere heutige Victoria ist, der wir beide in unserem Leben nachzueifern versuchen.
- allen unseren Geschäftspartnern und Freunden auf der Welt, die unser Berufsleben so bereichernd und erfüllt werden lassen. Wir schätzen die Partnerschaft mit Ihnen!

Quellenangaben

1. Die Beziehungsfalle

1 Alan Deutschman, »Change or Die«, *Fast Company,* 1. Mai 2005.

2. Die Geldfalle

2 J. Reuben Clark, *Conference Report,* April 1938, 103.

3. Die Aufmerksamkeitsfalle

3 Kevin Matthies, »Mobile Social Networks Growing Rapidly, Says New Report«, *Mobile Marketing Watch,* 12. Juni 2015.

4 Nicholas Kardaras, »It's ›Digital Heroin‹: How Screens Turn Kids into Psychotic Junkies«, *New York Post,* 27. August 2016.

5 Steve Jobs, Interview mit *Business Week,* 11. Oktober 2004.

4. Die Veränderungsfalle

6 Jim Taylor, »Business: Why Change Is so Hard and How to Make It Easier«, *Psychology Today,* 21. Oktober 2009.

7 Ebd.

8 Maxwell Maltz, *Psycho-Cybernetics* (New York: Simon & Schuster, 1960).

5. Die Lernfalle

9 Malcolm Gladwell, *Outliers: The Story of Success* (New York: Little Brown and Co., 2008), 50. Deutsche Ausgabe: *Überflieger: Warum manche Menschen erfolgreich sind – und andere nicht* (Campus, Frankfurt/New York, 2009).

10 Ebd.

11 Carol Dweck, *Mindset: The New Psychology of Success* (New York: Random House, 2006), 175. Deutsche Ausgabe: *Selbstbild: Wie unser Denken Erfolge oder Niederlagen bewirkt* (Campus, Frankfurt/New York, 2007).

12 Ebd., 176.

13 Ebd., 41.

14 Ebd., 37.

15 Jim Loehr, *The Power of Story: Change Your Story, Change Your Destiny in Business and in Life* (New York: Free Press, 2007). 5.

16 Ebd., 126–131.

6. Die Karrierefalle

17 Steve Jobs, Interview mit *Fortune,* 7. März 2008.

Die Autoren

David M. R. Covey & **Stephan M. Mardyks** sind weltweit angesehene Experten auf dem Gebiet globales Lernen und Entwicklung. Sie sind gemeinsam Gründer und CEOs von SMCOV, Wisdom Destinations und Trap Tales; sowie Mitgründer und geschäftsführende Gesellschafter bei ThomasLeland, Lead in English und Streamline Certified. Unter ihren früheren Berufserfahrungen ist unter anderem ihre Tätigkeit als gemeinsame COOs bei FranklinCovey zu nennen.

Weitere Informationen zu den **Trap Tales** finden Sie auf den Websites www.traptales.com, www.wisdomdestinations.com und www.smcov.com.